Espiritismo & religiões afro-brasileiras

ARTUR CESAR ISAIA
IVAN APARECIDO MANOEL

ESPIRITISMO & RELIGIÕES AFRO-BRASILEIRAS

HISTÓRIA E CIÊNCIAS SOCIAIS

editora
unesp

Direitos de publicação reservados à:
Fundação Editora da UNESP (FEU)

Praça da Sé, 108
01001-900 – São Paulo – SP
Tel.: (0xx11) 3242-7171
Fax: (0xx11) 3242-7172
www.editoraunesp.com.br
www.livraria.unesp.com.br
feu@editora.unesp.br

CIP-BRASIL. CATALOGAÇÃO NA FONTE
SINDICATO NACIONAL DOS EDITORES DE LIVROS, RJ

E78

Espiritismo & religiões afro-brasileiras: história e ciências sociais / Artur Cesar Isaia, Ivan Aparecido Manoel (orgs.). – São Paulo: Ed. Unesp, 2012.

344p.

ISBN 978-85-393-0220-8

1. Espiritismo – Brasil – História. 2. Cultos afro-brasileiros. 3. Religião e sociologia – Brasil. I. Isaia, Artur Cesar. II. Manoel, Ivan A. (Ivan Aparecido), 1952-.

12-0127. CDD: 306.6
CDU: 316.74:2

Editora afiliada:

Asociación de Editoriales Universitarias de América Latina y el Caribe

Associação Brasileira de Editoras Universitárias

Sumário

Introdução

O léxico do brasileiro mistura admiravelmente palavras que remetem a uma nebulosa conceitual próxima do mesmerismo, do espiritismo, das práticas afro-brasileiras e do mundo dos espíritos e dos orixás. Isso pode ser atestado pela presença de um vocabulário perfeitamente inteligível em nossa cotidianidade: fluidos, passes, axé, astral, "cantar para subir"... Como diria Lucien Febvre, a "outilagem" mental do brasileiro engloba todo um horizonte de significados no qual convivem falanges espirituais, anjos da guarda, mentores, obsessores, "olhos-grandes"... A lista seria interminável! Sem dúvida somos um povo que se volta avidamente para um lado oculto tornado familiar nas relações vividas, sem prestar atenção ao purismo doutrinário, fazendo que católicos acreditem em reencarnação ou espíritas aceitem a existência de milagres.

Ao reconhecer essa comum e histórica tendência de boa parte da população brasileira em compreender o visível por meio de uma nomeação da realidade voltada para o invisível, historiadores e cientistas sociais reuniram-se para escrever este livro. Ele está dividido em duas partes: "Espiritismo, História e Ciências Sociais" e "Religiões afro-brasileiras: História e Ciências Sociais". A primeira parte engloba os capítulos escritos por Fábio Luiz da Silva, que, tomando a narrativa literária espírita como fonte histórica, analisa o que chama de "utopia espírita", representada pela cidade espiritual Nosso Lar; Raquel Marta da Silva analisa a questão identitária mineira na obra de Francisco Cândido Xavier; Eliane Moura Silva, a partir do estudo dos periódicos *A Lanterna* e *O Livre Pensador*, tece a relação entre maçonaria, espiritismo, anarquismo e socialismo; Artur Cesar Isaia aborda a relação entre republicanismo e teleologia histórica no discurso espírita; Pedro Paulo Amorim escreve sobre a cisão no interior do movimento espírita brasileiro, que teve como centro de disputa a obra de Roustaing; Rosângela Wosiack Zulian escreve sobre a presença do espiritismo no discurso católico, tendo como foco de análise a obra de D. Antonio Mazarotto, bispo da cidade paranaense de Ponta Grossa no período de 1930 a 1965. Fechando a primeira parte, temos o estudo de Bettina E. Schmidt, que, mesmo voltado para a realidade porto-riquenha, analisa uma questão extremamente familiar à cultura brasileira: as hibridações do espiritismo com as religiões afro-brasileiras.

A segunda parte compreende os capítulos escritos por Vânia Z. Cardoso, que estuda a polissemia da presença da entidade chamada Pombagira na religiosidade afro-brasileira; Maria Helena Villas Boas Concone e Eliane Garcia Rezende estudam as práticas religiosas e as propostas de cura existentes no espiritismo e na umbanda; André de Oliveira Pinheiro analisa a experiência editorial da *Revista Espiritual de Umbanda*, publicação contemporânea; Vanda Fortuna Serafim reflete sobre as teorias de Raimundo Nina Rodrigues sobre o chamado "estado de santo"; Cristiana Tramonte estuda as práticas de saúde popular nas religiões afro-brasileiras em Santa Catarina; e por Sulivan Charles Barros, que aborda a diversidade simbólica das entidades constituintes do panteão umbandista.

Temos a certeza de que os textos aqui reunidos representam momentos significativos de reflexão sobre uma temática importante para a compreensão da formação cultural brasileira, evidenciando um diálogo sempre necessário entre historiadores e cientistas sociais.

Artur Cesar Isaia
Ivan Aparecido Manoel

Primeira Parte
Espiritismo, História e Ciências Sociais

A utopia espírita: a cidade espiritual Nosso Lar[1]

Fábio Luiz da Silva

Introdução

A crença na existência da vida após a morte[2] é uma das mais fundamentais da humanidade, sendo demonstrada ao longo da história pelas várias representações desse *além* que foram difundidas pelas mais diversas religiões. A modernidade nos fez pensar que tal crença fosse típica apenas das sociedades mergulhadas no religioso e que a sociedade contemporânea tivesse reduzido o *além* a uma metáfora qualquer; mas não foi isso que aconteceu. Apesar de o céu ter se tornado profano, lugar para a ciência, o céu religioso sobrevive.

---

1 Nosso Lar é o nome de uma cidade espiritual que, segundo muitos espíritas, localiza-se sobre o Rio de Janeiro. A descrição dessa cidade é realizada pelo livro do mesmo nome, publicado por Francisco Cândido Xavier em 1944.

2 Sobre isso nos diz Jean-Caude Schmitt: "Diferentemente, segundo sua cultura, suas crenças, sua época, os homens atribuem aos mortos uma vida no além, descrevem os lugares de sua morada e, assim, representam o que esperam para si próprios. A esse título, o imaginário da morte e da evolução dos mortos no além constitui universalmente uma parte essencial das crenças religiosas das sociedades". (Schmitt, 1999, p.15)

Nesse mesmo contexto, relatos de fantasmas, espíritos, anjos, demônios ou outros seres sobrenaturais sempre foram comuns. Antes, e mesmo depois do surgimento do cristianismo, o contato com os mortos sempre foi parte integrante das crenças e, mesmo quando proibida, desaconselhada ou negada, ela sobreviveu, persistiu às mudanças do tempo, dos reinos, das economias e até das religiões. Sempre se acreditou que os vivos e os mortos pudessem se comunicar de alguma maneira.

Há, por exemplo, os relatos daqueles que, ainda vivos – em geral em morte aparente ou gravemente doentes –, viajam ao *além* e depois retornam para contar o que viram. Este é o caso do guerreiro Er, cuja aventura é contada por Platão, e também de Dante, em sua *Divina Comédia*; podemos citar ainda a Viagem de Túndalo,[3] bem como os relatos de experiências *de quase morte* e de viagens *extracorpóreas* que aparecem na mídia com frequência. Além disso, existem aqueles que dizem receber informações dos mortos que lá "vivem" por meio de uma habilidade especial chamada mediunidade, os quais são denominados médiuns.

Foram as representações sobre o *além da morte* desse último tipo que nos interessaram no estudo que realizamos. O espiritismo brasileiro foi o campo onde colocamos as estacas que delimitaram o tema estudado. A ideia de que há *alguma coisa* ou *algum lugar* depois da morte, como já dissemos, é muito antiga e pertence a muitas expressões religiosas, inclusive ao espiritismo, que tem nessa crença um de seus pilares fundamentais.

Esse espiritismo ao qual nos referimos surgiu na França, no século XIX, e chegou ao Brasil logo em seguida à sua formulação teórica, realizada pelo pedagogo francês Hyppolite Léon Denizard Rivail (1804-1869), mais conhecido como Allan Kardec. Aqui, a crença espírita adquiriu o colorido próprio da nossa cultura, assimilando práticas e representações de outros agentes sociais, especialmente do catolicismo.

3 Sobre Túndalo, ver Zierer (2002) e Delumeau (2003, p.80-3).

No contexto brasileiro, Francisco Cândido Xavier[4] foi o mais destacado médium espírita, tanto pela extensão de sua obra literária como, sem dúvida, pela imagem construída em torno de sua vida. No caso dele, não se tratava de uma visão em vigília, em sonho ou mesmo uma aparição coletiva, apesar de também existirem relatos de alguns desses fenômenos nas biografias de Chico Xavier. Ele afirmava receber as descrições do *além* como se alguém lhe ditasse, ou melhor, segundo a explicação dos próprios espíritas, como se alguém agisse diretamente sobre o cérebro do médium.

Quando analisamos as representações espíritas do *além*, principalmente a partir da obra *Nosso Lar*, de Francisco Cândido Xavier, percebemos que o espiritismo brasileiro enfatizou muito mais o aspecto religioso da doutrina, embora tenha havido, desde o início da sua história, a assimilação de elementos do universo católico, o que propiciou uma doutrina bem familiar à cultura brasileira e colaborou para a legitimação do espiritismo no Brasil. Essas características são bem visíveis nas narrações e descrições do *além* contidas nas obras de Chico Xavier, o que lhe garantiu uma identificação com público a quem esses livros se destinavam. Assim, um estudo atento do livro *Nosso Lar* revelou diversos símbolos tradicionais ligados ao mundo religioso cristão – que já compunham o imaginário do *além* – e, também, o acréscimo de novas imagens, próprias do momento histórico em que foi produzida.

Percebe-se que a cidade espiritual Nosso Lar pode ser considerada uma utopia, uma espécie de paraíso cristão relido pela mentalidade espírita brasileira da primeira metade do século XX. Nesse sentido, Nosso Lar é tanto a "Jerusalém celeste" quanto o inverso da cidade terrestre, nesse caso, o Rio de Janeiro da década de 1940, sobre a qual Nosso Lar se localizaria. As descrições e narrativas dos mortos podem nos revelar muito sobre como é e como gostaríamos que fosse o mundo dos vivos, o que pode explicar as leituras da obra pelo público nacional desde a década de 1940, e

4 Sobre Francisco Cândido Xavier, sugere-se a leitura, entre outras, de Lewgoy (2004) e Stoll (2003).

uma das possibilidades de compreensão do discurso contido nela é considerar Nosso Lar uma utopia.

A utopia espírita: Allan Kardec

A palavra utopia foi criada por Thomas Morus para indicar uma ilha imaginária, um bom lugar, mas que não está em lugar algum e representava sonho, desejo, esperança de um mundo melhor. Com o tempo, o termo estendeu-se além da ilha de Morus e passou a designar outras construções semelhantes anteriores ou posteriores. Para Abbagnano (1982, p.949), "a utopia representa uma correção ou uma integração ideal de uma situação política, social ou religiosa existente", e, por isso, representa uma contradição com as condições objetivas de existência, mas à qual procura transcender, propondo diferentes estruturas sociais e materiais de existência (Lopes (2004), seja como forma de evasão da realidade, seja como proposta de mudança (Franco Junior, 1992).

Até a modernidade, a ideia corrente era de que a humanidade em seu início vivia uma existência feliz e tranquila, mas esse estado, infelizmente, modificou-se para pior. Daí uma nostalgia do paraíso perdido que se encontra em muitos povos, como a narrativa bíblica do Jardim do Éden.[5] Na passagem para o mundo moderno houve mudança: o paraíso poderia estar no futuro, uma perspectiva que foi alimentada pela noção de progresso que se fixou a partir do Iluminismo.

---

5 Heinrich Krauss (2006, p.17) afirma que a palavra paraíso tornou-se para nós apenas uma metáfora e que "O Jardim do Éden desapareceu para sempre e não está mais disponível para nenhum geógrafo, antropólogo ou botânico. As notícias do Campo dos Bem-aventurados são vagas e contraditórias, uma vez que nenhum mortal voltou de lá para informar sobre sua topografia mais exata". Certamente os espíritas brasileiros não concordariam com essa afirmação, pois, para eles, as narrativas de André Luis são explicações bem exatas da topografia do *além*.

Essa ideia de progresso invadiu o pensamento ocidental a partir, como dissemos, dos filósofos iluministas e, por consequência, na esperança de se alcançar uma sociedade mais feliz, a utopia tornou-se uma das forças motoras da nossa civilização. As utopias, então, ganharam uma dimensão temporal, uma promessa de que, no futuro, poderiam ser chamadas "ucronias".[6] Essa esperança era expressa, no século XIX, tanto na versão religiosa quanto na versão laica, mas estas tinham em comum a construção de um "futuro radioso" (Delumeau, 2003, p.285) aqui, neste mundo. Muitas vezes, esse desejo de um mundo melhor foi traduzido por meio de utopias, e as modernas e contemporâneas geralmente fazem o nascimento da felicidade do indivíduo ser consequência do estabelecimento de um "estado feliz".

Na primeira metade do século XIX, podemos encontrar a ideia de progresso integrada ao cristianismo. Nessa perspectiva, o cristianismo garantiria os elementos que possibilitariam a materialização da Nova Jerusalém aqui na Terra (Ibid., p.287), por isso não faltaram aqueles que viam no século XIX a aproximação de um novo mundo, de um "terceiro mundo" (Ibid., p.294), fazendo certa reinterpretação do Apocalipse.

Vemos que Allan Kardec repete a mesma e antiga estrutura ternária da história ao afirmar que o espiritismo é a terceira revelação. Segundo ele, a primeira teria sido realizada por Moisés, a segunda por Jesus e a terceira pelo próprio espiritismo.

> Razão há, pois, para que o espiritismo seja considerado a terceira das grandes revelações. Vejamos em que essas revelações diferem e qual o laço que as liga entre si.
> – Moisés, como profeta, revelou aos homens a existência de um Deus único, Soberano Senhor e Orientador de todas as coisas [...].

---

6 "'Muitas vezes, as utopias nada mais são do que verdades prematuras', definia Lamartine, reiterando outra definição de um confrade contemporâneo seu, Victor Hugo, quando este afirmava que 'a utopia é a verdade do amanhã'." (Saliba, 2003, p.59)

> – O Cristo, tomando da antiga lei o que é eterno e divino, e rejeitando o que era transitório, puramente disciplinar e de concepção humana, acrescentou a revelação da vida futura de que Moisés não falara [...]. (Kardec, 1990, p.24)

A não ser pela compreensível valorização de sua doutrina, essa construção não é original. George Sand[7] escreveu, entre 1837 e 1838, o romance *Spiridion*, no qual anuncia uma religião da humanidade que sucederá ao cristianismo. Segundo ele, a religião se desenvolvera ao longo de três épocas – como são três as pessoas da trindade: a primeira seria o reinado do Pai e corresponderia ao período da lei mosaica; a segunda, o reinado do Filho, que era a própria religião cristã; e a terceira, o reinado do Espírito Santo, que seria caracterizada pela desnecessidade dos sacramentos, pois a nova religião se despojaria das formas do cristianismo, cultuando a Deus apenas espiritualmente.

Allan Kardec, assim como George Sand, afirma a emergência de um novo tempo, o tempo do Espírito Santo. Kardec, evidentemente, interpreta a passagem de João (14:15-7; 26)[8] de maneira que o consolador prometido por Jesus seja o próprio espiritismo,

> assim, realiza o espiritismo o que Jesus disse do consolador prometido: o conhecimento das coisas, que faz o homem saber de onde vem, para onde vai e por que está na Terra [...]. (Kardec, 1998, p.93)

Não faltaram também os que procuravam ver um novo tempo como fruto necessário de um progresso mais laico, como Félicité de

7 George Sand é pseudônimo de Amandine-Aurore-Lucile Dupin (1804-1876), escritora francesa bastante polêmica em sua época que defendia um socialismo místico.

8 "Se me amais, observarei meus mandamentos, e rogarei ao Pai e ele vos dará outro Paráclito, para que convosco permaneça para sempre, o Espírito da Verdade, que o mundo não pode acolher, porque não o vê nem o conhece. Vós o conheceis, porque permanece convosco. [...] Mas o Paráclito, o Espírito Santo que o Pai enviará em meu nome, e vos ensinará tudo e vos recordará tudo o que vos disse."

Lamennais,[9] que, afastando-se da Igreja Católica, aproximou sua filosofia a uma fé no progresso.

> O que separava oscila e desaba; as próprias distâncias se apagam. Entrevê-se ao longe a época feliz em que o mundo formará uma mesma cidade regida pela mesma lei, a lei de justiça, de igualdade e de fraternidade, a religião futura da raça humana inteira, que saudará em Cristo seu legislador supremo e derradeiro. (Lamennais apud Delumeau, 1997, p.309)

Não há, nas obras de Allan Kardec, um texto que descreva ou narre uma sociedade utópica, mas ele deixou várias indicações de que acreditava em um mundo melhor aqui na Terra, e defendia o progresso e a regeneração da sociedade. Em sua primeira obra espírita, *O livro dos espíritos*, a terceira parte, denominada "Leis morais", trata quase inteiramente de questões relativas à vida na Terra. No capítulo "Lei do trabalho", preocupou-se com a questão do limite do trabalho e dos abusos da autoridade; no capítulo seguinte, "Lei da reprodução", o tema é a reprodução, o casamento e o divórcio; mais adiante, trata do acúmulo de riqueza e das guerras; o oitavo capítulo, "Lei do progresso" é dedicado justamente ao tema do progresso, "o estado de natureza é a infância da humanidade e o ponto de partida do seu desenvolvimento intelectual e moral" (Kardec, 1986, p. 262).

> O homem não pode conservar-se indefinidamente na ignorância, porque tem de atingir a finalidade que a Providência lhe assinou. Ele se instrui pela força das coisas. As revoluções morais, como as revoluções sociais, se infiltram nas ideais pouco a pouco; germinal durante séculos; depois, irrompem subitamente e produzem o desmoronamento do carunchoso edifício do passado, que deixou de estar em harmonia com as necessidades novas e com as novas aspirações. (Kardec, op. cit, p.365)

9 Félicité de Lamennais (1782-1854) aparece como um dos espíritos que teriam auxiliado Allan Kardec.

Em *A gênese*, Allan Kardec colocou um último capítulo intitulado "São chegados os tempos". Nesse texto, ele trata de alguma maneira dos acontecimentos futuros,

> são chegados os tempos, dizem-nos de todas as partes, marcados por Deus, em que grandes acontecimentos se vão dar para a regeneração da humanidade. (Kardec, 1990, p.401)

Essa ideia de que algo importante para a humanidade estava acontecendo naquele período corresponde à sensação coletiva das mudanças que aconteciam em um ritmo mais acelerado no século XIX do que nas épocas anteriores e que produzia um sentimento de que as "forças da história" eram impostas ao homem. No dizer de Saliba,

> A ideia de que a história era dirigida por uma espécie de sabedoria oculta, que se utilizava das paixões humanas individuais para traçar destinos coletivos dos povos e das nações, transformou-se em crença quase geral [...]. Não mais a civilização produzia história, mas tudo aparentava o contrário: era a história que produzia, ela mesma, de forma nem sempre clara, nem sempre traduzível em termos do presente, uma civilização e uma cultura. (Saliba, 2003, p.57-8)

Essa "sabedoria oculta" era, para Allan Kardec, a própria providência divina, que garantiria, por meio do complexo mecanismo histórico-reencarnatório, a implantação de um mundo melhor na Terra.

> A geração futura, desembaraçada das escórias do velho mundo e formada de elementos mais depurados, se achará possuída de ideias e de sentimentos muito diversos dos da geração presente, que se vai a passo de gigante. O velho mundo estará morto e apenas viverá na história, como o estão hoje os tempos da Idade Média, com seus costumes bárbaros e suas crenças supersticiosas. (Kardec, op. cit., p.404)

Adiante, o texto expressa bem a relação imaginada por Kardec entre o mundo terrestre e o mundo dos espíritos, ou o *além*. Aqui, o *além* é apresentado como em permanente contato com o mundo material ao ponto de as transformações que ocorrem em nosso mundo causarem mudanças no *além*. Esse mundo dos espíritos, portanto, não é apresentado como modelo para a sociedade terrestre, um lugar com organização diferenciada da dos "encarnados".

> Uma coisa que vos parecerá estranhável, mas que por isso não deixa de ser rigorosa verdade, é que o mundo dos espíritos, mundo que vos rodeia, experimenta o contrachoque de todas as comoções que abalam o mundo dos encarnados. Digo mesmo que aquele toma parte ativa nessas comoções. Nada tem isto de surpreendente, para que sabe que os espíritos fazem corpo com a humanidade; que eles saem dela e a ela têm de voltar, sendo, pois, natural que se interessem pelos movimentos que se operam entre os homens. Ficai, portanto, certos de que, quando uma revolução social se produz na Terra, abala igualmente o mundo invisível, onde todas as paixões, boas e más, se exacerbam, como entre vós. Indizível efervescência entra a reinar na coletividade dos espíritos que ainda pertencem a vosso mundo e que aguardam o momento de a ele volver. (Ibid., p.408)

Alguns dos escritos de Allan Kardec foram publicados em 1890 em um livro chamado *Obras póstumas*, o qual é composto de diversos textos diferentes divididos em duas partes: a primeira contém textos doutrinários e a segunda, relatos de fatos da vida pessoal de Kardec, além de alguns documentos de conteúdo administrativo.

Em um dos textos, contido na primeira parte do livro e intitulado "As Aristocracias", Kardec pretende fazer um retrospecto histórico com o objetivo de poder deduzir o futuro da humanidade, que, como vimos, estaria sendo gestado tanto no mundo material como no espiritual. Kardec procura, portanto, alguma lei ou fio condutor que permita ao homem prever como será a sociedade no futuro. Tal busca por uma *lei social* refletia o cientificismo dominante no século XIX, que pretendia transformar tudo o que fosse possível em ciência, aplicando os princípios da ciência ao mundo da ação. O autor faz então uma opção: escolhe o poder como objeto de análise da história, argumentado que todos os povos têm, tiveram e sempre terão chefes, pois houve homens incapazes e que precisaram ser governados.

Kardec, ao utilizar a palavra aristocracia no sentido de "poder dos melhores", deixa claro, ao longo do texto, que esses *melhores* são considerados como os melhores para *determinada* época. Isso nos parece a expressão de certo relativismo histórico, mas mesmo assim não conseguiu eliminar a perspectiva teleológica presente na obra de Allan Kardec, que pretende conciliar a religião e a ciência,[10] nesse caso a providência divina e o progresso (e/ou evolução).

Segundo ele, no início os homens eram governados pelos mais velhos, o que caracterizava uma aristocracia patriarcal, mas as novas necessidades surgidas com o crescimento populacional criaram conflitos e, consequentemente, o poder passou aos que eram capazes de defender a comunidade, os mais fortes. Estes, não querendo perder o que haviam conseguido, passaram o poder a seus filhos, e o restante da população, os fracos, nada puderam fazer diante disso e acabaram se acostumando a obedecer. Assim, a aristocracia da força transformou-se em aristocracia do nascimento. Allan Kardec nos dá um exemplo de como isso ocorreu e como pode ser superado.

> Os franceses de hoje são, pois, os do século passado, os da Idade Média, os dos tempos druídicos; são os exatores e as vítimas do feudalismo; os que submeteram outros povos e os que trabalharam pela emancipação deles, que se encontram na França transformada,

10 Como fica evidente, "A ciência e a religião são as duas alavancas da inteligência humana. Uma revela as leis do mundo material, e a outra as leis do mundo moral. Mas aquelas e estas leis, tendo o mesmo princípio, que é Deus, não podem contradizer. Se umas forem a negação das outras, umas estarão necessariamente erradas e as outras, certas, porque Deus não pode querer destruir a sua própria obra". (Kardec, 1998, p.30-1)

> onde uns expiam, na humilhação, o seu orgulho de raça e onde outros gozam o fruto de seus labores. Quando se consideram todos os crimes desses tempos em que a vida dos homens e a honra das famílias em nenhuma conta eram tidas, em que o fanatismo acendia fogueiras em honra da divindade; quando se pensa em todos os abusos de poder, em todas as injustiças que se cometiam com desprezo dos mais sagrados direitos, quem pode estar certo de não haver participado mais ou menos de tudo isso e admirar-se de assistir a grandes e terríveis expiações coletivas?
>
> Mas, dessas convulsões sociais uma melhora sempre resulta; os espíritos se esclarecem pela experiência; o infortúnio é o estimulante que os impele a procurar um remédio para o mal; na erraticidade, refletem, tomam novas resoluções e, quando voltam, fazem coisa melhor. É assim que, de geração em geração, o progresso se efetua [...]. As convulsões sociais são revoltas dos Espíritos encarnados contra o mal que os acicata, índice de suas aspirações e esse reino de justiça pelo qual anseiam, sem, todavia, se aperceberem claramente do que querem e dos meios de consegui-lo. Por isso é que se movimentam, agitam. Tudo subvertem a torto e a direito, criam sistemas, propõem remédios mais ou menos utópicos, cometem mesmo injustiças sem conta, por espírito, ao que dizem, de justiça, esperando que desse movimento saia, porventura, alguma coisa [...]. (Kardec, 1987, p.218-9)

Allan Kardec afirma que a classe dominada produziu os meios de superar a dominação por meio do trabalho, porém, por "classe dominada", Kardec nos parece estar se referindo muito mais à burguesia do que ao proletariado, quando elenca as necessidades dos dominados: novos recursos, lutar contra concorrência e procurar novos mercados. E ele continua dizendo que a busca de soluções para esses problemas desenvolveu a inteligência dessa classe, que, esclarecida, proclamou a igualdade perante a lei. É evidente que Kardec faz referência à Revolução Francesa.

Uma nova aristocracia surgiu, a do dinheiro, a qual dispõe dos homens e das coisas. Todos passaram a se inclinar perante o dinheiro, como faziam diante dos brasões. E ele prossegue dizendo que essa nova aristocracia do dinheiro precisa da inteligência para acumular riqueza, uma vez que, sem ela, facilmente todo esforço seria perdido. Ainda segundo Allan Kardec, a inteligência, sendo comum aos pobres e aos ricos, permitiria a alguns elementos das classes baixas chegar às mais altas posições sociais.

A inteligência, no entanto, pode fazer o mal. Isso levou Allan Kardec a imaginar a necessidade de uma nova forma de aristocracia, a intelecto-moral. No futuro, a massa se entregará a essa aristocracia, reconhecendo nela luzes e justiça. Antecipando-se às críticas, Kardec exemplifica que os costumes de sua época eram melhores que os da Idade Média, bem como os costumes e leis dos europeus eram melhores que os de povos primitivos. Assim, ele considera o progresso princípio evidente, uma lei natural, e afirma que duvidar da melhora da humanidade seria o mesmo que duvidar do progresso, que é incontestável tanto moralmente (pela melhoria dos costumes) como materialmente (pelo avanço da ciência). E isso seria garantido, em última instância, pela própria providência divina.

Kardec, nesse texto, apresenta vários dos elementos que compunham o *espírito* do século XIX. Primeiro, uma crença fundamental no *progresso*, do qual ninguém duvidava e que era a única *lei* em que os historiadores científicos estavam de acordo. Segundo, o *evolucionismo*, pois a sociedade não apenas mudava, mas mudava para melhor, visto que se acreditava que a história evoluía em direção a alguma espécie de paraíso terreno. Terceiro, o *etnocentrismo*, que consistia em ver no europeu o máximo da evolução até o momento, superioridade física, moral e social.

A visão da história que Allan Kardec nos apresenta nesse texto não difere muito da que era dominante na época, porém, talvez, possamos destacar três elementos como característicos: a referência que ele faz à ação da providência divina atuando no processo histórico, sua ideia de aristocracia intelecto-moral e, evidentemente, a importância que dá ao espiritismo como fator de aceleração do progresso.

Dessa forma, podemos perceber que o espiritismo não era nenhum retrocesso místico em meio a um século de racionalismo, mas sim que estava muito bem localizado, utilizando estruturas e conceitos próprios da sua época, como as ideias de progresso e evolução. Podemos, é claro, afirmar o mesmo sobre a obra de Chico Xavier, como veremos a seguir.

A utopia espírita: Chico Xavier

As grandes cidades contemporâneas apresentam as características que nos permitem compreender com clareza a condição de Nosso Lar como cidade ideal,[11] uma vez que os grandes condomínios fechados, protegidos pelo que de mais moderno há em matéria de segurança, fornecem um pedaço do paraíso perdido aos que podem pagar. A muralha – nesse caso, os muros – com cercas elétricas e câmeras de vídeo, separa os moradores do caos da vida urbana, além de fornecer um espaço harmonioso, limpo e bonito. Do lado de fora, o trânsito incontrolável, a violência provável a cada semáforo e o máximo da degradação da vida urbana: a favela, a representação viva da falta de racionalidade (ou seu excesso), o oposto do condomínio de luxo. A cidade real é, assim, recheada de contradições.

Tradicionalmente, ela é o espaço da natureza domada, o espaço conformado segundo um sentido. A cidade representa o arte-fato (feito com arte), que se opõe ao mundo natural, perigoso, incontrolado, isso porque seu interior é fruto da técnica que imprime no espaço natural as marcas dos seres humanos. Mas, por ser obra do homem, a cidade sempre foi encarada também como manifestação divina, pois, se somos imagem e semelhança dos deuses, então a cidade humana é imagem e semelhança da cidade celeste.

---

11 Considerando que a cidade Nosso Lar encontra-se no "plano espiritual", podemos concordar com Lewgoy (2000, p.214), que afirma que "A categoria 'plano espiritual' é fundamental no espiritismo de Chico Xavier. Trata-se de um termo polissêmico, que designa o lugar onde habitam os espíritos e um conjunto de valores que orientam as suas ações, simultaneamente um parâmetro de seu *ethos* e, por outro lado, significando um 'projeto para o mundo'".

> A ideia de cidade ideal está profundamente arraigada em todos os períodos históricos, sendo inerente ao caráter sacro anexo à instituição e confirmado pela contraposição recorrente entre cidade metafísica ou celeste e cidade terrena ou humana. (Argan, 1995, p.73-4)

Essa ideia da cidade ideal engendra, necessariamente, outra: a de que a cidade é a representação de valores. Portanto, sua estrutura e seu funcionamento correspondem a um modelo metafísico ou divino (Ibid., p.74).

A cidade espiritual Nosso Lar desempenha as funções fundamentais de uma cidade. Lewis Mumford, em seu livro *A cidade na história*, buscou a provável origem das cidades, descobrindo quais eram essas funções que deram nascimento a elas.

> Antes da cidade, houve a pequena povoação, o santuário e a aldeia; antes da aldeia, o acampamento, o esconderijo, a caverna, o montão de pedras; e, antes de tudo isso, houve certa predisposição para a vida social que o homem compartilha, evidentemente, com diversas outras espécies animais. (Mumford, 1998, p.11)

O título de seu primeiro capítulo já é revelador: "Santuário, aldeia e fortaleza". A cidade, inferimos, possui uma função sagrada e, por isso, a fundação de uma cidade reveste-se, geralmente, de importância religiosa. A existência, ainda hoje, de templos religiosos no centro das cidades desde sua fundação demonstra quanto essa função ainda persiste. A função de aldeia diz respeito à vida social que se estabelece na cidade, à divisão do trabalho e à diferente distribuição do produto social do trabalho. A última função, a fortaleza, tinha uma importância muito grande enquanto não existiam as formas de destruição em massa; mesmo assim, buscamos dentro de nossos muros equipados cercas elétricas e protegidos cães, a segurança perdida nas grandes cidades contemporâneas. E nos faz sonhar com o paraíso perdido do sossego e da segurança: é justamente isso que as empresas do ramo imobiliário querem nos vender quando nos mostram seus projetos de condomínios: lagos, grama verde, jardins, crianças brincando e céu azul. Implicitamente, estão nos dizendo: os bandidos e os problemas urbanos ficarão fora das muralhas.

A cidade espiritual exerce, também, essas funções. Evidentemente, uma cidade espiritual é, antes de tudo, um santuário, por isso insistimos na representação do paraíso e/ou Jardim do Éden contida na imagem de Nosso Lar. Todas as atividades da cidade parecem estar voltadas para a relação com Deus: as preces diárias, as expedições de socorro aos locais de sofrimento para resgate dos espíritos sofredores, a existência de um ministério da união divina, além de todas as representações que remetem a outras construções do além-túmulo.

A função de aldeia manifesta-se na existência de organização administrativa, na forma de governo, na estrutura das famílias, nos espaços dedicados ao lazer e ao estudo, e até nos processos de comunicação e transporte. A função fortaleza aparece na própria muralha que cerca a cidade, nos canhões de dardos magnéticos, na existência de calabouço para os que sofreram pena e na direção firme do governador da cidade, na existência de vigilância e na própria condição mental dos habitantes, que impedem a ação das forças do mal de entrar na cidade.

Nosso Lar é, antes de tudo, o ideal do planejamento urbano espiritualizado, pois tudo é ordem, previdência, limpeza e sossego. Há transporte coletivo eficiente e mesmo o tráfego de pessoas é tranquilo, e não há sujeira nem epidemias, nem miséria. Os hospitais recebem os recém-chegados da terra ou do umbral e somente depois são alocados em algum lugar na cidade. É o sonho da higienização urbana, modernista, do século passado. Como acredita-se que a cidade espiritual Nosso Lar esteja localizada no espaço espiritual acima do Rio de Janeiro, ela é o modelo divino, a utopia que o homem deve construir na terra, mas também é o objetivo a ser perseguido no *além*. Por isso, Nosso Lar participa da dupla característica de "Jerusalém Celeste", a cidade espiritual que deve se materializar na Terra.

O nome André Luiz, como já dissemos, é um pseudônimo, e poucas pistas ele nos dá de sua identidade real quando encarnado.

Todavia, não faltaram especulações entre os espíritas para tentar adivinhar quem teria sido realmente André Luiz. Muitos acreditam que ele seja o médico Oswaldo Cruz (Capellari, 2001, p.69) e, sobre essa assimilação, Lewgoy (2000, p.216) comenta:

> Reza a tradição oral espírita que, em encarnação anterior, André Luiz foi Oswaldo Cruz, médico sanitarista heroico de fortes ideais republicanos. E, anteriormente a Oswaldo Cruz, teria sido Estácio de Sá, Capitão-mor e fundador do Rio de Janeiro, onde se situava a capital federal e a sede da Federação Espírita Brasileira. Como Emmanuel, André Luiz também constrói a sua identidade pelo recolhimento de traços metonimicamente disseminados em encarnações anteriores, no caso juntando heróis nacionais. Ou seja, também aqui o sincrônico veste máscaras diacrônicas: Mem de Sá (sic), pela bravura e espírito pioneiro, que combina a raiz portuguesa com a origem da nacionalidade brasileira, e Oswaldo Cruz, pelo espírito público e pela fusão do ideal médico com o científico; todas essas características somam-se no personagem e autor André Luiz, o mais "científico", "jornalístico" e "sociológico" dos espíritos que ditam mensagens a Chico Xavier.[12]

O nome de Oswaldo Cruz[13] está intimamente ligado à urbanização da cidade do Rio de Janeiro no início do século XX, bem como ao episódio da Revolta da Vacina. A industrialização do Brasil, que ganhava ritmo nas décadas de 1930 e 1940, aliada às mudanças urbanas daquele período, pode explicar o contexto social onde a cidade ideal Nosso Lar faça sentido.

O capitalismo assumiu proporções mundiais no final do século XIX e início do século passado. A América Latina não ficou fora

12 É importante de enfatizar que a imagem de científico e jornalístico de André Luiz deve ser percebida pela análise da simbologia presente em suas obras.

13 No Rio de Janeiro houve uma famosa renovação do centro da cidade durante o governo do engenheiro Pereira Passos, conhecido como o Haussmann tropical, entre os anos 1902 e 1906. Essa renovação veio acompanhada pelo trabalho de saneamento liberado pelo médico Oswaldo Cruz (Outtes e Miura, 2003).

desse processo, em que muito capital era investido em empresas privadas, nacionais e estrangeiras, ou era emprestado diretamente aos governos locais. Eram aplicados investimentos na modernização, que se inspirava na Europa (Rocha, 1997). Dentre as muitas mudanças que esse "espírito modernista" engendrou está o processo de urbanização que ocorreu no início do século XX.

As consequências disso, no entanto, vão muito mais longe do que simplesmente a abertura de avenidas e construção de esgotos, "manifesta-se nas adaptações, resistências e contradições vividas pela sociedade do período" (Rocha, op. cit., p.60). Sem dúvida a parte mais visível dessas transformações é a remodelação das construções e dos espaços das cidades, que passaram a desejar ser as portadoras da modernidade.

Dois fatores, segundo Rocha (op. cit), desempenharam papel fundamental na urbanização do período: o aumento do fluxo de capitais para a América Latina e o crescimento dos imigrantes. No Brasil, os maiores crescimentos ocorreram nos estados de São Paulo, Rio de Janeiro, Paraná e Rio Grande do Sul. Essa urbanização, no entanto, foi acompanhada pelo desejo de ser moderno, na tentativa de estar harmonizado com a civilização padrão europeia[14] (hoje, diríamos que se desejava estar conectado ao mundo da época).

Para tornar possível um projeto de modernização era necessário não somente reordenar os espaços, mas também seus usos. Este foi um fenômeno típico da modernidade, que passou a ocorrer em várias partes do mundo do século XIX em diante.

> Processo similar ocorre no Brasil com as reformas do prefeito Pereira Passos no Rio de Janeiro, então capital. Em poucos anos são construídos um conjunto de edifícios neoclássicos e uma larga avenida – a Avenida Central (atual Av. Rio Branco) –, redefinindo funções para as áreas centrais da cidade, anteriormente ocupadas

14 As ideias sobre urbanização no Brasil estiveram sob influência da tradição francesa.

> "indisciplinadamente" por um grande número de moradias da população de menor renda. (Rocha, op. cit., p.64)

A intenção das nossas reformas, ao copiar os modelos europeus, era "domar" o então "caótico" espaço das *urbs*, transformando algumas de nossas cidades em metrópoles "modernas" (Ibid.). E, para nós, o mais significativo, essas transformações alteram o cotidiano, a vida pública e particular dos que foram contemporâneos desse processo e das gerações seguintes, porque urbanizar era o mesmo que disciplinar o cidadão, e a degradação física e moral da cidade seria consequência e causa do mesmo fenômeno em nível individual. Ou, nas palavras do prefeito do Rio de Janeiro, em 1938:

> Urbanizar é facilitar, disciplinar, embelezar, dar ao homem os elementos de uma vida que o distingue cada vez mais das eras inferiores iniciais da comunidade urbana. (Campello apud Outtes e Miura, op. cit., p.139)

No Rio de Janeiro, então a capital da República brasileira, o modelo de modernização urbana tornou mais visível as contradições fundamentais da sociedade nacional. O engenheiro Marcelo Mendonça, um dos fundadores do Instituto Central de Arquitetos do Rio de Janeiro, expressou muito bem essas contradiçõe afirmando que visitar os bairros pobres da capital federal da época era suficiente para perceber claramente o problema (Mendonça apud Outtes e Miura, op. cit.).

O êxodo de brasileiros das áreas rurais próximas ao Rio de Janeiro, de pessoas de outros estados e de imigrantes, todos chegando à procura de trabalho e

> de melhores condições de vida, fizeram que a densidade populacional praticamente triplicasse em três décadas, passando de 247 habitantes por km^2 em 1872, para 722 habitantes por km^2 em 1906. (Rocha, op. cit., p.66)

O saneamento da capital constituía, naquele momento, uma preocupação nacional. A cidade possuía sérios problemas de infraestrutura, agravados pela chegada de pessoas vindas das áreas rurais próximas ou mesmo de outros estados, o que fez a cidade ficar mais populosa (de 247 habitantes por km^2 em 1872 para 722 habitantes por km^2 em 1906) (Ibid.). Eram péssimas as condições de vida dessa população crescente, e epidemias se sucediam: febre tifoide, impaludismo, varíola, sarampo, escarlatina, difteria, gripe, disenteria e febre amarela. Como a visão higienista[15] da cidade a representava como um organismo (Outtes e Miura, op. cit.), era comum traçar relações entre a doença física e a doença moral que a situação precária da população produzia.[16]

Essa situação prejudicava muito o comércio internacional brasileiro e, além disso, o porto do Rio de Janeiro era temido pela alta probabilidade de contaminação de seus frequentadores. Uma

15 "As autoridades governistas começam a emitir um discurso centrado na preocupação com a higiene da família, do ambiente em que ela vive, trabalha e circula, fundando um discurso organizador que visava criar normas gerais para a população. Preocupam-se com a limpeza dos prédios, com o aumento da rede de iluminação elétrica, com a drenagem de pântanos, com o aterro sanitário, com a arborização de parques e jardins para aumentar o fluxo de ar [...]." (Oliveira, 2003, p.14)

16 Não faltou aos espíritas a percepção desses problemas. Como exemplo, tomamos alguns trechos de artigo datado de 1903: "Há uma hygiene da alma, do mesmo modo que há uma hygiene do corpo [...]. Para o entretenimento da saude physica, são unanimes os hygienistas em recomendar, entre outras medidas: o asseio que desembaraçando o tecido cutaneo das adherencias e serosidades dificultariam a transpiração e impediriam o corpo de absorver os elementos sãos da atmosphera; [...] Ora, da mesma sorte que o corpo a alma tem também, como dizíamos em começo, uma hygiene, apropriada aos seus meios de ação e de percepção [...]. A que se reduz então a hygiene da alma? – Antes de tudo a eliminar a escoria das paixões inferiores que, como herança do passado, trouxemos a esta vida [...] todo aquelle que cercar-se de uma atmosphera de desejos e sentimentos puros verá estender-se sobre o seu corpo, fortalecido e sadio, os benefícios d'essa hygiene moral que o auxiliará duplamente a progredir [...]. D'hai, por conseguinte, ser a saúde physica um corollario, uma resultante, fatal e inevitável, da saúde da alma, cuja hygiene assim fica primordialmente evidenciada" (Hygiene Moral, 1903, p.337).

medicina social era necessária para reordenar a cidade e transformá-la em uma metrópole moderna, em sintonia com o século XX.

Grandes investimentos foram feitos nesse sentido. Em poucos anos, ocorreram significativas alterações urbanas na capital da República. A abertura da Avenida Central e o alargamento de outras ruas, além da mudança do código de posturas que visava determinar quais os comportamentos aceitáveis em vias públicas. Mas todas essas mudanças desalojaram contingente considerável da população, que se dirigiu para os subúrbios e para os morros, contribuindo para a formação das favelas.

Não demorou muito para que o contraste entre o desejo de ser moderno e a realidade aparecesse aos olhos, pois a lógica da transformação adotada pelo Estado, interessado na construção de uma imagem de Brasil moderno era fundamentalmente excludente (Rocha, op. cit.). A famosa Revolta da Vacina demonstra com clareza a insatisfação da população com as ações dos governos no que diz respeito às questões sociais. Para muitos, essa obra de modernização não passava de uma mulata apertada em um vestido francês.

Esta é uma boa imagem, pois o governo do Estado Novo entendeu que a melhor interpretação de uma moderna cidade era a francesa. Mas todo esforço estatal, e justamente por isso, não foi capaz de eliminar as contradições da cidade, e o discurso dos defensores[17] da modernização mudou de foco. Se antes o grande problema era o cortiço, a favela tomou seu lugar. Uma descrição feita por um jornalista em 1938 nos fornecerá uma boa imagem:

> Alcançamos, enfim, uma parte do povoado mais ou menos plana e onde se desenrola a cidadela miseranda. O chão é rugoso e áspero, o arvoredo pobre de folhas, baixo, tapetes de tiririca ou de capim surgindo pelos caminhos mal traçados e tortos. Perspectivas medíocres. Todo um conjunto desmantelado e torvo de habitações sem

17 "[...] as preocupações da intelectualidade carioca e nacional estavam centradas no futuro da jovem República, na saúde da sociedade, no saneamento do país e no embelezamento do Rio de Janeiro". (Valladares, 2000, p.6)

linha e sem valor [...]. Tudo entrelaçando toscamente, sem ordem e sem capricho. (Edmundo apud Valladares, op. cit., p.10)

Ordem e capricho são, sem dúvida, duas características da civilização moderna, mas na favela tudo é desordenado, desmantelado. Qualquer semelhança entre as descrições do umbral e das favelas cariocas não são mera coincidência, pois marcam a oposição entre o caos e a ordem e, ao mesmo tempo, uma identificação entre o espaço exterior e o interior do homem. As habitações são sem linha, feitas de materiais diversos dispostos toscamente, o oposto de uma habitação decente. Na favela, a natureza não é domada, a tiririca nasce à vontade e até as árvores são pobres, o oposto da cidade-jardim.

Em 1930, o urbanista francês Alfred Agache[18] prepara uma série de estudos para o embelezamento da cidade do Rio de Janeiro, nos quais denuncia o problema da permanência da favela. O Código de Obras de 1937 proibiu a criação de novas favelas,[19] e havia evidências de que a favela havia se tornado um problema social. O poder público adotava a perspectiva dos médicos, engenheiros e demais intelectuais que, como já dissemos, viam a cidade como um organismo e a favela, como uma doença.[20] Os dois primeiros estudos realizados sobre as favelas cariocas são datados do início da década de 1940, e as descrições seguem o mesmo padrão anterior, como esta, elaborada em 1942:

---

18 Alfred Agache é figura-chave para a compreensão da influência do urbanismo francês no Brasil. Formou-se na École des Beaux-Arts de Paris em 1905 e foi um dos fundadores da Societé Française des Urbanistes (Moreira, op. cit.).

19 No início do século, as preocupações urbanísticas eram mais pontuais, mas, a partir da década de 1920, a concepção urbanística passou a ser mais sistêmica (Valladares, op. cit.).

20 O próprio Agache, em 1930, assim se refere à favela: "Construídas contra todos os preceitos de hygiene, sem canalisações d'água, sem exgottos, sem serviço de limpeza publica, sem ordem, com material heteróclito, as favellas constituem um perigo permanente d'incendio e infecções epidêmicas para todos os bairros atravez dos quaes se infiltram. A sua lepra suja, a vizinhança das praias e os bairros mais graciosamente dotados pela natureza, despe os morros do seu enfeite verdejante e corroe até as margens da matta na encosta das serras" (Agache apud Valladares, op. cit., p.17).

> No Rio, cidade de coloridos e galas exuberantes, a luz forte que ressalta a graça inconfundível de uma natureza inigualável faz da favela um grito ainda mais dissonante, que se destaca na afinação maravilhosa de tanta riqueza e tanta graça [...]. Talvez seja por isso que nossas favelas pareçam mais miseráveis e sórdidas do que todas as outras [...]. É uma pobreza tremenda que se abriga naqueles barracos remendados, um abandono assustador que confrange o coração dos que penetram neste mundo a parte, onde vivem os renegados da sorte. (Silva apud Valladares, op. cit., p.22)

No entanto, em Nosso Lar, não há os problemas urbanos que os homens aqui na terra enfrentam. Claro que, para isso, altas muralhas deixam de fora todo elemento que possa perturbar a paz e a harmonia do interior. Em uma perspectiva religiosa, somente essa dicotomia dentro/fora do paraíso faz sentido completamente, mas devemos ver que a cidade espiritual não é apenas uma esperança para os bons aqui na terra, mas um modelo para a cidade terrena, e cidade dos homens encarnados deve mirar-se na cidade de Deus.

Assim, verificamos que o modelo Nosso Lar, mais do que simples expressão do desejo humano no *além*, é concebido como projeto de futuro que fatalmente se realizará na terra,[21] já que o espiritismo possui a perspectiva progressista e evolucionista da história. Nosso Lar se realizará na terra, mas como representações antigas podem satisfazer essa busca pelo futuro? A reposta está em outra crença espírita, a de que o espiritismo é o retorno ao cristianismo primitivo. A parcela cristã do espiritismo no Brasil sempre foi muito importante, o que coloca essa doutrina em uma situação bastante singular: pretende ligar passado e futuro, ideia que a própria crença na reencarnação promove.

---

21 Esse caráter de utopia foi percebido também por Lewgoy (op. cit., p.215): "O texto é formado por uma série de capítulos curtos, com o predomínio de longos diálogos doutrinários sobre os valores espíritas, apresentando uma forma imaginada de organização social num mundo governado burocraticamente por ministérios, onde os habitantes se dedicam a tarefas edificantes, atualizando uma espécie de utopia espírita de vida comunitária".

Como cidade ou sociedade ideal, Nosso Lar funciona como utopia, e são os próprios comentadores dessa obra que nos dão a pista para compreender essa representação da cidade espiritual.

> Na apresentação literária talvez haja, como parece ser o pensamento do irmão que assina "Duvidoso", um pouco de fantasia. Lembremo-nos de que Thomas Morus, para nos dar ensinamentos de grande valor, escreveu *Utopia* (De opimo reipublica statu, doque nova insula Utopia), na qual tudo é imaginário, e Edward Bellamy, para fazer propaganda de seus ideais sociais, nos deixou outro livro imortal, narrando fantasticamente a vida em Boston no ano 2000, quando ele escreveu em 1887. Admitamos que o grande André Luiz nos faça um pouco de ficção para não tornar monótona a narrativa. Não haveria nisso mal algum, desde que nos ensine princípios sãos de moral e ciência. (Resposta, 1947, p.12)

Ao comparar Nosso Lar com duas obras que descrevem cidades ideais, a revista está nos indicando claramente esse aspecto da obra. Se Thomas Morus é bastante conhecido, Edward Bellamy não nos é tão familiar. Bellamy nasceu em 1850, membro de uma tradicional família da Nova Inglaterra, e faleceu em 1898. Cresceu de acordo com os princípios calvinistas, mas afastou-se deles. Suas ideias, expostas por meio de sua obra-prima *Daqui a cem anos, revendo o futuro*, aproximam-se ora do socialismo, às vezes marxista, ora de desejo pelo cristianismo puro. De qualquer maneira, Bellamy foi um sagaz crítico das desigualdades sociais e sua cidade utópica – a Boston do ano 2000 – expressa justamente o oposto da sociedade em que vivia.

Bellamy comparou a sociedade de sua época, fim do século XIX, com uma carruagem

> a que as massas da humanidade eram atreladas e a qual arrastavam penosamente por uma estrada muito íngreme e arenosa. O cocheiro era a fome, e não permitia demora [...]. (Bellamy, 1960, p.26)

e possuía uma visão otimista do futuro. Muito diferente de alguns de seus sucessores futuristas, Aldous Huxley e George Orwell, por exemplo.

A história de Bellamy é basicamente esta. Certa noite, em Boston, 1887, ele foi mesmerizado (nós diríamos hipnotizado) para poder dormir, já que sofria de insônia. Acordou 113 anos depois. Após um período de confusão inicial, ele começa uma fase adaptação à sociedade do futuro. Aos poucos o médico que o descobriu e sua filha vão esclarecendo os aspectos da nova Boston.

> [...] a primeira coisa que chamou sua atenção foi a ausência de chaminés e fumaça. Pouco depois, descobriu que não havia nenhuma loja, nenhum banco e – a característica de todas as utopias que se respeitam – nenhum advogado. Todos pareciam saudáveis e felizes, caminhando ao longo de ruas onde anúncios publicitários não mais poluíam a paisagem e morando em casas equipadas com as mais recentes invenções inclusive – "telefones musicais", ou alto-falantes, pelos quais concertos de música clássica podiam ser ouvidos com o simples giro de um botão. (Wilson, 2002, p.152-3)

Assim, não havia dinheiro como era conhecido no século XIX (e hoje...). No Reformador encontramos uma referência a essa característica.

> Não asseveramos, porém, que naquela colônia espiritual não haja realmente uma medida de esforços individuais, chamada "bônus-hora", assegurando especiais privilégios aos seus servidores. Seria uma bela invenção para espíritos muito habituados ao dinheiro na Terra. Notemos que lá o dinheiro "bônus-hora" seria como o dólar nominal de Bellamy, não poderia ser ganho pela astúcia de particulares, mas teria que ser recebido legitimamente do Ministério e só servir para pagar-se a Instituições do Estado. Que desapontamento para os empresários que negociam com o talento alheio! (Resposta, op. cit., p.12)

O bônus-hora de Nosso Lar é comparado ao cartão de crédito que os habitantes de Boston recebiam para comprar o que necessitavam. Deixemos Bellamy nos contar como isso funcionava em sua Boston do ano 2000.

> No início de cada ano, abre-se para cada cidadão nos livros públicos um crédito correspondente à sua parte no produto anual da nação, sendo-lhe dado um cartão de crédito com o qual ele adquire nos armazéns públicos, encontrados em todas as comunidades, o que desejar e quando desejar. (Bellamy, op. cit., p.68)

Portanto, em ambas as utopias, o comércio é inexistente, e a produção e a distribuição são controladas por uma administração centralizadora, além, é claro, do aspecto higiênico e racional da urbanização. No caso de Bellamy, o pano de fundo de sua história foi a cidade de Boston, cheia de chaminés e movimentos operários, e, no caso de André Luiz, a cidade do Rio de Janeiro com as contradições que conhecemos.

Do ponto de vista do governo, Nosso Lar também representa um modelo a ser seguido, afinal, não é apenas para servir de curiosidade que tais descrições do governo da cidade Nosso Lar foram incluídas nesse livro. Se a sociedade precisa de mecanismos que assegurem sua continuidade,[22] a religião sempre desempenhou papel importante nisso. Assim, a religião tem parcela considerável no processo de legitimação social das estruturas e dos processos existentes.

> [...] a religião foi historicamente o instrumento mais amplo e efetivo de legitimação. Toda legitimação mantém a realidade social definida. A religião legitima de modo tão eficaz porque relaciona com a realidade suprema as precárias construções da realidade erguidas pelas sociedades empíricas. As tênues realidades do mundo social

22 "[...] a mais importante função da sociedade é a nomização. A pressuposição antropológica disso é uma exigência humana de sentido que parece ter a força de um instinto. Os homens são congenitamente forçados a impor uma ordem significativa à realidade." (Berger, 2004, p.35)

> se fundam no sagrado *realissimum*, que, por definição, está além das contingências dos sentidos humanos e da atividade humana. (Ibid., p.45)

Dessa maneira, a forma como Nosso Lar é governada é um modelo que deve servir de guia aos homens, é a utopia espírita. Mas não representa apenas uma proposta teórica para os espíritas, ela tem a validade das determinações divinas, uma vez que se encontra no espaço sagrado. A atitude do governador de fechar o Ministério da Comunicação, por exemplo, é legítimo porque provém de um espírito superior cujo poder não lhe foi entregue por meio de eleições, mas entendido como decisão divina. Esta é uma proposta para a sociedade terrena, pois

> a religião legitima as instituições, infundindo-lhes um status ontológico de validade supremo, isto é, situando-as em um quadro de referência sagrado e cósmico. (Ibid., p.46)

Ou, ainda:

> Provavelmente a mais antiga forma dessa legitimação consiste em conceber a ordem institucional como refletindo diretamente ou manifestando a estrutura divina do cosmos, isto é, conceber a relação entre a sociedade e o cosmos como uma relação entre o microcosmo e o macrocosmo. Tudo "aqui" embaixo tem seu análogo "lá em cima". (Ibid.)

Daí se justifica a atitude do governador da cidade espiritual em punir os que dele discordavam, inclusive com o calabouço. Entende-se que seu poder emana da divindade,

> o poder humano, o governo e o castigo se tornam, assim, fenômenos sacramentais, isto é, canais pelos quais forças divinas são aplicadas à vida dos homens para influenciá-los. (Ibid., p.47)

É legítimo ao governador espiritual tomar medidas de exceção, porque seu dever é proteger a cidade contra as Trevas que, no caso, encontram-se além de suas muralhas, e a atitude dos que não concordavam com ele foram tomadas como um risco à ordem, "ir contra a ordem da sociedade como é legitimada religiosamente é, todavia, aliar-se às forças primevas da escuridão" (Ibid., p.52). E a mensagem foi compreendida, como podemos ver nesse artigo da revista *Reformador*:

> Em nosso tempo, quando se promulgam as mais diferentes Constituições para regerem diversos países, seria interessante que um jurista estudasse e nos expusesse a Constituição da Colônia Nosso Lar, colhendo dados no livro com esse mesmo nome, de André Luiz. Enquanto esperamos que alguém competente se decida a esse trabalho de investigação, vamos apresentar aqui alguns pontos dessa Constituição [...].
>
> Quando às autoridades, o regime é o oposto a qualquer democracia, porque todo poder vem de cima, num sistema perfeitamente aristocrático. O povo não vota. Galgam as mais altas posições os maiores trabalhadores, mas não a critério do povo: os eleitores pertencem a esferas mais elevadas [...].
>
> Todos os ministros respondem perante um governador-geral, que é o maior trabalhador da Colônia, o único que não tem tempo de descansar nem de gozar férias. Sua nomeação desce de esferas espirituais bem mais elevadas [...].
>
> Aqui damos apenas alguns pormenores da Constituição desse pequeno Estado de um milhão de habitantes, como dissemos de início, a fim de sugerir que algum jurista se dê ao trabalho de estudar melhor o assunto nos diversos livros de André Luiz e nos dar melhor exposição da Constituição que poderá inspirar aos nossos legisladores muita coisa interessante, num século em que se tem feito, desfeito e refeito muitas Leis básicas de diversos Estados (Teles, 1959, p.20).

Percebemos que a cidade espiritual Nosso Lar é, sem dúvida, uma forma de representação do paraíso, uma utopia celeste. É uma representação que possui elementos do imaginário católico, como já vimos, mas que incorpora valores do mundo contemporâneo, como a valorização do trabalho. Assim, ela pode ser encarada como modelo espiritual e sagrado, de urbanização e de modernidade. Nosso Lar deveria servir de modelo para as cidades materiais tal qual a capital federal o seria para as demais cidades brasileiras.[23] Se, como repetidamente já afirmamos, ela pode ser uma releitura do Jardim do Éden, então podemos ver nela também a representação das cidades planejadas da época, inclusive o ideal das "cidades-jardins". Transporte público rápido e eficiente por meio do "aerobus", ruas amplas, limpas e arborizadas, edifícios públicos imponentes, residências confortáveis e graciosas fazem parte de Nosso Lar, mas também de qualquer utopia de planejamento urbano.

Nosso Lar, por outro lado e ao mesmo tempo, propõe uma forma de sociedade baseada em princípios que não são estranhos à cultura brasileira: centralização administrativa em um líder carismático que se justifica pela necessidade da manutenção da ordem e do progresso. Isso não nos é estranho.

---

23 "a cidade-capital deveria cumprir seu papel de modelo para a nova nação que então se constituía". (Motta, 2004, p.37)

Representações da mineiridade na vida e na obra de Francisco Cândido Xavier

Raquel Marta da Silva

Nascido em 1910, na região metropolitana de Belo Horizonte, Francisco Cândido Xavier (falecido em 2 de junho de 2002) completaria 100 anos em 2 de abril de 2010. Embora não estivesse presente para comemorar seu centenário, tal data não passou despercebida para o movimento espírita mineiro, muito menos para uma das redes de televisão brasileira que há tempos vêm se ocupando da construção e divulgação da imagem carismática desse médium: a Rede Globo.

Nos dias que antecederam a essa data, foram exibidos vários programas dedicados a relembrar e reafirmar tal imagem e comemorar esse centenário. Na verdade, tudo indica que todos esses programas tinham, também, outra intenção: divulgar o filme biográfico produzido por essa mesma emissora, intitulado *Chico Xavier*, e que teve como data de lançamento, obviamente, o dia em que se comemoraria o centenário do médium.

Embora instigante, a análise sobre esse assunto – e todas as questões que ele suscita – não será objeto de estudo deste trabalho, mas esse acontecimento nos remete para uma temática que há tempos vem sendo nosso objeto de pesquisa: a carreira religiosa de Chico

Xavier, iniciada por volta de 1930. Em 1938, esse médium já havia publicado cerca de oito livros. Inclusive, foi nesse ano que lançou *Brasil, coração do mundo, pátria do evangelho*, obra que, segundo Lewgoy, até hoje detém grande influência sobre o público leitor das obras espíritas.

Um dos legados de Bloch aos historiadores foi ensinar-lhes que devem compreender os homens – e suas obras – como frutos de seu tempo. Assim compreendemos Chico Xavier: um homem que acompanhou os rumos de seu tempo, sofrendo suas influências, vivendo seus modismos e suas agruras. Enfim, será a partir dessa premissa que, neste capítulo, analisaremos as *representações da mineiridade* como uma característica que se fez presente nos discursos produzidos pelo médium Francisco Cândido Xavier em certo período de sua vida (e de sua obra).

Faz-se necessário esclarecer que, respaldando-nos em Arruda (1990), chamamos de *mineiridade* as representações que foram construídas – sobretudo por políticos e escritores ao longo do século XIX e durante a primeira metade do século XX – em torno do povo mineiro. Na verdade, falar em *mineiridade* significa falar das características míticas diversas que fomentam a ideia de que o povo de Minas é dado ao sofrimento e ao sacrifício em favor da nação, assim como também de que é um povo hospitaleiro, generoso, com vocação religiosa; um povo que gosta da política, da liberdade, mas também que é marcado pela rebeldia e insubmissão, pela ordem e pelo senso de equilíbrio, o que justifica, na perspectiva desse discurso mítico, o pretenso papel do mineiro de líder dentro do cenário nacional.[1]

---

1 Em seu estudo sobre a mineiridade, Maria Arminda Arruda, ao analisar suas fontes, investigou o surgimento dos mitos citados, além de outros, procurando compreender como eles contribuíram para criar essa ideia de que Minas possuía "vocação", sobretudo para a política. Assim, demonstrou como foram apropriados, ressignificados e mantidos dentro do imaginário social. Dentre todos os mitos, a autora dedicou especial atenção para aqueles construídos em torno do posicionamento "revolucionário" dos mineiros, constituído em decorrência de um dos primeiros movimentos de caráter político ocorrido em Minas:

Portanto, quando falamos em *mineiridade* estamos nos referindo às representações, frutos dos mitos construídos em torno do povo mineiro que reafirmam uma identidade, obviamente, mitificada. Desse modo, compreendemos as *representações da mineiridade* como uma prática discursiva que foi internalizada e observada no *habitus* desse povo, sobretudo no período supracitado. Essa prática, ao ser articulada, respaldava-se na própria história de Minas e, ao mitificá-la, mitificava também algumas das possíveis características identitárias desse povo. Enfim, as *representações da mineiridade* serão aqui concebidas como práticas discursivas que foram historicamente construídas a fim de enaltecer os feitos do povo e do estado mineiro. Assim, na medida em que essa prática foi sendo ressignificada pelos sujeitos sociais, estes acabaram construindo outras tantas representações em torno do povo e da história desse estado.

Possíveis *representações da mineiridade* na produção biográfica de Chico Xavier

Quando se realiza análise de uma autobiografia, há de se levar em conta que tal estudo permite

> demonstrar a relação entre o indivíduo e o seu modo social e compreender a um só tempo a sociedade e as formas de sensibilidade, paixão, ilusão e interesse que dão sentido à vida das pessoas. [...]. [Dessa maneira, a biografia é compreendida] como expressão de um quadro sócio-histórico sem perder de vista particularidades e singularidades. (Ditzel, 2004, p.16)

---

a Inconfidência Mineira. Também para Arruda, foi, principalmente, a partir desse movimento que se começou a construir a imagem "de que os mineiros reagem a todas as formas de despotismos em nome da liberdade". Assim, a identidade de Minas começou a ser gestada a partir de "uma derrota, e daí o seu caráter vitorioso, permitindo aos mineiros cultivar sua própria permanência no desenlace da vida, de onde advém a tradição ritualizada" (Arruda, 1990, p.91).

É nesse sentido que este capítulo apresenta uma breve análise da (auto)biografia do médium Chico Xavier,[2] buscando nela a interação entre esse sujeito e seu meio, e os sentimentos que foram sendo tecidos ao longo dessa trama biográfica. Aliás, a primeira vez em que Francisco Cândido Xavier apresentou sua autobiografia – em um dos raros momentos em que escreveu sobre si[3] – esta foi exposta em poucas páginas, como prefácio intitulado *Palavras minhas*, de seu primeiro livro mediúnico: *Parnaso de além-túmulo*. Isso ocorreu por volta de 1932, quando tinha apenas 22 anos, portanto, ainda muito moço. Esse livro, como o próprio título sugere, era composto por poesias assinadas por nomes de poetas renomados já falecidos. Daí a razão de esse jovem rapaz querer explicar que aquele livro que se seguia não era fruto das suas ideias, mas daqueles espíritos que assinavam as poesias ali apresentadas. Lançado mão de sua memória, primeiro procurou apresentar-se aos seus leitores:

> Nasci em Pedro Leopoldo, Minas, em 1910. E, até aqui, julgo que os meus atos perante a sociedade de minha terra são expressões do pensamento de uma alma sincera e leal, que, acima de tudo, ama a verdade; e creio mesmo que todos os que me conhecem podem dar testemunho da minha vida repleta de árduas dificuldades, e mesmo de sofrimentos.
>
> Filho de um lar muito pobre, órfão de mãe aos cinco anos, tenho experimentado toda a classe de aborrecimentos na vida e não venho ao campo da publicidade para fazer um nome, porque a dor há muito já me convenceu da inutilidade das bagatelas que são ainda tão estimadas neste mundo. (Xavier, 1934, s.p.)

---

2 Faz-se necessário esclarecer que essa breve análise biográfica compreenderá apenas o período que esse médium residiu em Pedro Leopoldo, sua cidade natal, portanto, no período de 1910 a 1959.

3 Segundo Stoll (1999, p.111), Chico Xavier escreveu a própria biografia apenas nesse prefácio, *Palavras minhas*, do livro *Parnaso de além-túmulo* (1932), e em outro intitulado *Explicando*, inserido no livro *Cartas de uma morta* (1935).

Percebe-se, a partir desse pequeno trecho, que Xavier se apresentava como um jovem mineiro que contava com a aprovação das pessoas de sua terra para publicar aquele livro. Acredita-se que ele estivesse buscando esse reconhecimento a fim de tentar se tornar uma "voz autorizada" a falar. Nessa provável busca, demonstrava sua preocupação com o julgamento de seus leitores, por isso afirmava que seus conterrâneos já sabiam da sua lealdade e da sua sinceridade, talvez esperando que essa afirmação lhe proporcionasse credibilidade diante daqueles que iriam lê-lo.

Paralelo a essa preocupação, demonstrava também uma necessidade em afirmar sua origem humilde, sua orfandade, enfim, enfatizava as situações que, do ponto de vista de seu discurso, teriam rendido-lhe, desde cedo, muitas dores, renúncias e sofrimentos. Xavier não chegou a escrever sobre essas histórias sofridas de sua vida, mas chegou a contá-las por diversas vezes. Aliás, como mostrou Stoll (1999), a vida desse homem tornou-se conhecida ainda na sua juventude, justamente em função desses casos contados por ele próprio, ora de forma a torná-los tristes e comoventes, ora cômicos. Isso porque ele foi

> um bom contador de histórias. De sua vida, ele contou várias, registradas mais tarde em livros, por terceiros. Sem fazer muita conta do cenário, esses "casos" descrevem, em *flashes* rápidos, experiências da infância, da família, do trabalho e, sobretudo, da mediunidade. Retratos soltos que permitiram múltiplas composições. (Stoll, 1999, p.122)

Como assinala Stoll, Xavier deixou a tarefa de escrever sobre esses "casos" para seus biógrafos, e estes construíram uma narrativa marcada por histórias de sacrifício, sofrimento e renúncia do médium. Ao se consultar alguns desses biógrafos,[4] percebe-se, de fato, uma exacerbação em relação tanto aos sofrimentos quanto aos

4 Consultar entre outros: Barbosa, (1968); Machado, (1998); Souto Maior, (1999); Mattos, (2000); Ranieri, (1973); Tavares, (1967).

feitos de Chico Xavier. Condensando esses casos em uma só história observa-se que, como Xavier já anunciava, ela iniciou-se em Pedro Leopoldo – cidade localizada a 50 km da capital mineira.

De acordo com a literatura consultada, nos primeiros anos do século XX, Pedro Leopoldo era uma cidade pacata, conservadora e muito católica. Seus moradores acompanhavam seu ritmo. Entre estes estava o casal João Cândido Xavier e Maria João de Deus. Ele, vendedor de bilhetes de loteria; ela, lavadeira de roupa. Juntos tiveram nove filhos. Francisco Cândido Xavier, nasceu em 2 de abril de 1910. Com o falecimento de Maria João de Deus, em 1915, e em virtude das precárias condições financeiras da família, João Cândido repartiu os filhos entre parentes e amigos. Chico Xavier foi morar com sua madrinha, Rita de Cássia, que, segundo consta, infringia-lhe maus-tratos, configurados por meio de agressão física.[5]

O martírio ao lado de Rita de Cássia durou dois anos, só vindo a terminar quando seu pai se casou com Cidália Batista. Atendendo ao pedido desta, João Cândido teria reunido novamente seus filhos. A madrasta de Xavier teria se comovido ao ver algumas feridas em seu corpo, prometendo-lhe, então, que, enquanto vivesse, ninguém mais o machucaria.

Ao serem verificados os casos sobre a fase em que Chico Xavier residiu com Rita de Cássia, estes afirmam que, em suas orações, ao pedir ajuda para seus problemas, o espírito de sua mãe aparecia-lhe, aconselhando-o a ter paciência e confiança de que sua situação melhoraria, pois um "anjo bom" surgiria em sua vida. Nessa literatura, Cidália é apresentada como esse anjo anunciado por Maria João de Deus, uma vez que teria dispensado cuidados maternais a Xavier. Exemplificando um desses cuidados, consta que, por querer ver o menino na escola e, não tendo condições financeiras para tal fim, teria plantado uma horta e com a venda das verduras teria comprado o material, conseguindo, assim, matriculá-lo no grupo escolar.

5 Consta em sua biografia que, além de surras diárias, sua madrinha machucava-lhe o corpo, espetando-lhe garfos na região do abdômen (Souto Maior, 1999).

Os biógrafos de Xavier afirmam que, desde pequeno, ele via e conversava com pessoas já falecidas. Esse fato é apresentado como causador da ira de seu pai que, por duvidar da sanidade do filho, pretendeu interná-lo em um sanatório. No entanto, por recomendação do padre da cidade, João Cândido teria procurado ocupar o tempo do garoto com tarefas dedicadas à Igreja, impondo-lhe que frequentasse missas, participasse das procissões, entre outras atividades religiosas. Além disso, empregou-o em uma fábrica de tecidos. Nessa fábrica, entrava às 15 horas e só saía às 2 horas do dia seguinte, tendo ainda de ir para a escola pela manhã. Essa rotina estafante é apresentada como o motivo que o levou a abandonar os estudos aos 12 anos, tendo concluído apenas o 4º ano primário. Além disso, esse emprego teria contribuído para fragilizar sua saúde.

Após alguns anos na fábrica de tecido, teria ido trabalhar na cozinha de um bar, depois, no balcão de um armazém, em uma rotina que começava por volta das 7 horas da manhã, estendendo-se até as 20 horas.[6] Enfim, Xavier é apresentado como um homem que desde pequeno trabalhava muito e ganhava pouco, ajudando com seus parcos rendimentos no orçamento familiar.

Consta que, desde criança, Xavier cumpria rigorosamente as obrigações que lhes eram impostas pela igreja. São vários os casos que contam sobre essa sua primeira fase religiosa: suas confissões ao padre, sua participação de coroinha nas missas, nas procissões etc. Sobre essa fase, recorrendo ao prefácio do livro *Parnaso de além-túmulo*, nele Xavier afirmava que:

> minha família era católica e eu não podia escapar aos sentimentos dos meus. Fui, pois, criado com as teorias da igreja, frequentando-a mesmo com amor, desde os tempos de criança; quando ia às aulas de catecismo, era para mim um prazer. (Xavier, 1934, s.p.)

6 Na década de 1930, conseguiu emprego como datilógrafo e secretário na Inspetoria Regional do Serviço de Fomento à Produção Animal, onde trabalhou até 1961, quando veio a se aposentar (Souto Maior, 1999).

Nesse trecho, percebe-se que Xavier não renegava e nem entrava em conflito com seu passado religioso. Pelo que consta, essa sua fase católica encerrou-se em 1927, momento em que se deparou com o espiritismo. Consta que isso ocorreu em decorrência de uma doença que acometeu sua irmã. Os médicos não encontravam a causa, que se manifestava por meio de uma "perturbação mental". Apesar de ser muito católico, João Cândido teria levado a filha a um casal espírita: Carmem e José Hermínio Perácio. Esse casal diagnosticou que a moça estava com "obsessão", isto é, tratava-se de uma "perseguição" de um "espírito sofredor". Após algumas sessões de tratamento, a moça foi curada. Teria sido então graças a essa "obsessão" que Xavier se converteu ao espiritismo.

Logo após algumas reuniões entre os seus familiares, estes formaram o *Centro Espírita Luiz Gonzaga*, que tinha sua sede nas dependências da casa de José Cândido, irmão de Chico Xavier. Em uma das primeiras sessões, Xavier teria tido uma surpresa: um espírito teria lhe ditado uma extensa mensagem psicografada, fato que teria sido o marco inicial da sua tarefa mediúnica. Segundo palavras do próprio Xavier:

> foi nessas reuniões que me desenvolvi como médium escrevente, semimecânico, sentindo-me muito feliz por se me apresentar essa oportunidade de progredir, datando daí o ingresso de meu humilde nome nos jornais espíritas, para onde comecei a escrever sob inspiração dos bondosos mentores espirituais que nos assistiam. (Xavier, 1934, s.p.)

Nesse momento, Xavier tinha a intenção de convencer, de justificar que não era ele o autor intelectual dos seus textos. Atribuiu, desse modo, a autoria aos "bondosos mentores espirituais", apresentando-se apenas como um porta-voz deles. Ao se observar essa necessidade de Xavier em fazer tal ressalva, é preciso considerar que sua fala está fundamentada em sua crença, por isso possui uma lógica aceitável dentro da cosmologia espírita, compatível com o universo simbólico em que ele estava inserido. Desse modo, baseando-se nas suas práticas culturais, procurou naturalizar o contato humano com os espíritos do "outro mundo". Mas, por outro lado, ao atribuir essa autoria aos espíritos e ao se colocar na condição de um porta-voz, demonstrou que estava tendo a autorização desses mentores para falar em seus nomes.

Para Bourdieu (1996), o reconhecimento de um discurso proferido por um porta-voz, mais do que nas palavras, está na autoridade de quem o pronuncia. No entanto, mais do que isso, está, primeiramente, na autoridade daqueles que o permite ser pronunciado, e é isso que garante o reconhecimento desse pronunciamento pelos seus receptores. Considerando tal perspectiva de análise, é provável que Xavier esperasse que seu público leitor reconhecesse essa autoridade dos espíritos, para os quais ele se colocava como porta-voz.

No trecho anterior, Xavier fala também do seu despertar para a mediunidade. Segundo Stoll, foi a partir daí que Xavier começou a desenvolver seus "dons", os quais, por sinal, consta que apareceram de maneira espontânea. Para Stoll, em um primeiro momento:

> O caráter fortuito das manifestações literárias por meio mediúnico fica consignado nas suas afirmações [...] (Mas) Alguns anos mais tarde, porém, essa imagem vai ser retificada. À medida que se desenvolve sua carreira religiosa, Chico Xavier redefine o lugar da atividade mediúnica na sua biografia, passando a retratá-la como uma "missão", isto é, como um "dom" que se manifesta em função da (pré)existência de um projeto. (Stoll, 1999, p.113)

Assim, como demonstra Stoll, somente em um momento posterior, em um período já avançado de sua carreira, é que Xavier passa a afirmar que sua tarefa mediúnica se caracterizava como uma "missão" em sua vida.

Outro dom aparece na biografia de Xavier. Aliás, Xavier afirmava que desde sempre apresentou um gosto, um dom pelas letras, pelos estudos. Ainda em *Palavras minhas*, assim se manifestou sobre esse assunto:

> Sempre tive o mais pronunciado pendor para a Literatura; constantemente, a melhor boa vontade animou-me para os estudos. Mas estudar como? Matriculando-me, quando contava oito anos, num grupo escolar, pude chegar até o fim do curso primário, estudando apenas uma pequena parte do dia e trabalhando numa fábrica de tecidos, das quinze horas às duas da manhã; cheguei quase a adoecer com um regime tão rigoroso. [...].
> Nunca pude aprender senão alguns rudimentos de Aritmética, História e vernáculo, como o são as lições das escolas primárias. É verdade que, em casa, sempre estudei o que pude, mas meu pai era completamente avesso à minha vocação para as Letras, e muitas vezes tive o desprazer de ver meus livros e revistas queimados. [...].
> Jamais tive autores prediletos; aprazem-me todas as leituras [...].
> Os meus familiares não estimulavam, como verdadeiramente não podem, os meus desejos de estudar, sempre a braços, como eu, com uma vida de múltiplos trabalhos e obrigações, e nunca se me ofereceu ocasião de conviver com os intelectuais da minha terra.
> O meu ambiente, pois, foi sempre alheio à literatura; ambiente de pobreza, de desconforto, de penosos deveres, sobrecarregado de trabalhos para angariar o pão cotidiano, onde se não pode pensar em letras. (Xavier, 1934, s.p.)

Ao afirmar sua boa vontade para os estudos e sua vocação e inclinação para as letras, Xavier, por outro lado, deixou claro o motivo pelo qual teve de renunciar a algo que lhe proporcionava tanto prazer: as adversidades da vida. Daí a necessidade de trabalhar e, então, a falta de tempo para os estudos. Enfim, dificuldades em virtude da sua infância pobre, o que impossibilitou o investimento e a compreensão da sua família em relação à sua educação. Assim, com essas explicações, procurou comprovar sua impossibilidade de ser o verdadeiro autor daqueles escritos.

Ainda, em uma dessas sessões do Centro Luiz Gonzaga, o espírito de sua mãe, após uma ausência de sete anos, teria reaparecido, dirigindo-lhe uma mensagem por intermédio da mediunidade de outra pessoa, falando-lhe dos caminhos difíceis que estavam por vir. Confirmando essa mensagem, Xavier afirmou ter sofrido com a psicografia, pois esta lhe exigia renúncia de seus afazeres e certo sacrifício físico: tinha que despender muito esforço, visto que se tratava de um "exercício extenuante", causando-lhe fortes dores na cabeça e no braço. Durante quatro anos esteve apenas a exercitá-la, fase que foi considerada seu período de aprendizagem. Consta que, aos poucos, ele foi conquistando mais familiaridade e, de certa forma, mais facilidade com essa modalidade mediúnica. A respeito desse primeiro momento, Ubiratan Machado, um dos biógrafos de Xavier, afirmou que:

> Aos poucos, Chico foi aperfeiçoando sua faculdade de psicografia. [...]. As mensagens psicográficas, porém, se multiplicavam. [...]. Chico sentiu-se então num dilema. Por que não divulgá-las? Mas, publicá-las com o nome de quem? O médium sentia escrúpulos. Afinal, não se tratava de obras suas. [...] [Resolveu] escrever para o Aurora, um jornal espírita do Rio de Janeiro, expondo o problema. Assinar ou não assinar? Inácio Bittencourt, diretor da publicação, respondeu que não via nenhum inconveniente publicar aquelas páginas com o nome do médium. [...]. Foi a partir daí que o nome F. Xavier (como Chico assinava) começou a figurar em várias publicações, assinando sobretudo poesia. Seus trabalhos apareciam no *Jornal das Moças* e no Suplemento Literário de *O Jornal*, ambos do Rio de Janeiro, e no *Almanaque de Lembranças Luso-brasileiro*, editado em Portugal. [...]. Mais tarde, através de Emmanuel, Chico soube que se tratava do Espírito de Auta de Souza. (Machado, 1998, p.37-8)

Anos depois Xavier teria se deparado com o espírito de seu protetor, Emmanuel, que teria aparecido a ele e anunciado que se tornaria seu guia. O primeiro contato entre os dois teria ocorrido em 1931, em um ambiente ao ar livre, "debaixo de uma árvore, próximo a um açude, na saída de Pedro Leopoldo" (Machado, 1998, p.39), quando Emmanuel teria perguntado a Chico Xavier se ele estava disposto a difundir o espiritismo por meio de sua mediunidade. Então, segundo

Xavier, a partir daí começava sua parceria com espíritos de vários poetas: Casimiro Cunha, Castro Alves, Olavo Bilac, Casimiro de Abreu, Júlio Diniz, entre outros. De acordo com Machado, no ano seguinte, em 1932:

> Manoel Quintal, da Federação Espírita Brasileira, reuniu todas aquelas poesias em livro, com um título que, por isso só, já era um achado e um chamariz: *Parnaso de além-túmulo*. A repercussão foi explosiva. Caíra uma bomba bem no meio da aldeia literária brasileira. (Machado, 1998, p.44)

Como visto anteriormente, tudo indica que foi por volta de 1932 que a Federação Espírita Brasileira descobriu Chico Xavier e, assim, logo em seguida, tratou de dar publicidade às poesias psicografadas por ele. Nesse caso, há de se chamar atenção aqui para duas questões: primeira, para quem a publicou e, segunda, para o alvoroço que sua obra provocou ao ser lançada ao público. Em se tratando da primeira questão, é interessante observar que, a princípio, a publicação de seus livros coube a uma instituição que, dentro do campo espírita, pretendia ser a mais autorizada para fazer aquele reconhecimento: a Federação Espírita Brasileira.[7] Segundo Bourdieu, para se compreender a eficácia simbólica de um discurso, faz-se necessário, antes, levar em conta a relação estabelecida entre a conjunção de três elementos, isto é, "entre as propriedades do discurso, as propriedades daquele que o pronuncia e as propriedades da instituição que o autoriza a pronunciá-lo" (Bordieu, 1996, p.89). Desse modo, Xavier, como porta-voz de renomados espíritos, não só contou com a autorização destes, mas também da instituição que possuía maior capital de autoridade para fazer aquele reconhecimento. Então, o que esperar dessa publicação? Certamente, havia grande expectativa em torno desse acontecimento, mas, apesar desse recurso, pelo que

---

7 De acordo com o que se pode observar na tabela exposta no anexo 1, verifica-se que no início de sua publicação até por volta da década de 1960, a grande maioria das suas obras foi publicada pela editora da FEB.

consta, o lançamento dessa obra foi polêmica, vindo a ter difícil aceitação, sobretudo pelos críticos literários. Inclusive, assim escreveu Souto Maior a respeito dessa recepção:

> A coletânea de 59 poemas assinados por 14 defuntos ilustres chegou às livrarias em 1932 e provocou alvoroço. Os céticos enfrentavam dilemas. Se os versos foram criados mesmo pelo jovem de Pedro Leopoldo, por que ele não assumia a autoria? Por que trocava a possível consagração como poeta de talento, ou como imitador genial, pela inevitável suspeita de ser um impostor, um mentiroso?
> O escritor Zeferino Brasil, integrante da Academia Rio-Grandense de Letras, traduziu a perplexidade geral numa crônica publicada no jornal do Correio do Povo, de Porto Alegre [...].
> Os mais desconfiados folheavam o *Parnaso de além-túmulo* e arriscavam palpites psicanalíticos sobre o autor. O matuto, leitor compulsivo, dono de memória prodigiosa, incorporava o estilo dos poetas inconscientemente. Os versos vinham de seu subconsciente. [...]. Outros, menos freudianos, defendiam uma tese curta e grossa: o livro era pura jogada de marketing. Francisco Cândido Xavier queria chamar a atenção. Em breve, ele convocaria a imprensa mineira, estufaria o peito e revelaria: "Estes poemas foram escritos por mim mesmo. Sou poeta".
> O dia da confissão demorava a chegar. O autor não só insistia em renegar o mérito dos versos como dispensava o dinheiro arrecadado com a publicação. Reverteu todos os direitos autorais para a Federação Espírita Brasileira, responsável pelo lançamento da coletânea, e começou a repetir o bordão que o acompanharia nas seis décadas seguintes:
> O livro não é meu. É dos espíritos. (Souto Maior, 1999, p.33-4)

É interessante ressaltar que, nessa época, inclusive, dentro de Minas, já existiam médiuns psicográficos com certo reconhecimento: Zilda Gama, com seus romances, era um exemplo. Diante desse dado, por que, então, do alvoroço em torno do livro de Chico Xavier? Tudo indica que o problema estava nos nomes que assinavam aqueles poemas, daí poder-se compreender a surpresa e o mal-estar que esta obra provocou, principalmente entre os críticos literários, os jornalistas e os padres católicos. Por isso, vários deles teriam se manifestado, tecendo críticas a Xavier, alegando que tratava de um trabalho de imitação de baixa qualidade, um pastiche dos poetas mencionados. Raros teriam sido os que lhe fizeram elogios.

Se a publicação desse livro trouxe tormentos a esse médium, por outro lado – podendo ser analisado quase como uma jogada de marketing – trouxe-lhe também muita fama, pois, segundo Stoll:

> [a] publicidade dada pela imprensa ao seu primeiro livro e, [...] a série de reportagens publicada à época fez do médium Chico Xavier, em pouco tempo, um nome nacionalmente conhecido. Com isso, ele passou a ser convidado a participar das sessões públicas, tanto em Belo Horizonte como em outras cidades. Em março de 1936, por exemplo, apresentou-se na Sociedade Metapsíquica de São Paulo. (Stoll, 1999, p.154-5)

Assim, na medida em que foi ficando conhecido, foi crescendo o seu trabalho no Centro Espírita Luiz Gonzaga, pois as pessoas começaram a procurá-lo tanto para conhecê-lo quanto receber dele receitas mediúnicas que eram ditadas, principalmente, pelo espírito do médico Bezerra de Menezes.

Para além dos sacrifícios em decorrência de sua mediunidade e da vida humilde que levava, a doença também era um fator sempre lembrado como causador de suas dores e sofrimentos. Em outras palavras, Xavier apresentava-se como um homem de debilitada saúde: afora as várias doenças na infância, como uma moléstia na pele, quando adulto começou a sofrer de catarata no olho esquerdo, o que lhe causou quase uma cegueira. Com o tempo, vieram várias outras doenças: angina, rinite e labirintite. Xavier afirmava que o fato de ser médium não o poupava das provações da vida, por isso a doença era justificada em seu discurso religioso, ora como uma prova, ora como uma maneira de expiar seus erros do passado.

Os biógrafos de Xavier ainda procuravam apresentar uma história de vida repleta de renúncias: quando não estava no trabalho, seu pouco tempo era dedicado às suas psicografias ou ao atendimento no centro espírita onde assistia àqueles que o procuravam, solicitando sua atenção, seus préstimos. Assim, pelo que consta, Xavier não dispunha de tempo livre para o lazer, isto é, para as viagens, os passeios, para cuidar da vida amorosa, e muito menos para pensar em casamento. Inclusive, a opção pelo celibato – a fim de se disciplinar e se dedicar totalmente ao trabalho mediúnico – foi apresentada pelos seus biógrafos como o maior sinal de renúncia da sua vida.

Além dos casos citados resumidamente neste capítulo, vários outros foram contados por Xavier e endossados pelos seus biógrafos: casos vivenciados na sua infância enfatizando histórias de sofrimento por causa das dificuldades financeiras e de seus problemas de saúde; ou vividos durante sua experiência católica e na difícil conversão ao espiritismo; entre tantos outros. Stoll, ao analisá-los, afirma que Chico Xavier extraiu essas condutas do modelo católico, isto é:

> [ele] fundiu a prática da mediunidade espírita ao modelo de virtuosidade característica da religião culturalmente dominante no país. Com isso, criou em torno de si uma aura de credibilidade que contribuiu para consolidar sua liderança religiosa (Stoll, 1999, p.154). [De um modo geral, essa história de vida é composta por] práticas, gestos e comportamentos que se inspiram nos votos católicos, com os quais Chico Xavier se familiarizava na infância e que reelabora tendo em vista a produção de um modelo exemplar de conduta. Esse modelo tem, na verdade, como fonte de inspiração a vida de santo, cuja espiritualidade se expressa de forma heroica. O santo não é apenas aquele que realiza milagres. O que faz o santo é o modelo de conduta, [...], o estilo de vida. E este tem como uma de suas marcas fundamentais o exercício da renúncia, prática que se traduz frequentemente em experiências de sofrimento e sacrifício, duas outras categorias que fundam a noção de cristã de santidade. (Stoll, 1998, p.53)

Enfim, para Stoll, a história construída por meio do discurso de Xavier e de seus biógrafos o retrata como uma liderança religiosa marcada por características que acenavam para um modelo de santidade: sofrimento, sacrifício e renúncia. Assim, a partir dessa produção de biógrafos foi sendo construída a imagem desse médium, que, para Stoll, se trata de uma imagem que procurou se basear num modelo de um "homem santo". Um homem que, ao abandonar o catolicismo, passou a professar outra religião, esta importada da França, mas que, ao aportar-se no Brasil, se fundiu com os valores morais e cristãos católicos, "fundantes da cultura religiosa brasileira" (Stoll, 1998, p.53).

Somente por volta de 1939 é que Xavier começou sua parceria com Emmanuel, e daí vieram seus primeiros romances: *Há dois mil anos*; *Paulo e Estevão*; e tantos mais. Outro espírito – que em sua biografia era apresentado como médico, cujo pseudônimo era André Luiz – também passou a fazer parceria com Xavier, publicando em 1943, *Nosso Lar*, livro que virou *best-seller* (Stoll, 1999, p.77).

Antes de André Luiz, o escritor maranhense Humberto de Campos também teria ditado mensagens para Xavier. Na verdade, Humberto de Campos, antes de falecer, em 1934, teceu alguns comentários a respeito do trabalho do médium, questionando a veracidade dos seus "livros psicografados". No entanto, por volta de 1938, Chico Xavier passou a publicar alguns livros atribuídos ao espírito desse escritor, fato que lhe causou problemas com a justiça, pois, segundo consta, os livros *Reportagens de além-túmulo*; *Brasil coração do mundo, Pátria do evangelho*; *Novas mensagens*, entre outros, por apresentarem uma boa vendagem, teriam atiçado os ânimos da viúva do falecido escritor, Catarina Vergolino Campos, que entrou com uma ação contra a Federação Espírita Brasileira e, ainda, contra Chico Xavier.

Catarina teria alegado que, se os livros eram realmente do seu falecido esposo, ela queria ter uma porcentagem nos direitos autorais dessas obras. A justiça não aceitou tais argumentos, justificando que não tinha como provar ao certo quem era o autor desses livros. Em virtude dessa situação e, a fim de não mais ter problemas, por volta de 1944, Xavier afirmou que Humberto de Campos continuaria a trabalhar a seu lado, porém passaria a assinar com o pseudônimo de "Irmão X".

Observa-se que, nessa época, Xavier vivenciou vários outros dilemas. Inclusive, sua cidade, Pedro Leopoldo, acabou sendo influenciada com sua presença em decorrência dos vários turistas, em especial dos jornalistas, que correram para lá a fim de averiguar a veracidade de seus textos psicografados. Esse encalço começou com o repórter do jornal carioca *O Globo*, Clementino Alencar, que foi, em abril de 1935, para Pedro Leopoldo, ficando por lá por aproximadamente dois meses, com o intuito de acompanhar as atividades e colher entrevistas com o médium. Essas reportagens foram publicadas a partir de 1º de maio, e até julho daquele ano elas teriam rendido uma boa vendagem ao jornal. Segundo Zanardi (apud Arantes, 2002), foi com a divulgação dessas entrevistas que:

> o médium saiu do anonimato para as manchetes, recebendo por isso grande quantidade de cartas e visitas de todo o País. Acaba o sossego de Chico Xavier e familiares. A pequena cidade de Pedro Leopoldo passa a ser uma espécie de "Meca" do Espiritismo. (Zanardi apud Arantes, 2002)[8]

Na biografia que produziu a respeito de Chico Xavier, Machado (1998) não chegou a fazer nenhum comentário sobre a passagem desse repórter pela cidade. No entanto, afirmou que, desde meados da década de 1930, Xavier já havia adquirido fama suficiente para provocar um frenesi na vida socioeconômica de Pedro Leopoldo, tornando-a conhecida dentro e fora do meio espírita como

> a meca do Espiritismo brasileiro. As romarias sacudiram a vida pacata da cidade. Pelas ruas, onde ainda se ouviam o chiado dos

---

8 Esse comentário está em um panfleto de propaganda, veiculado junto com o livro organizado por Arantes (2002), *Notáveis reportagens com Chico Xavier*, demonstrando as entrevistas feitas em 1935 pelo repórter do jornal *O Globo*, Clementino Alencar.

> carros de boi e o cincerro das tropas de mulas, rodavam automóveis do último tipo. [...].
> Gente de todo o país, inclusive do exterior, se desloca àquela perdida região das Gerais, desbravada séculos antes pelo bandeirante Fernão Dias Paes em sua busca de ouro. Os novos bandeirantes, espichados nas poltronas de seus carros ou sentados nos bancos dos velhos trens da Central, iam em busca de outro ouro, que o tempo não desgasta e o ladrão não rouba.
> A responsabilidade de Chico aumentou. Para atender a todos, multiplicou-se. Nas sessões públicas, psicografava cerca de 700 receitas. A maioria delas, ditada pelo Espírito do médico Bezerra de Menezes. Todas prescrevendo tratamento homeopático. (Machado, 1998, p.55-7)

Como se pode perceber, ao exaltar o trabalho desenvolvido por Xavier no Centro Espírita Luís Gonzaga, Machado apontou o médium como a mais nova riqueza descoberta nas terras mineiras, seu mais novo bem precioso: aquele que o tempo não desgastava e o ladrão não roubava. Nessa perspectiva, Xavier teria sido o motivo da visitação de tantos repórteres, de intelectuais e de tantos outros anônimos, ricos ou pobres, que, ao movimentarem à pacata cidade de Pedro Leopoldo, a teriam transformado na "Meca" do espiritismo.[9]

Ainda no que diz respeito aos casos envolvendo Chico Xavier e a imprensa, alguns desses jornalistas deixaram o médium em situações bastante embaraçosas. Um exemplo ocorreu quando dois repórteres da revista *O Cruzeiro* (na sua edição de 12 de agosto de 1944) publicaram uma matéria com o médium, na mesma época em que ocorria o julgamento do "caso Humberto de Campos". Seus biógrafos não explicitaram esse acontecimento entre Xavier e essa revista, a não ser Souto Maior, que, fugindo à regra, tentou, de maneira polida, dar algumas informações, dizendo que o médium

---

9 Nessa época, Chico Xavier, além da psicografia dos seus livros, também se dedicava a distribuir receitas mediúnicas, sendo Bezerra de Menezes um dos espíritos que assinavam tais receitas (Souto Maior, 1999, p.51).

teria sido vítima de engodo, sendo flagrado e fotografado em situações consideradas vexatórias e que o indispôs com a sua cidade natal (Souto Maior, 1999, p.80-5).

Ao analisar a reportagem produzida por tal revista, constata-se a publicação de um texto um pouco irônico, ilustrado com fotos. Em uma delas, Xavier estava dentro de uma banheira, simulando o recebimento de mensagens; em outra, apresentava-se deitado em sua cama, fazendo leituras. Tudo indica que teriam sido, sobretudo, essas duas fotografias as causas de "tamanho escândalo" em torno do seu nome nessa época. Xavier não se manifestou sobre esse episódio, por isso, é provável que, em função do constrangimento sofrido, seus biógrafos, em sinal de respeito, tentaram abafar esse caso.

De modo geral, o que se pode observar é que, na mesma proporção que crescia sua fama, aumentavam também seus problemas, que, aliás, quando considerados inconvenientes, Chico Xavier e seus biógrafos procuravam ocultar. Tais problemas se configuravam por meio de atritos com os repórteres, com a população da cidade e, principalmente, com os próprios familiares. Inclusive, no que diz respeito a esse assunto, Stoll (1999, p.158-9) afirmou que:

> Chico Xavier foi alvo de uma campanha de difamação promovida por um sobrinho, também médium. Amauri Pena Xavier, que morava em Sabará, procurou o *Diário de Minas* e declarou que tudo o que havia escrito até então era mentira. "Assim como meu tio Chico, tenho enorme facilidade para fazer versos, imitando qualquer estilo de grandes autores [...] Tio Chico é inteligente, lê muito e, com ou sem auxílio do outro mundo vai continuar escrevendo seus livros e versos [...]" (1994, p.122). A polêmica na imprensa se reacendeu. Chico Xavier foi manchete de edições do mês de julho no *Jornal do Brasil*, n'*O Globo* e *Diário da Tarde*. Este último resolveu apurar a acusação. Em Sabará, o pai do rapaz e o delegado da cidade desmentiram as acusações, declarando que Amauri era alcoólatra. Entrevistado pelo *Diário de Minas*, Chico procurou aparentar calma. Não revidou as acusações. Nem atacou o sobrinho. Com isso, a polêmica esmoreceu. Mas os problemas

> com familiares continuaram: "Lucília, a irmã com quem ele morava, estava cansada de tanto entra e sai, tanta campainha, tanto telefone. O marido dela, Pacheco, que era católico, não entendia tanto movimento e não suportava a invasão diária de sua privacidade" (1994, p.129). Deu-se, por fim, o ultimato: "Você sai ou saímos nós?", perguntou Lucília. Sem comunicar nada a família, Chico Xavier pediu sua transferência para Uberaba. A 4 de janeiro de 1959, "[...] bateu a porta [da casa] e sumiu. Sobre a cama, ainda estendido num cabide, ficou um terno de linho branco. Na sala, [ficaram] a vitrola, discos de Beethoven, Bach e Noel Rosa, e um retrato a óleo de Emmanuel. No escritório, sua mesa tosca, quatro cadeiras, um baú repleto de papéis e os 400 volumes de sua biblioteca [...] Não se despediu de ninguém. Com a roupa do corpo, [foi embora] para Uberaba" (idem, p.129). Mais tarde, alegaria à imprensa problemas de saúde, um labirintite, para explicar a sua saída de Pedro Leopoldo.

Dessa maneira, teria sido em virtude desses transtornos que, no fim da década de 1950, o médium optou por mudar-se para Uberaba, na região do Triângulo Mineiro.[10] Diante desses dados, vale questionar se, nessa época, Chico Xavier era valorizado pelo povo de Pedro Leopoldo como um bem simbólico da cidade. Teria essa população se ressentido com o médium por conta do tumulto que sua presença parecia provocar em Pedro Leopoldo? Considerando essa possibilidade, teria essa cidade, posteriormente, se arrependido por não tê-lo reconhecido como um bem simbólico? Ou, ainda, teriam empreendido alguma luta com a cidade de Uberaba na tentativa de obter de volta seu precioso bem perdido? Por se tratar de indagações instigantes, vale ressaltar que as possíveis lutas de representações empreendidas entre as cidades de

10 A respeito da mudança desse médium para Uberaba e a repercussão dessa presença no movimento espírita, a classe política e a imprensa local, e ainda sobre a construção do imaginário espírita que elevava essa cidade à condição de "Capital do Espiritismo", ver Silva (2002).

Pedro Leopoldo e Uberaba[11] – e todas as questões que advirem dessa luta – podem constituir um interessante filão para uma pesquisa futura.

Enfim, como foi ressaltado, Chico Xavier escreveu pouco sobre si, mas, em compensação, contou inúmeras histórias de sua vida. Compreende-se que, ao contá-las, o que vinha à tona era a sua lembrança sobre os pequenos casos vivenciados, interpretados e apresentados a partir de sua memória. Assim, embora não os tenha diretamente escrito, não deixou de ser produtor dessa memória. Mas a produção memorialística que se formou em torno dessas histórias foi (re)elaborada e representada por terceiros – nesse caso, por seus biógrafos. Porém, essas histórias, ao serem norteadas pelas palavras do médium, receberam dele o tom pretendido, daí concebermos o médium Chico Xavier como o produtor de suas memórias e seus biógrafos como coprodutores destas.

Em sua análise sobre a produção memorialística mineira, Arruda destacou que esta

> não é apenas extremamente vasta; mas, sobejamente imbuída das particularidades dos mineiros e das especificidades do estado. Nesse sentido, poderíamos afirmar que os memorialistas mineiros se encontram impregnados de um forte sentimento da mineiridade, nesse passo, na sua dimensão exclusivamente identificadora. Isto é, tais obras localizam-se no centro do imaginário de Minas e contribuem, significativamente, para recriá-lo e revivescê-lo. (Arruda, 1999, p.199)

Essa análise é bastante oportuna para se refletir sobre as produções memorialísticas elaboradas sobre esse médium, pois, como se

11 Essa possibilidade pode ser levantada, uma vez que tais cidades concederam títulos a Chico Xavier: Pedro Leopoldo, em janeiro de 1967, concedeu-lhe o título de "cidadão benemérito". Já Uberaba, concedeu-lhe o título de "cidadão uberabense" em abril de 1968. Esses dados podem ser confirmados nas edições de março-abril de 1968 e de setembro-outubro de 1969 do jornal *O Espírita Mineiro*.

pretende demonstrar, muito das características míticas que compõem as *representações da mineiridade* – portanto, forjadas sobre a história de Minas e dos mineiros – estão internalizadas e ressignificadas na memória e nas falas tanto do próprio médium quanto daqueles que falavam em seu nome.

Não se tem, neste capítulo, a intenção de pormenorizar essa análise, mas apenas se pretende apontar algumas dessas possíveis apropriações que, provavelmente, foram incorporadas nos discursos que deram origem a essa produção memorialística de Chico Xavier. Retomando a reflexão de Arruda, pode-se observar que a autora chama a atenção para, talvez, uma das mais importantes características dessas produções dos mineiros. Afirma ela que:

> [quando esses memorialistas] se voltam para as singularidades das suas histórias, ao dirigirem-se para seu passado, empreendem uma viagem na companhia dos seus conterrâneos. Em termos mais explícitos, queremos ressaltar o tão decantado caráter dos mineiros, como componente mediador dessas autoexpressões, permeando o fluxo narrativo e imiscuindo-se nas lembranças. Os memorialistas de Minas possuem o sentimento marcante da sua origem regional e definem-se como mineiros [...]. Por isso, em grande parte das memórias, entra em cena a aura envolvedora da mineiridade. (Arruda, 1999, p.199)

Diante dessa reflexão, ao se buscar pelo próprio relato de Chico Xavier em *Palavras minhas* (título do prefácio de *Parnaso de além-túmulo*), percebe-se que uma das primeiras preocupações do médium ao se apresentar aos seus leitores foi expor sua origem mineira. A partir daí, falou da cumplicidade de seus conterrâneos quanto à sua lealdade e sinceridade naquelas poesias que se seguiam. Aliás, no que diz respeito aos seus conterrâneos, muitos dos casos descritos pelos biógrafos de Chico Xavier envolveram o médium e os moradores de sua terra. Ainda nesse prefácio, uma das preocupações de Xavier foi deixar claro seu gosto pela cultura, seu apego à literatura, ou, assim como ele próprio definiu, sua "vocação" para as letras.

Para Arruda, a afirmação e a demonstração do "gosto pela leitura" também é uma característica bastante comum na produção de muitos memorialistas mineiros, uma vez que os saraus e as práticas de leitura foram hábitos muito desenvolvidos, sobretudo, na região próxima a área mineradora, visto que a população dessa região conviveu

> com uma elite ilustrada [...]. Em torno desse grupo gerou-se toda uma mística, principalmente porque foi grande a participação de intelectuais no movimento dos inconfidentes. A junção entre a cultura e as aspirações separatistas estabelece o nexo entre o ideal libertário dos mineiros e o gosto pelas belas-letras. [...]. À glória de ser concebida como o berço dos ideais de liberdade agregou-se o ornamento de ser a matriz da mais nobre arte – a literatura. A partir do movimento literário do século XVIII, floresceu toda uma geração embalada no gosto pela cultura, ou, pelo menos, representando um centro irradiador das "coisas da inteligência e do saber". (Arruda, 1999, p.74-5)

Desse modo, não se pretende negar a possibilidade de um gosto inato de Chico Xavier pela literatura, mas, por outro lado, mesmo que ele afirmasse que o ambiente onde havia nascido era alheio à prática da literatura ou, ainda, não ter tido convivência nenhuma com os intelectuais de sua terra, ele – como um homem, fruto de seu tempo – não deve ter deixado de receber a influência daqueles ares espirados pelos intelectuais mineiros, sobretudo daqueles que agitavam a vida da capital mineira.[12]

Na medida em que o texto do item anterior – que apresenta a biografia de Chico Xavier – foi sendo elaborado, procurou-se

---

12 Nessa época, em que Chico Xavier estava prestes a publicar seu primeiro livro, o movimento modernista de intelectuais mineiros, formado por Carlos Drummond de Andrade, Rodrigo Melo Franco de Andrade, Gustavo Capanema, Francisco Campos e tantos outros, estava em pleno vigor a difundir seus valores políticos e culturais principalmente a partir da literatura, que da capital mineira extrapolava para o Brasil afora. Sobre esse assunto, ver Bomeny (1994, p.17).

apontar alguns momentos e em que condições o tripé *sacrifício, sofrimento* e *renúncia* foi sendo articulado na fala de Xavier e de seus biógrafos. Como já mencionado, de acordo com a análise de Stoll, essas mesmas características muito contribuíram para a construção da aura de santidade em torno desse médium, daí, na análise dessa autora, Xavier ser apontado como construtor de um "modelo de conduta católica". Porém – não pretendendo invalidar essa análise –, é possível apontar ainda outra possibilidade para se pensar e tentar compreender essa prática discursiva de Xavier.

Essas mesmas características apontadas por Stol também compunham as *representações da mineiridade*. Ou seja, *renúncia, sofrimento* e *sacrifício* eram características míticas que, segundo Arruda, foram forjadas a partir da história da Inconfidência, visto que o mártir desse movimento foi mitificado em função desses atributos, os quais foram sendo construídos em torno da sua produção biográfica. Essas características foram divulgadas, em um primeiro momento, nos relatos dos viajantes como atributos próprios dos mineiros – que foram, nessa perspectiva, apresentados como sujeitos afeitos à "missão" de renunciarem, sofrerem e se sacrificarem em nome de sua pátria. Tempos depois, esses atributos teriam sido tanto apropriados nos discursos dos políticos como também disseminados na literatura desse estado. Tomando como exemplo o político Tancredo Neves, Arruda afirma que:

> Cabe lembrar que não se encontra ausente na fala de Tancredo a ideia da renúncia e do sacrifico, que vigoram até a vitória do colégio eleitoral: "Não foi fácil chegar até aqui. Nem mesmo a antecipação da certeza da vitória, nos últimos meses, apaga as cicatrizes e os sacrifícios que marcaram a história da luta que agora se encerra". A noção de sacrifício, de forte componente mítico, como vimos, liga-se a uma dimensão catastrófica da história. A validade de sacrifício repousa num universo simbólico arcaico, que intenta reforçar o coletivo contra o individual. O que se pretende, em última instância, é impor certo tipo de racionalidade e fazê-la predominante em face das expressões divergentes. [...]. O apelo ao sacrifício conecta-se à

> revivescência da imagem de salvador. Assumindo o papel redentor, Tancredo criou um *analogon* com a trajetória de Tiradentes. E, nesse momento, concretiza-se a figura mítica do Inconfidente na pessoa de Tancredo, significando, pois, a morte desse tipo de imaginário político, senão em definitivo, pelo menos no que diz respeito ao seu poder anterior. Também por isso, a morte de Tancredo possui grande significação simbólica e assim foi recebida: "Minas não esteve indiferente a tudo isso. Uniu-se. Comandou-se a restauração política. Praticou a conciliação ativa. Foi decisiva na busca da renovação da nacionalidade. Sacrificou um de seus grandes. Sintetizou, uma vez mais, por anseios e atos, a alma nacional". [...]. Nessa perspectiva, a questão fundamental da política mineira extrapola os limites regionais, porque, no universo das suas práticas e das suas percepções o nacional jamais esteve ausente do horizonte. O poder do Estado afigurou-se, portanto, como a miragem política dos mineiros. (Arruda, 1999, p.226-7)

Esse exemplo de Tancredo Neves é emblemático para se entender a mística construída em torno da representação de "missão" com a nação que se encontra formulada nesses discursos. Assim, essa análise de Arruda é fundamental para se compreender o papel que os mineiros criaram para si dentro da política nacional, visto que fazia parte do *habitus* de muitos políticos mineiros tentar convencer seus receptores (por meio de uma prática discursiva) que essa "missão" já havia sido internalizada no *habitus* do "povo mineiro", como se essa "missão com a pátria" já fizesse parte do "jeito mineiro", do seu modo de agir, pensar, conceber e viver a vida.

Ao se chamar a atenção sobre os políticos de Minas com seu suposto "comprometimento", sobretudo com a questão da "unidade nacional", pode-se observar indícios que apontam para intenções análogas entre estes e os espíritas ligados à União Espírita Mineira (tratava-se de uma instituição fundada em 1908, com o intuito de se tornar a *Casa Mater* do espiritismo no estado). No entanto, faz-se necessário destacar que o "comprometimento" desses líderes espíritas era dentro do campo em que atuavam, isto é, era em relação à política do movimento espírita de seu estado. Desse modo, observou-se que essas mesmas características míticas (*sacrifício, sofrimento* e *renúncia*) pareciam ter sido apropriadas também nos discursos desses líderes, os quais faziam questão de dar provas de suas boas intenções com a "unificação da família espírita brasileira", "comprovando", assim, o senso de "responsabilidade" dos espíritas mineiros com a "unidade" do movimento espírita nacional.[13]

Aliás, esse "senso de responsabilidade" com a "unificação" desse movimento, também estava nas mensagens psicografadas por Chico Xavier. Na verdade, além das mensagens, uma vez que, ao enfatizar em seu discurso que a mediunidade lhe exigia renúncia e sofrimento, Xavier assumia esse sacrifício como "prova" de sua responsabilidade com sua "missão" de propagar e ajudar na aceitação do espiritismo nas terras brasileiras – visto que esta era "a pátria do evangelho". Missão com sua mediunidade, com a produção e disseminação das obras espíritas, em suma, com a salvação evangélica da sua pátria.

Como demonstra Stoll, essa missão aparecia na biografia de Xavier como se fosse um "dom", um projeto dos espíritos, cabendo a ele apenas cumpri-lo (1999, p.113). Daí, com base nas três características que predominavam em seu discurso – *sofrimento, sacrifício* e *renúncia* –, Stoll apontou para a possibilidade de Xavier ter construído em torno de si uma biografia de um "homem santo", um "modelo de conduta". No entanto, acredita-se que há outra possibilidade de se analisar a biografia de Chico Xavier. Ou melhor, acredita-se que também seja possível pensar que sobretudo essas três características míticas, as quais faziam parte do imaginário político mineiro, tenham sido incorporadas e ressignificadas nas falas desse médium, sendo articuladas em sua biografia. Diante disso, vislumbra-se a possibilidade de também compreender tal

13 A esse respeito ver: SILVA, Raquel M. *Mineiridade, representações e lutas de poder na construção da "Minas Espírita"*: da União Espírita Mineira a Francisco Cândido Xavier (1930-1960). Florianópolis, 2008. Tese (doutorado) – UFSC.

biografia como uma produção memorialística construída a partir das *representações da mineiridade*.

Passagens de Chico Xavier pela União Espírita Mineira

Segundo o biógrafo Ubiratan Machado, a primeira vez que Chico Xavier visitou a capital mineira teria sido por volta de janeiro de 1933, quando por lá permaneceu por aproximadamente três meses, a fim de obter seu ingresso no mercado de trabalho de Belo Horizonte.[14] Como não atingiu seu intento, em março desse mesmo ano teria regressado a Pedro Leopoldo. De volta à terra natal, retornava também ao seu trabalho no armazém; mas, pouco tempo depois, deixava-o para ser secretário na Inspetoria Regional do Serviço de Fomento à Produção Animal – na época, órgão do Ministério da Agricultura –, onde trabalhou até 1961, quando veio a se aposentar (Machado, 1998, p.47-51).

Não se pode afirmar se nesse curto prazo de tempo o médium chegou a visitar a sede da União Espírita Mineira (como afirmado, tratava-se de uma instituição que se apresentava como a representante do espiritismo no estado). Ao certo, o que se sabe é que o dado informado nessa biografia, quanto ao fato de essa ter sido a primeira vez que Xavier teria pisado na capital, contrapõe-se à informação fornecida pela União, que, em um livro publicado em sua editora,[15] afirma ter recebido a visita de Chico Xavier no ano de 1932, quando este teria psicografado a seguinte frase de Emmanuel: "Cada um deve incalculáveis tributos às almas com quem convive" (União, 1997, p.131).

14 Segundo Machado (1998), teria sido José Alves Santos, poeta residente em Belo Horizonte, quem convidou Chico Xavier para ir morar e trabalhar em Belo Horizonte.

15 Essa informação está no livro produzido pela União, publicado em 1992, para homenagear o médium, intitulado *Chico Xavier, mandato de amor*.

Controvérsias à parte, esse livro contém outras duas mensagens que, pelo que consta, também teriam sido recebidas por Xavier na sede da *União* ao longo dos anos de 1934 e 1935. Embora pareçam singelos, esses dados dão pistas para se pensar sobre os primeiros contatos estabelecidos entre Chico Xavier e a União Espírita Mineira. Esses dados levam a supor que, após a publicação de seu primeiro livro que causou tanta polêmica na capital federal, esse contato de Xavier e a União tenha passado a ser um tanto próximo.

Na verdade, foi com a volta de *O Espírita Mineiro* (em março de 1935[16]) que se tornou possível traçar análises um pouco mais precisas sobre a relação entre o médium e a *União*.[17] Essas análises são importantes para avaliar não só o grau de envolvimento desse médium com as causas defendidas por essa instituição (por exemplo, com a causa da "unificação da família espírita mineira e brasileira", tão cara aos líderes dessa casa[18]), mas sobretudo para se avaliar também quanto as *representações da mineiridade* se faziam presentes em suas mensagens.

Na edição de *O Espírita Mineiro*, em março de 1935, Chico Xavier publicou uma longa mensagem intitulada *Poema de uma alma*, cuja autoria foi assinada pelo espírito de "Martha". Nas edições seguintes,

---

16 Esse jornal foi fundado por Antonio Lima em agosto de 1908 e circulou até julho de 1912. Depois, por conta de um breve retorno de Lima a essa instituição, o jornal voltou a circular. Essa "segunda época" de *O Espírita Mineiro* durou de março a julho de 1935. Em 1936, ele fez seu terceiro retorno. Daí para a frente, ora paralisava sua publicação, ora retornava.

17 No que diz respeito a esse assunto, antes dessa data se pode contar apenas com as informações descritas anteriormente.

18 Como comentado anteriormente, os espíritas ligados à União demonstravam ter intenções análogas aos dos políticos mineiros no que diz respeito ao "comprometimento" com os rumos da nação. Porém, cada qual defendia esse "compromisso" de acordo com seu campo de atuação, isto é, enquanto os políticos se referiam à unidade política do país, esses líderes espíritas estavam preocupados com a política do movimento religioso em que atuavam. Portanto, ressignificando essa representação, esses líderes espíritas vão demonstrar interesse em não só liderar a "unificação da família espírita brasileira", como vão ressaltar essa liderança mineira a fim de obter o reconhecimento sobre esse papel "apaziguador" e "conciliador" que reivindicavam para si.

tanto Xavier quanto alguns outros poucos médiuns continuaram a ter espaço para suas mensagens psicografadas.

Quando aconteceu o terceiro retorno desse jornal (em novembro de 1936), Xavier continuou a ter espaço garantido para suas mensagens. Porém, a partir de então, tais mensagens passaram a ser atribuídas a espíritos de autores renomados: Casimiro Cunha, João de Deus, Guerra Junqueira, Augusto dos Anjos, José Tosta, Belmiro Braga, entre outros. Segundo consta, algumas dessas mensagens teriam sido recebidas pelo médium na própria sede da União, geralmente nas conferências ou reuniões de estudos corriqueiros, ou em eventos como o que ocorreu em 3 de outubro de 1937[19] em comemoração ao aniversário de Allan Kardec. Nesse evento, o médium, sentado à mesa próxima à diretoria da casa, teria psicografado "dois sonetos alusivos a Kardec, e que lidos, foram muito apreciados" (*O Espírita Mineiro*, outubro de 1937).

Outro evento, digno de nota nesse jornal, ocorreu em 24 de julho de 1938, quando, em função da visita do professor Leopoldo Machado à União, Chico Xavier também teria comparecido "para a imponência dos festejos".[20] Acredita-se que esse evento seja emblemático, pois, apesar da consideração a Xavier, obviamente, o paladino em foco, nesse momento, era o renomado educador espírita Leopoldo Machado, proprietário de um colégio[21] em Nova Iguaçu, Rio de Janeiro. Machado, além de participar do movimento em prol

---

19 Em 4 de abril desse ano Chico Xavier também esteve psicografando durante um concerto de violinista promovido pela União para a arrecadação de recursos para a construção do Abrigo Jesus. Essa instituição foi fundada pelos sócios da União em julho de 1937, mas teve sua sede inaugurada apenas em julho de 1946. Tal Abrigo se tornou um importante bem simbólico para a União Espírita Mineira. Para mais detalhes sobre essa instituição, ver Souza (2001).

20 Em agosto de 1937, um "confrade" da cidade de Lafaiete, Minas Gerais, compareceu para palestrar na União. Chico Xavier também compareceu e psicografou algumas mensagens (*O Espírita Mineiro*, agosto de 1937).

21 Em janeiro desse ano, a União tinha instalado em sua sede uma escola com o nome de Instituto Educacional Leopoldo Machado, justamente em homenagem a esse educador. Como ele não compareceu na sua inauguração, ficou de comparecer num "momento mais oportuno", enfim, adiou sua ida para julho daquele ano. Essa escola vigorou até meados de 1939.

da educação espírita, era também um importante articulador da imprensa brasileira, inclusive, tendo muita participação no jornal carioca *Mundo Espírita*.

Enfim, do ponto de vista deste trabalho, acredita-se que, nessa época, embora Chico Xavier já fosse conhecido em virtude do seu trabalho com a psicografia (inclusive, sendo por isso bastante visitado em Pedro Leopoldo por jornalistas, escritores ou por pessoas comuns em busca de seus préstimos), talvez aos olhos da União esse médium ainda não possuísse um nome bem consolidado no cenário espírita do Brasil, visto que era bem jovem e estava iniciando sua carreira.[22] Em outras palavras, o reconhecimento sobre o trabalho e sobre a autoridade religiosa de Chico Xavier – e de Emmanuel –, paulatinamente, foi se redimensionando dentro daquela instituição.[23]

No que diz respeito às mensagens de Xavier que eram publicadas no jornal *O Espírita Mineiro*, faz-se necessário ressaltar que boa parte das que foram veiculadas nas edições de 1936 e 1937 foram atribuídas ao espírito de Emmanuel. E, em se tratando do conteúdo, o assunto era quase sempre o mesmo: o cenário político e religioso do Brasil, tendo em vista que o país estava na iminência de sofrer um golpe de estado. Ao que tudo indica, especialmente naquele momento os acontecimentos do país e do mundo apresentavam-se como uma grande preocupação para os espíritas. Desse modo, tais mensagens procuravam colocar o espiritismo no espaço crível dos interesses mundanos. Ao pretenderem opinar nos assuntos concernentes à política nacional, tais mensagens teciam – a partir do

---

22 Não se pretende com essa suposição negar o reconhecimento dessa instituição em relação à autoridade que seu nome e a palavra de seu guia já apresentavam dentro dessa casa. Mas, possivelmente, esse reconhecimento foi sendo construído aos poucos. Por isso, obviamente, em meados da década de 1930, tratava-se de um reconhecimento bem menor do que Xavier viria a ter nos anos 1950.

23 Por volta de 1935, a instituição contava na sua diretoria com a presença de uma médium famosa na época: Zilda Gama, que ficou em Belo Horizonte até por volta de 1938, quando transferiu sua moradia para o estado do Rio de Janeiro. Provavelmente nessa época, para a União, Xavier ainda fosse um bem simbólico em formação, isto é, um bem que, perante os olhos daquela instituição, ainda estava se constituindo dentro do mercado espírita brasileiro.

aspecto religioso – discursos que visavam influir na realidade com projetos que se adequavam à política conservadora e capitalista em voga naquele contexto brasileiro.

Se, nesse momento, o conteúdo dessas mensagens refletia preocupações, sobretudo com a política brasileira – e com o papel dos espíritas nesse campo – já no fim da década de 1940 e início dos anos 1950 as preocupações tomavam um rumo um pouco diferente. Nesse novo momento, os interesses passavam a refletir uma preocupação muito em voga entre os espíritas daquela época: a "unificação do movimento". Esse foi um período de efervescência, pois as lideranças espíritas passaram a se preocupar em organizar congressos, encontros e confraternizações, a fim de discutir assuntos de variados aspectos: voltados para a evangelização e a educação espírita, questões relacionadas à doutrina, entre outros. Mas as discussões que mais estavam em evidência – e que muito pareciam realmente interessar à União Espírita Mineira – eram aquelas que diziam respeito à "unificação". Unificar significava tentar apaziguar, acalmar os ânimos do tumultuado movimento que mais parecia um campo de batalha, ou seja, tratava-se de um verdadeiro campo de lutas simbólicas, no qual as instituições disputavam o poder de representar o movimento (sendo este, principalmente, o caso da Federação Espírita Brasileira e da Liga Espírita do Brasil), medindo forças entre si. Daí as mensagens – fruto da parceria entre Chico Xavier e Emmanuel – trazerem à tona essa preocupação quanto à necessidade de haver paz e "união de vistas" dentro do movimento espírita nacional, para que houvesse a tão decantada "unificação da família espírita brasileira".[24]

---

24 Um exemplo a ser citado ocorreu quando as lideranças da União das Sociedades Espíritas de São Paulo estiveram em Belo Horizonte para convidar seus confrades da União Espírita Mineira a participar de um congresso que realizariam em outubro de 1948. Estes foram levados até Pedro Leopoldo, onde "solicitaram" a Emmanuel uma mensagem "a propósito do Congresso" que estavam organizando, com o intuito de discutir medidas para apaziguar o movimento. Essa solicitação não só foi atendida, como também foi, obviamente, publicada nas páginas de *O Espírita Mineiro* na sua edição de dezembro de 1948. Em outros momentos, em circunstâncias semelhantes, a parceria Chico Xavier /

Ainda quanto às mensagens psicografadas por Chico Xavier – e publicadas no jornal da União na década de 1930 –, em sua edição de agosto de 1937, *O Espírita Mineiro* trouxe uma mensagem da parceria Chico Xavier/Emmanuel, que fazia interessante menção de combate à guerra com o objetivo de lembrar que, se o mundo lá fora estava a um passo de ser bombardeado, no Brasil, reinava a paz. Nessa mensagem, apesar de referir-se ao país como uma nação de administração política de "absoluta falência moral", por outro lado, procurou também reforçar seu aspecto pacifista. Possivelmente, o intuito foi reforçar a ideia de que o país era uma "pátria do evangelho espírita". Na verdade, essa representação foi mencionada de forma explícita e, pela primeira vez, nas páginas desse jornal, também em uma mensagem assinada pela parceria Chico Xavier/Emmanuel, intitulada *Missão do Brasil*:

> Amigos, nunca é demais repetir-vos a relevância da missão do Brasil como pátria dos princípios evangélicos. Se fisicamente todas as nações representam, em um admirável conjunto, o patrimônio da Humanidade, em comum cada país e cada povo tem, dentro de suas características idiossincrasias, um papel determinado na evolução geral. [...].
>
> A tarefa dos brasileiros é, portanto, edificante e dignificadora. Não desdenhamos com essas afirmativas a parte científica da doutrina, mas consideramo-la somente um acessório ao esclarecimento das almas, sem representar a essência vital do ensinamento, que reside justamente na parte moral e religiosa, destinada a transformar o plano evolutivo das criaturas. Que Jesus ampare o Brasil nesta hora amarga em que o choque dos extremismos criou o ambiente doloroso das revoluções e das guerras. E que os brasileiros prossigam, nos seus núcleos de cristianização verdadeira, disseminando a palavra do amor e da vida em Jesus, que vem faltando ao mundo inteiro, corajosos e infensos a qualquer paixão empolgante e nociva, e que

---

Emmanuel também foi solicitada para dar a anuência e apoio a outros congressos, inclusive àqueles congressos que a própria União patrocinou.

caminhem dissipando as trevas seculares das estradas comuns. (*O Espírita Mineiro*, novembro de 1936)

De acordo com as informações fornecidas pelo *O Espírita Mineiro*, essa mensagem teria sido recebida por Chico Xavier em outubro de 1936 na sede da União. Dois anos depois da publicidade dessa mensagem no jornal, Xavier lançou, pela sexta vez, mais um livro, editado novamente pela Federação Espírita Brasileira, intitulado *Brasil, coração do mundo, pátria do evangelho*. Porém, o "autor espiritual" não era o mesmo da mensagem anterior. Nessa obra, o autor era Humberto de Campos, escritor maranhense falecido em 1934. Como o próprio nome do livro sugere, trata-se de uma obra que apresenta como proposta justamente revelar "por que" o Brasil havia sido escolhido para ser a "pátria do espiritismo". Assim, o livro apresenta um caráter histórico no qual, em cada capítulo, se vê o desenrolar dessa história: primeiro, o processo da escolha das terras brasileiras, o "coração do mundo", para ser o lugar onde seria transplantado a "Árvore do evangelho de Jesus" (isto é, para onde seria trazido e desenvolvido o espiritismo). Depois, o livro passa a discorrer sobre a "formação" da "Terra do Cruzeiro": sua colonização necessária, o encontro das "três raças", o amadurecimento político e sua independência pacífica, e a implantação da república como culminância desse processo "ordeiro e progressista". Todo esse processo teria sido guiado pelas mãos do Cristo, ajudado, é claro, por uma "plêiade de espíritos benévolos", que teriam como "missão" realizar a transplantação dessa "Árvore" para o Cruzeiro.

De acordo com Fábio Silva (2005), "o embrião dessas ideias" apresentadas nesse livro certamente não surgiu em tal obra de Chico Xavier, mas foi gestado dentro da própria FEB. De fato, é isso o que afirma um artigo publicado na revista *Reformador* (órgão oficial dessa instituição), em 1930:

o Brasil, onde o Espiritismo conquistou cerca de seis milhões de adeptos, desde o catedrático ao lavrador, graças ao número excepcional de médiuns, as polêmicas do velho continente sobre

> a imortalidade ou não da criatura, vem produzindo uma onda de espanto e dor. No Brasil, imenso país, em cujo céu parece sorrir, como anúncio do novo Evangelho, o "Cruzeiro do Sul" e no qual as imensas florestas cobrem um solo igual ao de toda a Europa, tácito convite à imigração para uma terra prometida. (Reformador, 1930, p.314 apud Silva, 2005, p.42)

No Escorço Histórico da Federação Espírita Brasileira[25] consta que essa tese realmente teria sido lançada pela própria FEB. No entanto, isso teria ocorrido em 9 de março de 1920, em sua sede, onde o médium Albino Teixeira teria psicografado uma mensagem em que o autor teria sido nada menos que o próprio Cristo, revelando essa "missão" do Brasil. A fim de demonstrar a veracidade e seriedade dessa mensagem, esse escorço afirmou que:

> Essa belíssima mensagem [...] fala da transferência da "Árvore do Evangelho", expressão emblemática, para o Brasil, numa clara alusão à grande responsabilidade decorrente a missão aceita por muitos Espíritos que reencarnam na Terra do Cruzeiro. Quanto à autenticidade da mensagem e de sua procedência, diversos são os testemunhos a confirmá-las, ressaltando o de Bittencourt Sampaio (Espírito), também presente à sessão, revelando, por outro médium, que o Espírito da Verdade [Jesus Cristo] a transmitiu por intermédio do Anjo Ismael. (Souza, 1984, p.20)

A partir da leitura desse escorço, pode-se perceber que, em plena década de 1980, a Federação Espírita Brasileira sentiu a necessidade de datar o *mito fundador*, o momento do nascimento dessa representação, que, segundo ela, teria ocorrido, aproximadamente, no ano de 1920. Ou melhor, o que se percebe é uma explícita necessidade por parte dessa instituição de alimentar e conferir sentido e legitimidade

25 Trata-se de um texto de Juvanir Borges de Souza, publicado pela Federação Espírita Brasileira em 1984, o qual está disponível em: <http://www.febnet.org.br/apresentação>. Acesso em: 9 jul. 2007.

a uma representação ainda tão presente na memória do movimento espírita brasileiro.[26]

Assim, retomando a respeito da mensagem psicografada por Chico Xavier em 1936, intitulada *Missão do Brasil*, acredita-se que ela foi, convenientemente, apresentada pela União Espírita Mineira nas páginas do seu jornal *O Espírita Mineiro* com um intuito bem claro: corroborar a legitimação da representação que afirmava que o Brasil era a "Pátria do evangelho espírita". Representação que anos depois foi novamente endossada pelas mãos do médium Chico Xavier, em seu livro *Brasil, coração do mundo, pátria do evangelho.*

Na verdade, esses dados levam a seguinte questão: até que ponto esse discurso expresso em uma narrativa em que o Brasil é apresentado como uma pátria perfeita e missionária – fundado pela Federação Espírita Brasileira e endossados pela União e por Chico Xavier – pode ser relacionado com as *representações da mineiridade*? Tentar compreender o entrelaçamento dessa e de outras questões será nosso próximo passo.

Representações da mineiridade na obra Brasil, coração do mundo, pátria do evangelho

A literatura mediúnica[27] produzida pelo médium Francisco Cândido Xavier vem constituindo um precioso objeto de estudo dentro das Ciências Humanas. Antropólogos e historiadores não apenas têm demonstrado interesse em analisar tal produção, como

---

26 Ainda hoje se observa autores espíritas publicando textos com o intuito não apenas de endossar, mas sobretudo de alimentar e fortalecer essa representação. Um exemplo disso pode ser observado no livro intitulado *A destinação do Brasil*, publicado em 2000 pelo Instituto de Divulgação Espírita de Franca, São Paulo.

27 Toma-se aqui este termo emprestado da antropóloga Sandra Stoll (1999, p.55), que o formulou para designar "a produção psicográfica dos médiuns, cujas obras são consideradas de autoria 'dos espíritos'". Nessa pesquisa, esse termo será apropriado para a mesma finalidade.

também vêm confirmando a pertinência e relevância dessa análise para a compreensão do campo religioso brasileiro.[28]

Segundo Lewgoy (2000, p.10), o espiritismo "é uma religião do livro, da leitura e do letramento", tratando-se, portanto, de uma religião que forja uma cultura letrada. Desse modo, é justamente por mobilizar um riquíssimo mercado editorial que tem provocado a expansão dessa religião no Brasil. Consequentemente, na medida em que se amplia o número de leitores por meio dessa prática, essa religião amplia também seu número de fiéis. Em meio a esse mercado, Chico Xavier foi "um dos expoentes mais significativos [na produção dessa literatura mediúnica brasileira], seguido por uma plêiade crescente de sucessores e substitutos nos tempos atuais" (Lewgoy, 2000, p.10).

Entre os aproximadamente quatrocentos títulos de livros publicados por Chico Xavier, alguns marcaram época: *Brasil, coração do mundo, pátria do evangelho*, publicado em 1938, atribuído ao espírito de Humberto de Campos "é [...] um dos livros mais importantes na história do espiritismo brasileiro, sendo reconhecido como uma das obras mais importantes a nortear a prática dos espíritas" (Lewgoy, 2000, p.212). Como aponta Bernardo Lewgoy, nesse livro

> há uma reflexão sobre a missão histórica da implantação do espiritismo em solo tupiniquim, onde emerge uma certa vocação brasileira triunfante do kardecismo, em que a história da colonização e da formação dessa nação passa a ser lida à luz de uma programação no plano espiritual inferior. (Lewgoy, 2000, p.212)

28 Ao analisar algumas das obras deste médium, a antropóloga Sandra Stoll (1999, p.66) se propôs a estudar seus "principais temas, valores e modelos de conduta sustentado pela doutrina espírita". O antropólogo Bernardo Lewgoy (2000) pesquisou como a prática da leitura espírita, sobretudo baseada nos livros de Chico Xavier, condicionava comportamentos, performances, enfim, uma representação cultural da realidade. Já o historiador Fábio Luiz Silva (2005) propôs uma análise histórica de duas obras de Chico Xavier: *Brasil, coração do mundo, pátria do evangelho* e *A caminho da luz*.

Lewgoy chegou a traçar uma rápida análise sobre essa obra,[29] porém, não foi seu intuito realizar um estudo pormenorizado sobre esse livro. Na verdade, quem se propôs a esse trabalho foi Silva (2005), que desenvolveu uma análise detalhada sobre as representações contidas nas narrativas históricas desse livro. Considerando tratar-se de uma obra fruto de seu tempo, Fábio Silva chama a atenção para o contexto em que esse livro foi publicado:

> [justamente no] período do Estado Novo, quando as políticas públicas na área da cultura passaram a pretender a construção de uma nova visão da história do Brasil. [...]. A valorização do nacionalismo exigia que [ess]a história [...] fosse recontada e amplamente divulgada. [...] a versão da história do país propagada pelo Estado autoritário denunciava as experiências liberais da República Velha, enfatizando a capacidade de luta do povo [...] e tinha como protagonista uma raça mestiça, [...] pacifista. Era uma narrativa de uma história gloriosa que culminava na grandeza e unidade da pátria [...]. Portanto, é dentro desse contexto que devemos entender a obra *Brasil, coração do mundo, pátria do evangelho*. (Silva, 2005a, p.34-5)

Para Silva, a Federação Espírita Brasileira – influenciada pela visão historiográfica de sua época – formulou e divulgou a representação de que o Brasil era a "Pátria" do evangelho espírita. Essa ideia foi endossada por Chico Xavier que, ao lançar seu livro ao público, contribuiu tanto para consolidar essa representação dentro do seu meio religioso[30] quanto para unificar o movimento em torno

29 Giumbelli também tece um pequeno comentário a respeito desse livro, enfatizando que ele contribuiu para a afirmação do aspecto religioso da doutrina no Brasil (1997, p.253).

30 Apesar dessa consolidação, Fábio Silva adverte para o fato de que essa ideia não foi unânime dentro do movimento espírita brasileiro, visto que tanto na época quanto nos tempos mais atuais a Federação Espírita Brasileira recebeu críticas por essa postura de criar uma ideia de "privilégios espirituais" ao Brasil em detrimentos das demais nações (2005a, p.62-3).

da Federação (unificação que, teoricamente, se consolidou com a sagração do "Pacto Áureo"[31]).

Tendo em vista que a história do Brasil foi concebida nesse livro de Chico Xavier como uma "criação divina" (sendo, portanto, a "missão" dos "espíritos superiores" fazer dessa "Terra do Cruzeiro" um "celeiro espiritual" do mundo), Fábio Silva chama a atenção para a permanência, nessa obra, da ideia que apresenta o Brasil como o "Paraíso Terrestre". Dessa forma, essa associação de imagens, tão comum nos tempos medievais,

> atravessou os séculos e foi reutilizada pelos homens que conduziram a política portuguesa e brasileira, no final do século XVIII e início do XIX, como argumento para a construção de um poderoso império formado por Portugal e Brasil. [Daí, no século XIX, ocorrer a retomada desse discurso que apresentava o Brasil como sendo] um Estado de imensas dimensões, natureza exuberante, rios caudalosos, terra fértil e rico subsolo. [Assim, a permanência dessas ideias] revela a força dessas representações, capazes de chegar não somente ao século XIX, mas, igualmente, até o século XX, na forma da narrativa que passamos a analisar, em *Brasil coração do mundo...* (Silva, 2005a, p.38)

Não se tem, nesse trabalho, a intenção de percorrer, passo a passo, todo o caminho realizado por Fábio Silva,[32] mas é válido destacar que, ao analisar alguns enredos que nortearam a construção dessa narrativa mítica, esse autor demonstrou que em todos eles prevaleceu a ideia do "determinismo" dos acontecimentos. De fato, ao

---

31 A esse respeito, ver Raquel M. Silva (2008).

32 Várias outras questões interessantes são apontadas por Fábio Silva (2005) sobre este livro de Chico Xavier. Entre elas, vale destacar a análise demonstrando que, no contraponto dessa ideia de Paraíso, o livro também apresenta a ideia de que o Brasil, paradoxalmente, seria o "purgatório das almas" para cá trazidas. Além disso, Silva discute a representação simbólica da "Árvore" que seria transplantada; discute a "intencionalidade espiritual" da "descoberta do Brasil", entre outras análises.

se realizar uma análise, mesmo que sumária desse livro, observa-se a pertinência desse apontamento, pois certo "determinismo celestial", ou melhor, a predestinação traçada espiritualmente, esteve a permear as narrativas, tecendo as tramas, ora vividas pelos humanos, ora pelos próprios espíritos.

Como já ressaltado, de modo geral, o livro *Brasil, coração do mundo, pátria do evangelho*, fruto da parceria dos nomes de Chico Xavier e Humberto de Campos, apresenta uma narrativa norteada por uma visão religiosa e, por sinal, também positivista e eurocêntrica. Por isso, anuncia a conquista e a ação colonizadora de Portugal como uma "missão cristã", providenciada pelas mãos do próprio Cristo, que tinha como objetivo transformar essas "Terras do Cruzeiro" em um grande "celeiro". Por meio dessa narrativa, o livro comenta os diálogos ocorridos entre Jesus, o *Espírito da Verdade*, e Helil e Ismael, seus fiéis "mensageiros da face do orbe terrestre". Em um primeiro momento o narrador (considerado o espírito de Humberto de Campos), demonstra o momento – fim do século XIV – em que Jesus, em uma visita periódica à Terra, desce a essa "esfera inferior" "a fim de observar os progressos de sua doutrina e de seus exemplos no coração dos homens". Entristecido com os rumos tomados pela humanidade, ele resolve visitar as terras onde "seria, mais tarde, o mundo americano". Em um diálogo com os seus missionários, Cristo teria perguntado:

> – Helil [...] onde fica, nestas terras novas, o recanto planetário do qual se enxerga, no infinito, o símbolo da redenção humana?
> – Esse lugar de doces encantos, Mestre [...] fica mais para o sul. [...] Mãos erguidas para o alto, como se invocasse a benção de seu Pai para todos os elementos daquele solo extraordinário e opulento, exclama então Jesus:
> – Para essa terra maravilhosa e bendita será transplantada a árvore do meu Evangelho de piedade e amor. No seu solo dadivoso e fertilíssimo, todos os povos da Terra aprenderão a lei da fraternidade universal. Sob estes céus serão entoados os hosanas mais ternos e misericordiosos do Pai Celestial. Tu, Helil, te corporificarás na

> Terra, no seio do povo mais pobre e mais trabalhador do Ocidente; instituirás um roteiro de coragem, para que sejam transpostas as imensidades desses oceanos perigosos e solitários, que separam o velho do novo mundo. Instalaremos aqui uma tenda de trabalho para a nação mais humilde da Europa, glorificando os seus esforços na oficina de Deus. Aproveitaremos o elemento simples de bondade, o coração fraternal dos habitantes destas terras novas e, mais tarde, ordenarei a reencarnação de muitos espíritos já purificados no sentimento da humildade e da mansidão, entre as raças oprimidas e sofredoras das regiões africanas, para formarmos o pedestal de solidariedade do povo fraterno que aqui florescerá, no futuro, a fim de exaltar o meu Evangelho, nos séculos gloriosos do porvir. Aqui, Helil, sob a luz misericordiosa das estrelas da cruz, ficará localizado o coração do mundo! (Xavier, 1990, p.23-4)

Assim, determinando o futuro daquelas terras e dos povos que nela habitavam – ou, que passariam a habitar – Cristo teria então planejado o encontro, a "confraternização" daquelas diferentes "raças": para povoar ainda mais essas terras e, por outro lado, para forçar o contato das "raças evoluídas cientificamente" com as "raças ignorantes", teria optado pelo regime de escravidão. Por meio desse regime, forjaria a "evolução" material e espiritual dessas diferentes "raças", o que, consequentemente, traria o "progresso" necessário para a edificação daquelas terras. Os jesuítas também seriam chamados para fazer parte dessa empreitada e teriam como missão trabalhar para a redenção e a defesa das almas pagãs dos "habitantes simples" daquelas plagas. Enfim, tudo estava previsto nas "amorosas determinações" de Cristo.

Isaia, em seus estudos sobre a temática religiosa, sobretudo a respeito do espiritismo,[33] demonstra que, no fim do século XIX, as

---

33 Entre os textos de Isaia sobre esse assunto, ver: *Ordenar progredindo: a obra dos intelectuais de Umbanda no Brasil da primeira metade do século XX* (1999); *Trabalho e conciliação social na obra dos intelectuais de Umbanda* (2000); *Espiritismo, utopia e conciliação social* (2001); *Allan Kardec e João do Rio: os jogos do discurso* (2003); e *A hierarquia católica brasileira e o passado português* (2003).

ideias de "evolução", "progresso" e "ordem" foram os pilares da doutrina espírita francesa. Quando essa doutrina chegou ao Brasil, tais pensamentos encontraram ressonância, visto que "ordem e progresso" eram os *slogans* da futura República brasileira, os quais também guardavam certo parentesco com os trabalhos dos primeiros intelectuais do Instituto Histórico Geográfico Brasileiro. Para alguns desses intelectuais (como Martius, em seu livro *Como se deve escrever a história do Brasil*, ou Varnhagen, com sua obra *História geral e do Brasil*), a ideia de "progresso" ganhava evidência na medida em que defendiam a ação civilizadora de Portugal como atitude exemplar, atribuindo a ela o mérito de ter garantido o "progresso" e a "evolução" das "raças" formadoras da nacionalidade brasileira. Segundo Isaia, esses autores não só influenciaram a historiografia de sua época, como também, nos anos posteriores, continuaram inspirando o trabalho da intelectualidade, sobretudo da Hierarquia Católica do Brasil. Assim, como consequência dessa influência, na década de 1930 ainda perdurava a visão do país como fruto da ação catequizadora e civilizadora de Portugal e da Igreja. Ou seja, essas ideias ainda permeavam no imaginário do país, vigorando nos discursos e nas obras de diversos pensadores brasileiros (Isaia, 2003, p.244-5).[34]

Observa-se que essa interpretação histórica também estava presente na obra de Chico Xavier. Este, embora fosse espírita, possuía conduta moldada nos exemplos católicos de santidade (Stoll, 1999). Assim, a falta de tempo e a necessidade de trabalhar para ajudar no sustento da família fizeram Xavier renunciar aos prazeres da vida. Mas de um deles ele não parecia abrir mão: o gosto pela leitura. Desse modo, talvez a história do Brasil fosse um estilo literário de sua predileção. Assim, *Brasil, coração do mundo, pátria do evangelho* (atribuído ao espírito do poeta Humberto de Campos), será, aqui, também concebida como uma obra fruto do seu tempo.

---

34 Sem dúvida, a publicação de *Casa grande & senzala*, de Gilberto Freyre (2000), é exemplar nesse sentido, visto que sua obra enfatiza a "confraternização" ocorrida no encontro das "três raças", defendendo essa ação catequizadora da missão portuguesa.

Como já aludido, o livro enfatiza, sobretudo, a importância da ação cristã portuguesa e, assim, considera que essa ação visava, especialmente, a "confraternização" e "catequização" dos povos. A obra ainda justifica com eufemismos a implantação da escravidão e o sentido desta para a "regeneração" das "raças" que para essas terras foram levadas. Em síntese, trata-se de um livro que ratifica a necessidade da colonização para que ocorresse o "progresso" e a "ordem" da generosa "Terra de Santa Cruz" e a "evolução espiritual" do seu povo. Assim, defende que, somente por meio desse caminho, traçado pelo Cristo, é que essa nação em formação poderia se transformar naquilo para qual fora projetada: ser a "Pátria do Evangelho de Jesus".

Outra característica desse livro, que contribui para concebê-lo como fruto de seu tempo, pode ser encontrada ao longo de sua narrativa, onde se percebe apropriações – às vezes sutis, outras nem tanto – das *representações da mineiridade*. Estas se iniciam no capítulo intitulado "A civilização brasileira", em que o narrador, ao descrever a importância de cada região que se formava no Brasil, assim se referiu ao estado mineiro:

> São Paulo e Minas de hoje foram as regiões escolhidas como as duas fontes poderosas que guardariam o potencial de energias orgânicas da terra, formando os primeiros indícios da etnologia brasileira. As águas do Paraíba do Sul e as de todo o percurso do São Francisco ainda constituem roteiro singular, onde se descobrem os característicos mais fortes do povo fraternal da terra do Cruzeiro. Cada Estado do Brasil tem a sua função essencial no corpo ciclópico da pátria que representa o coração geográfico do mundo; mas, em São Paulo e em Minas Gerais, se assentaram, por determinação do invisível, os elementos indispensáveis à organização da pátria esplêndida. Ambos serão ainda, por muito tempo, as conchas da balança política e econômica da nacionalidade e os dínamos mais poderosos de sua produção. Obedecendo aos elevados propósitos do mundo oculto, ambos ficaram irmanados junto ao cérebro do país, por indefectíveis disposições do determinismo geográfico, que os reúne para sempre.

> Os Espíritos infelizes e perturbados, inimigos da obra de Jesus, que, entretanto se converterão um dia ao supremo bem [...], agem de preferência nos bastidores administrativos dos dois grandes Estados brasileiros, provocando a vaidade dos seus homens públicos, levantando tricas políticas e conduzindo-os, muitas vezes, a lutas fratricidas e tenebrosas, no sentido de atrasar os triunfos divinos do Evangelho, no coração de todas as almas. (Xavier, 1990, p.63)

Esse trecho é emblemático, visto que nele se pode perceber nitidamente a apropriação da prática discursiva já discutida neste capítulo. Assim, a região de Minas (apresentada, junto com a de São Paulo) é apontada como parte orgânica indispensável ao corpo da pátria. Ao falar do rio São Francisco, sutilmente sugere que o roteiro que este faz dentro de Minas seja comparado à espinha dorsal desse corpo. Quanto ao povo mineiro, este é apresentado como fraterno e equilibrado, o que certamente também sugere que esse equilíbrio é o que lhe dá o seu senso de ordem e de responsabilidade com os rumos políticos da nação. Responsabilidade que, de acordo com a ressignificação dessa leitura, havia sido determinada pelo plano espiritual. No entanto, se mazelas e lutas fratricidas ocorreram entre mineiros e paulistas, essas tramas não foram planejadas, mas urdidas pelos inimigos ocultos, que visavam atrasar "os triunfos divinos do Evangelho".

Para Silva, essa visão do livro *Brasil, coração do mundo, pátria do evangelho*, associada à ideia da nação como um "corpo", fazia parte do discurso político em voga na época do Estado Novo. Desse modo, esse livro não apenas se apropria dessa visão, como também acrescenta

> um elemento novo a esta representação: *a alma*. Pois, se, como Alcir Lenharo observou, a nação era associada à ideia de corpo e de totalidade orgânica, o espiritismo estava fornecendo uma *alma* a esse corpo. Assim, como para os espíritas cada indivíduo possui um corpo e uma alma, a nação (e, portanto, sua história) também teria duas realidades: uma terrena e outra espiritual. A existência

> espiritual do indivíduo precedendo e determinando a existência corporal fornecia elementos para compreender a nação. A imagem de um corpo/nação, necessariamente uno, engendra a necessidade de explicar a função de cada uma das partes. (Silva, 2005a, p.47)

O discurso acentuando a importância de São Paulo e Minas foi retomado em um capítulo intitulado "As bandeiras". Nele, o narrador retratou como foi o planejamento desse movimento pelos espíritos do "plano superior". Assim, consta que Ismael – mensageiro espiritual a quem Cristo teria delegado a função de "zelador dos patrimônios imortais da Terra do Cruzeiro" – havia conclamado as "almas heroicas" que "chegavam aos espaços depois do primeiro contato com a vila de Piratininga" para "regressarem à luta terrestre". Teria dito Ismael a esses espíritos:

> – Meus irmãos [...] regressareis dentro de breves dias aos núcleos de trabalho estabelecidos no planalto piratiningano. [...] agora, levareis mais longe a vossa coragem e o vosso heroísmo. Penetrareis o coração da terra do Cruzeiro, rasgando as sombras de suas florestas imensuráveis. Com a vossa dedicação, novas atividades serão descobertas e novas possibilidades hão de felicitar a existência dos colonizadores do país, onde nos desvelaremos pela conservação da bandeira de Jesus, desfraldada lá sobre todas as frontes e sobre todos os corações. [...]. Muitos de vós conhecereis a penúria e o sofrimento; sacrificareis a fortuna e os afetos mais santos da família, para construirdes a base do porvir [no solo mineiro] com as lágrimas abençoadas dos vossos martírios e das vossas renúncias exemplares. Vossa tarefa [missão] será rasgar as selvas remotas, patenteando o ouro depositado no seio da terra generosa. (Xavier, 1990, p.91)

Especialmente nesse trecho, pode-se ainda observar as *representações da mineiridade* sendo ressignificadas dentro da lógica espírita, apresentando Minas como o "coração" do corpo chamado Brasil. Daí toda sua riqueza: terra generosa, dadivosa, em cujo seio foi depositado ouro – ação que, certamente, também foi planejada pelo plano espiritual. Essa narrativa mítica procura ainda destacar que esses "heróicos bandeirantes", antes mesmo de renascer no orbe terrestre para cumprir o "plano divino", foram conscientizados das agruras das suas missões, que seriam compostas por *sofrimentos, sacrifícios* e *renúncias*. A ambição – desenfreada e inconsequente – em busca do ouro é vislumbrada como uma necessidade para mobilizar aqueles espíritos a se aventurar a abrir clareiras e levar para aquelas terras os germes da civilização.

Em outros trechos, o narrador chega a cogitar a possibilidade desses homens, durante essa jornada missionária, virem a ser severos e até mesmo a cometerem crueldades uns contra os outros. No entanto, essas atitudes – diante da grandeza da obra empreendida – teriam sua razão de ser, ou seja, seriam empreendidas por uma causa santa.[35] Para ilustrar esse pensamento, vale destacar a mensagem que Ismael teria transmitido a Fernão Dias, quando esse bandeirante, depois de cumprida sua missão nas terras mineiras, estava prestes a retornar para a "pátria espiritual". Fernão Dias receava a justiça divina, pois, em peleja com o próprio filho, ordenou-lhe a morte. Diante desse temor, Ismael assim teria lhe dito:

> – Irmão, as quedas, com as suas experiências sombrias, constituirão os degraus do teu caminho para as mais gloriosas ascensões espirituais. Atrás dos teus passos florescem cidades valorosas no coração

---

35 Outra explicação que essa leitura tenta transmitir é a de que os homens que se envolviam nessas causas e que porventura viessem a sofrer alguma "queda", esta, por sua vez, também teria sua razão de ser. Enfim, eles não as estariam cometendo em vão, visto que esses atos tinham sua explicação: baseando-se na concepção espírita, eram justificados dentro da lei das "provas e expiações". Assim, a cada encarnação, os espíritos, em um processo de evolução, resgatariam ou pagariam suas dívidas conforme seus atos pregressos. Desse modo, todos aqueles espíritos que estavam sendo "convidados" a participar daquela empreitada estariam apenas cumprindo um projeto preexistente para cada um deles, conforme a lei de causa e efeito. Dessa forma, essas "quedas" constituiriam os "degraus" da própria "evolução" desses homens, portanto, não necessariamente configuraria um crime injustificável aos olhos da "plêiade espiritual".

> das matas virgens, e os que recebem os teus benefícios abençoam o teu esforço e a tua energia perseverante. (Xavier, 1990, p.94)

Em virtude dessas palavras consoladoras, Fernão Dias teria aberto os olhos pela última vez e, então:

> Uma lágrima pesada e branca lhe corre pelas faces emagrecidas; mas sobre o seu coração paira a benção cariciosa da terra dourada das minas, e sentindo-se na posse das verdadeiras esmeraldas do seu grande sonho, o ínclito batalhador regressa de novo à vida do Infinito. (Xavier, 1990, p.94-5)

Os fins minimizavam as atrocidades dos meios. Assim, cabia à "generosa terra mineira", em sinal de agradecimento, derramar suas bênçãos sobre os corpos daqueles que lhe propiciaram, também generosamente, o tão propalado "progresso". Dessa maneira, nessa narrativa as atrocidades cometidas pelos bandeirantes na região aurífera eram atenuadas em nome dos propósitos divinos empreendidos nessa ação: habitar, desenvolver e fazer progredir – mesmo à custa "de sangue e de morte" – a região considerada o coração da pátria, parte vital desse corpo/nação. Corpo cuja alma tinha fins nobilíssimos: tornar-se "Pátria do evangelho". No entanto, para que tal fim fosse alcançado, era necessário manter sua unidade. Aliás, a respeito dessa unidade, o narrador fazia questão de enfatizar que:

> Só o Brasil conseguiu manter-se uno e indivisível na América entre os embates políticos de todos os tempos. É que a mão do Senhor se alça sobre a sua longa extensão e sobre as suas prodigiosas riquezas. O coração geográfico do orbe não se podia fracionar. (Xavier, 1990, p.33)

Por isso, certamente qualquer ação que propusesse a fragmentação do "Cruzeiro", poria em xeque a proposta de torná-lo um "Celeiro do Mundo". Desse modo, torna-se interessante observar que, ao comentar a respeito das revoltas ocorridas entre o fim do século XVII e início do XVIII (tais como a Revolta de Beckman, no Maranhão, e a Guerra dos Mascates, em Pernambuco, ou a Guerra dos Emboabas, em Minas), estas foram generalizadas e apresentadas como manifestações "nefastas", "fratricidas". A leitura que se faz dessas revoltas é que se tratavam de movimentos "revolucionários", como se estes estivessem a propor o rompimento com a Coroa (sendo esta, inclusive, a visão que a historiografia da década de 1930 possuía sobre esses movimentos[36]). Desse modo, essas revoltas seriam as causadoras de um desnecessário derramamento de sangue, pois, de acordo com essa narrativa, a independência do Brasil já havia sido planejada por Ismael. Sendo assim, caberia a esse "guia espiritual" escolher a hora e a pessoa certa a dar a essa pátria sua tão desejada liberdade, sem que ocorressem lutas, mortes e fragmentação do seu território. Dessa perspectiva, tais revoltas apresentavam-se como movimentos que ofereciam perigo ao desmembramento do corpo/nação, portanto, ações que contrariavam os interesses divinos para o porvir dessa terra.[37]

Outro movimento digno de comentário nesse livro foi, logicamente, a Inconfidência Mineira. Acredita-se que foi, sobretudo, o tratamento especial dado a essa conjuração e a apropriação das características míticas em torno da "missão política" do "povo mineiro" que possibilitou empreender esta análise, enfatizando as apropriações das *representações da mineiridade* nessa obra de Chico Xavier.

Obviamente, do ponto de vista histórico, esse capítulo – como todos os outros – recebeu uma análise bastante semelhante a que a

36 Como atesta a historiografia atual, esses movimentos não tinham como propósito questionar a autoridade nem romper com o pacto colonial. No entanto, nesse livro, esses "movimentos nativistas" foram, assim como outros acontecimentos, interpretados à luz da historiografia da década de 1930, isto é, de acordo com a visão da época em que foi publicado.

37 Para Fábio Silva, essa ideia de unidade territorial brasileira também estava relacionada a "à antiga ideia de Paraíso [...]. Se aqui haveria de ser o Paraíso, coração do mundo, é evidente que não poderia se fragmentar, repetindo o que ocorrera no passado [quando Adão desobedeceu e quebrou a unidade com Deus]" (2005a, p.52). Assim, as relações paraíso/corpo/nação correspondiam a unidades indivisíveis.

historiografia da época lhe concedia. Portanto, apesar de ser apresentada como uma manifestação regional que propunha justamente o rompimento da capitania de Minas com a Coroa Portuguesa (o que ocasionaria seu desmembramento da colônia brasileira), essa revolta recebeu um tratamento diferenciado: enquanto os "movimentos nativistas" foram tratados de maneira genérica, tendo sido ressaltado seu "caráter fratricida", a Inconfidência foi tratada com exclusividade e esse mesmo caráter foi citado em tom bastante ponderado. Aliás, o tom de ponderação foi mantido em todo o capítulo. Nesse caso, a proposta do rompimento foi justificada, demonstrando a justeza desse movimento:

> Por esse tempo, o Brasil sofria o máximo de vexames no que se referia ao problema da sua liberdade. A capitania de Minas Gerais, que se criara e desenvolvera sob a carinhosa atenção dos paulistas, era então o maior centro de riquezas da colônia, com as suas minas inesgotáveis de ouro e diamantes. A sede de tesouros edificara Vila Rica nos cumes enevoados e frios das montanhas, reunindo-se ali uma plêiade de poetas e escritores que sentiriam mais de perto as humilhações infligidas pela metrópole portuguesa à pátria que nascia. A verdade é que em Minas se sentia, mais que em toda a parte, o despotismo e a tirania. O clero, a magistratura e o fisco, juntos aos ambiciosos que aí se estabeleceram, apossavam-se de todas as possibilidades econômicas, presas de criminosa ânsia de fortuna. [...]. Eram então numerosos na Europa os estudantes brasileiros, os quais de lá voltavam ao país saturados dos princípios filosóficos de Rousseau [...]. Por toda a capitania mais rica da colônia desdobram-se quadros dolorosos da miséria do povo, esmagados pelos impostos de toda natureza. [...]. Em Minas, porém, uma elite de brasileiros considera a gravidade da situação. Intelectuais distintos se sentem compenetrados da maioridade da pátria, que, a seu ver, poderia tomar as rédeas dos seus próprios destinos. (Xavier, 1990, p.118)

Anunciado o cenário em que essa conjuração teria ocorrido, a narrativa prossegue demonstrando que os homens que a haviam planejado eram intelectuais, portanto, homens de "razão suprema". Destaca-se, nesse momento, o pedido de ajuda que esses conspiradores teriam feito a outros estados, inclusive a São Paulo. Sem êxito, a propaganda mineira prosseguia sem esmorecimentos:

> Embriagados pela concepção da liberdade política, mas, dentro dos seus triunfos literários, afastados das realidades práticas da vida comum, os intelectuais mineiros não descansaram. Idealizaram a república, organizaram seus símbolos, multiplicaram prosélitos das suas ideias de liberdade; porém, no momento psicológico da ação, os delatores [...] levaram todo o plano ao visconde de Barbacena, então Governador de Minas Gerais. O governador age com prudência, a fim de sufocar a rebelião nas suas origens, e expedindo informes para que o Vice-Rei Luís de Vasconcelos efetuasse a prisão do Tiradentes no Rio de Janeiro, prende todos os elementos da conspiração em Vila Rica, depois de avisar secretamente aos seus amigos do peito, simpatizantes da conjuração, quanto à adoção de tais providências, para que não fossem igualmente implicados. (Xavier, 1990, p.120-1)

Se, de um lado, o narrador sugere que essa revolta se formou em função de motivos justos, do outro, o tom do trecho anterior denuncia a cumplicidade do autor dessa narrativa com a ação empreendida pelo governador das Minas, quando este reprimiu a conspiração que ainda se encontrava "nas suas origens". A narrativa prossegue seu curso. Depois de presos, os conjurados aguardavam o julgamento e a execução da pena. No dia seguinte, após a leitura da sentença, a rainha decidia pela modificação desta. Assim descreve o momento em que somente Tiradentes havia sido levado para o cadafalso:

> O mártir da inconfidência, depois de haver apreciado, angustiadamente, a defecção dos companheiros, reveste-se de supremo heroísmo. Seu coração sente uma alegria sincera pela expiação cruel que somente a ele fora reservada, já que seus irmãos de ideal continuariam na posse do sagrado tesouro da vida. As falanges de Ismael

lhe cercam a alma leal e forte, inundando-a de santas consolações. (Xavier, 1990, p.121-2)

Esse trecho também é emblemático, pois nele se observa como essa narrativa, formulada no livro *Brasil, coração do mundo, pátria do evangelho*, apropriou-se da mítica construída em torno de Tiradentes, o ícone da mineiridade. Endossar essa mítica, falar sobre ela, ritualizá-la, parecia ser uma forma de contribuir para sua permanência. Tanto a imagem do "herói cívico" – mistificada pela historiografia do final do século XIX, e, depois, endossada pela classe política, transformando-o em um "mártir-cristão" (Carvalho, 1990, p.65) – quanto as características míticas criadas a partir da derrota da Inconfidência e associadas à imagem desse "mártir" foram perfeitamente incorporadas a essa narrativa. A associação da ideia de que esse foi um movimento revolucionário, mas também ordeiro, estava implícito. Dessa maneira, percebe-se como todas essas representações que pertenciam ao imaginário mineiro (e à historiografia da década de 1930) imbricavam-se com as crenças concernentes à doutrina espírita, urdindo-se e transcendendo as tramas apresentadas nesse capítulo sobre a "Inconfidência Mineira".

Portanto, a ideia que se desejava transmitir era a de que, após Tiradentes ter experimentado instantes de sofrimento por se ver só, recebendo a pena como se fosse o único culpado, ele não se revoltou, porque seu ardor patriótico (que o caracterizava como um revolucionário) somou-se a um fervor religioso, demonstrando sua compreensão sobre a sua missão cristã, enfim, sobre a mística que o envolvia, daí a necessidade da ordem. Dessa forma, inspirado por Ismael, o mártir logo abandonou o sentimento de dor para dar vazão a uma "alegria sincera", visto que teria tomado consciência do sentido do seu sacrifício: renunciar sua vida em favor da liberdade, da ordem e do progresso de toda uma nação.

De modo geral, observa-se que esse capítulo elabora uma narrativa mítica que, ao obscurecer a análise histórica, entrelaça, com desenvoltura, as tramas humanas aos desígnios espirituais. Nessa perspectiva, essa narrativa tem como desfecho a cena em que

Ismael, o guia da "Terra do Cruzeiro", aproxima-se de Tiradentes, no momento em que este estava para morrer. Nesse instante, esse "anjo bom" recebe:

> em seus braços carinhosos e fraternais a alma edificada do mártir. – Irmão querido – exclama ele – resgatas hoje os delitos cruéis que comeste quando te ocupavas do nefando mister de inquisidor, nos tempos passados. Redimiste o pretérito obscuro e criminoso, com lágrimas do teu sacrifício em favor da Pátria do Evangelho de Jesus. Passarás a ser um símbolo para a posteridade, com o teu heroísmo resignado nos sofrimentos purificados. Qual novo gênio surges, para espargir bênçãos sobre a terra do Cruzeiro, em todos os séculos do seu futuro. Regozija-te no Senhor pelo desfecho dos teus sonhos de liberdade com as suas obras. (Xavier, 1990, p.122)

Enfim, a impressão que fica com a leitura desse capítulo sobre a Inconfidência é que, ao se apropriar desse mito fundante das *representações da mineiridade* – e ao ressignificar a imagem de Tiradentes –, essa narrativa procura, de fato, transcendê-la: mais do que um "herói cívico" ou, mais que um "mártir-cristão", Tiradentes adquire *status* de "guia espiritual", a espargir, para todo o sempre, as suas "bênçãos" sobre a "Terra do Cruzeiro". Mais uma vez, os desígnios celestes não só se mesclavam, mas, acima de tudo, se sobrepunham às tramas humanas. Assim, Tiradentes, como guia, transformava-se em um "gênio inspirador", passando a compor a "plêiade celestial" que zelaria pelos rumos do Brasil. Inclusive, para essa "plêiade", a independência do país estava prestes a acontecer, porém, isso ocorreria "sem os abusos criminosos das lutas fratricidas", pois:

> Se o Brasil se aproxima da sua maioridade como nação, ao influxo do amor divino, será o próprio Portugal quem virá trazer até ele todos os elementos dessa emancipação política, sem o êxito incerto das revoluções feitas à custa do sangue fraterno, para multiplicar os órfãos e as viúvas na face sombria da Terra... (Xavier, 1990, p.122)

Desse modo, como "gênio inspirador", Tiradentes teria recebido a "missão" não apenas de acompanhar, mas, especialmente, de promover, sob a própria inspiração, a independência do Brasil. Essa determinação partiu da voz de Ismael, guia do Brasil, que – em um "conclave espiritual", realizado no mesmo espaço físico onde se localizava o Colégio Piratininga, composto por inúmeros "heróis das lutas maranhenses e pernambucanos, mineiros e paulistas" – assim teria se expressado:

> O nosso irmão, martirizado há alguns anos pela grande causa, acompanhará D. Pedro em seu regresso ao Rio e, ainda na terra generosa de São Paulo, auxiliará o seu coração no grito supremo da liberdade. Uniremos assim, mais uma vez, as duas grandes oficinas do progresso da pátria, para que sejam registradoras do inesquecível acontecimento nos fatos da história. O grito de emancipação partiu das montanhas e deverá encontrar aqui [São Paulo] o seu eco realizador. (Xavier, 1990, p.158)

A análise desse trecho sugere a seguinte leitura mítica: de Minas partia o grito que traria o "progresso" e que garantiria a "ordem" da pátria brasileira. Por isso, a liderança mineira era fundamental para equilibrar e guiar os rumos do país. Mas, se Minas estava ali, a participar daquele momento glorioso da história do Brasil, isso ela devia a São Paulo, que havia possibilitado a sua existência. Daí sua constante parceria, sua conciliação com as forças políticas paulistas. Assim, nada mais justo do que render a esse estado suas devidas honras. Nessa representação simbólica, mais uma vez essas "duas grandes oficinas" se uniam para, juntas, liderarem os rumos da nação brasileira. Dessa maneira, também, não seria nada mais justo do que oferecer a Tiradentes a honra de promover, em "espírito", aquilo pelo qual ele renunciou sua vida: a independência da sua pátria. Assim:

> Tiradentes acompanhou o príncipe nos seus dias faustosos de volta do Rio de Janeiro. Um correio providencial leva ao

> conhecimento de D. Pedro as novas imposições das Cortes de Lisboa e ali mesmo, nas margens do Ipiranga, quando ninguém contava com essa última declaração sua, ele deixa escapar o grito de "Independência ou Morte!", sem suspeitar de que era dócil instrumento de um emissário invisível, que velava pela grandeza da pátria. (Xavier, 1990, p.158)

Obviamente, ao longo dessa narrativa mítica exposta neste capítulo, não se percebe nenhuma preocupação com o obscurecimento da análise histórica, mas, sem dúvida, o que mais chamou a atenção foi o desfecho que ele reservou para esse mito da história de Minas e do Brasil: embora morto e esquartejado, Tiradentes foi apresentado como um herói indelével, cujo espírito espargia-se, zelando pelo destino da pátria brasileira. Desfecho este previsível para um livro publicado em um momento no qual a literatura mineira – respaldada em um fluxo histórico que também foi mitificado – fazia questão de esbanjar a sua mineiridade. Desse modo, supõe-se que a representação que predominou nesse capítulo foi a de que o mineiro é um povo cristão, libertário e, ao mesmo tempo, ordeiro, que se sacrifica e que se renuncia, se preciso for, à própria vida, porque, na perspectiva do discurso mítico da mineiridade, o povo mineiro tem como "missão" um propósito maior: salvar, libertar e apontar os rumos políticos da sua grande nação.

Não é nossa intenção prosseguir na discussão quanto à narrativa do restante desse livro assinado pela parceria de Chico Xavier e Humberto de Campo, mas, diante da análise realizada sobre o capítulo em que *Brasil, coração do mundo, pátria do evangelho* trata da Inconfidência Mineira, como não considerar a possibilidade de ver expresso nessa obra *representações da mineiridade*?

Entre religião e política: maçons, espíritas, anarquistas e socialistas no Brasil por meio dos jornais *A Lanterna* e *O Livre Pensador* (1900-1909)

Eliane Moura Silva

Introdução

Estudar a história das relações entre maçonaria, espiritismo, anarquismo e socialismo significa conhecer um conjunto de representações e práticas de diversos grupos sociais que contribuíram para constituir a cultura da sociedade brasileira da segunda metade do século XIX e primeiras décadas do século XX. É também procurar compreender como esses grupos de indivíduos teciam suas lógicas, inventavam suas opções políticas e religiosas, construíam, pensavam e liam o mundo, bem como de que modo analisavam os interesses que estavam em jogo (Chartier, 1990).

É possível pensar que, dentro do ecletismo que caracterizava o universo cultural do período, as diferentes tendências eram um reflexo das lutas e dos confrontos de ideias internas aos grupos e tendências liberais. O espectro era amplo e ia de um liberalismo conservador, autoritário e antidemocrático em franca conciliação com a Igreja Católica a grupos minoritários sempre mobilizados, que denunciavam e propunham transformações radicais da sociedade.

Nesses sistemas de representação é possível encontrar associações que, com frequência, levaram o socialismo e o anarquismo a se articular a projetos de transformação espiritual da sociedade.

Entre o fim do século XIX e as duas primeiras décadas do século XX encontramos grupos em que anticlericais, livres-pensadores, liberais, abolicionistas, anarquistas, socialistas, positivistas, espíritas, maçons e protestantes articulavam-se formando sistemas inter-relacionados baseados em racionalidades que surgiram de situações particulares e proliferaram em espaços circunscritos, em uma combinatória de forças em competição e em conflito.

Segundo Artur Isaia (2007), a aproximação desses grupos no período pode ser atribuída à existência de um ideário, de inimigos comuns e da luta pela defesa do estado laico e da república. A ligação entre maçonaria e espiritismo se dava por parentesco cultural e pela coabitação de significados, tais como a noção do trabalho como impulsionador do progresso humano, a concepção de harmonia, a perspectiva cósmica e a busca da verdade, que uniriam a codificação espírita aos ideais maçônicos. Ubiratan Machado (1996) descreve o político Alcindo Guanabara (1865-1918) como *maçon, espírita, republicano,* e o protótipo do comportamento social, político e religioso de vários homens públicos que se opunham ao reacionarismo católico. Para ele, o espiritismo foi uma doutrina que apareceu entrelaçada às tendências liberais e, no caso brasileiro, os maçons sempre foram alguns dos mais destacados espíritas. Também foram espíritas alguns líderes operários.

O livro de Sylvia Damazio (1994) remete-nos à presença de políticos, como Saldanha Marinho (1816-1895) e Quintino Bocaiúva (1836-1912), ligados à maçonaria, ao livre-pensamento, ao republicanismo e ao espiritismo e contrários ao catolicismo ultramontano. Saldanha Marinho escreveu, sob o pseudônimo de Gaganelli, vários artigos no *Jornal do Commércio,* onde frequentemente fazia citações ao jornal espírita *Reformador*.

O trabalho de Teresinha Queiroz (1994) revelou, por meio da análise da imprensa em Teresina na primeira década do século XX, as estratégias de dominação tanto no discurso religioso quanto no de opositores, com táticas destes de ridicularizar o clero na imprensa crítica de todo o país. Segundo a autora, com a Instituição do Padroado no Brasil, na década de 1870, houve uma valorização do profano em detrimento do sagrado que abalou as relações entre Igreja e maçonaria. Com os anos finais da Monarquia houve uma discussão sobre a separação inevitável entre Igreja e Estado, entrando em pauta as questões da liberdade de cultos, do casamento civil, do divórcio, da secularização dos cemitérios, do registro civil de casamentos, nascimentos e óbitos. Em Teresina, Piauí, na década de 1880 já havia certa postura anticlerical constatada pela análise dos sumários da *Revista Mensal* (1887), que outrora também observou a existência de um anticlericalismo ainda mais exacerbado em outras regiões brasileiras naquele mesmo período.

O fim da Monarquia e a separação oficial entre Igreja e Estado ditada pela Constituição Brasileira de 1891 abriram espaço para a expansão e intensificação do anticlericalismo brasileiro no início do século XX. Esses primeiros anos da República foram marcados por uma relação de desconfiança e desconforto entre o Estado e a Igreja, entre clericais e anticlericais. Era parte do ideal maçônico e dos políticos mais jovens, frutos de uma educação superior mais secularizada principalmente nas escolas superiores de Direito e Engenharia, a noção de um projeto social moderno sem influência da Igreja, a qual deveria ocupar uma posição secundária na política.

Para Áurea da Paz Pinheiro (2002), a separação oficial entre Igreja e o Estado, a liberdade de pensamento e expressão abriu o caminho para os ataques dos anticlericais e livres pensadores, dirigidos não à moral religiosa, mas contra a incoerência da instituição católica de Roma com relação à própria moral. As novas e as velhas formas de pensar envolveram-se em um debate ideológico-religioso, em que as novas propostas se inspiravam em ideais iluministas.

Carlos Alberto de Freitas Balhana (1981) estudou como a difusão de ideias políticas, religiosas e filosóficas estiveram profundamente ligadas ao surgimento do movimento de anticlericais e livres-pensadores, e se incorporaram aos discursos modernizadores dos projetos de reorganização da sociedade brasileira. A associação com a Maçonaria decorreu do fato de que era uma instituição que abrigava diferentes correntes de ideias e movimentos sociais, filosóficos e espiritualistas. A maçonaria tinha como preceito básico respeitar a liberdade e o direito às crenças individuais, evitando tomar partido político ou religioso de maneira sectária e radical. Isso é expressamente vedado por intermédio de suas leis, de seus códigos, regulamentos, regimentos e estatutos. Porém, dentro do conjunto das grandes linhas do pensamento nacional do fim do século XIX e início do XX, a mentalidade "conservadora" *versus* "liberal" fizeram parte da história cultural da maçonaria brasileira e se traduziu dentro das facções desse movimento nas vertentes anticlericais e de livres-pensadores. Segundo ele, socialistas, anarquistas, sindicalistas, maçons, clericais, anticlericais e outros grupos, em pleno contexto de efervescência política do fim do século XIX e início do XX, utilizaram amplamente a imprensa periódica, a panfletagem e outras formas impressas de publicidade a fim de divulgar ideias políticas, sociais, econômicas etc. Outro fator importante para o grande desenvolvimento daquelas publicações teria sido a Constituição de 1891. Além disso, o autor assinala um número significativo de publicações nacionais no período com títulos e objetivos idênticos ou semelhantes. O trabalho de Balhana deu ênfase a um grupo específico de intelectuais que fundou uma "*ecclesia* pitagórica" em Curitiba, propondo ideias novas com mensagem, ética e discurso cosmológico, com base em uma aliança entre Oriente e Ocidente. Uma *frateria* (sic) de amigos, da qual Dario Vellozo era o profeta maior.

O antropólogo Thales de Azevedo (1991) definiu o anticlericalismo como uma manifestação pública e hostil de oposição a uma instituição eclesial, que se articulou com o laicismo social, o liberalismo, o positivismo, o cientificismo e a maçonaria. No caso preciso do anticlericalismo do século XIX, o autor destaca as questões políticas entre monarquistas e republicanos, que se desdobraram, em surtos, na Itália, na Espanha, em Portugal, na Bélgica e na Áustria, por inspiração liberal maçônica ou socialista, atingindo protestantes e judeus. Expandiram-se, inclusive no Brasil, por meio de uma pluralidade de formas e motivações básicas: a Igreja como uma ameaça ao Estado, à nação, aos indivíduos, à família; o contraste entre a moral ensinada preconizada e a conduta corrompida do clero; os resultados desastrosos do ensino religioso (Azevedo (1991). Destaca a atuação da maçonaria brasileira, sobretudo após o episódio da questão religiosa, para a difusão destas tendências. Aponta para importância de maçons como Saldanha Marinho, o Visconde do Rio Branco, entre outros, na difusão do anticlericalismo no Brasil, conferindo especial destaque para a obra de Saldanha *A igreja e o Estado* (1874-1875).

No Brasil no século XIX, parte da elite científica tida como esclarecida questionava os dogmas católicos – punha em xeque a santíssima trindade, a divindade de Cristo, a infalibilidade do Papa com base no racionalismo e na aplicação da ciência. Esses questionamentos e críticas foram tomando corpo, se desdobrando, estendendo a crítica à eficácia das orações, aos milagres, à idolatria, às confissões, ao cotidiano nos conventos, ao jesuitismo e à crença no intervencionismo divino.

Bernardo Lewgoy (2008), ao estudar a inserção histórica do espiritismo de matriz francesa no Brasil desde a década de 1860, procura demonstrar que, nesse período, ele contou com adesão de membros da elite imperial, como o médico e político cearense Adolfo Bezerra de Menezes Cavalcanti (1831-1900), além de médicos, advogados, jornalistas e militares. Após a Proclamação da República e com a liberdade religiosa, o espiritismo vai se consolidar como doutrina de caridade e de auxílio aos pobres por meio da prescrição mediúnica de receitas homeopáticas. Segundo Lewgoy, nesse período vai crescer entre camadas médias urbanas letradas como um substituto religioso laico ao catolicismo. Acentuando o uso da razão e o livre-arbítrio, organizando-se em formas de associação voluntárias e articuladas em um padrão federativo, o espiritismo kardecista oferecia uma religiosidade e espiritualidade reflexiva e interiorizada atraindo militares, advogados, funcionários públicos, médicos e jornalistas, grupos de onde saíam também os maçons.

Frederico Duarte Barz (2008) estudou a biografia de imigrante libanês Abílio de Nequete (1880-1960), líder operário que participou da greve de 1917 em Porto Alegre e da fundação do Partido Comunista, em 1922. Segundo Bartz, Nequete foi ortodoxo, republicano, espírita e, posteriormente, quando abandonou o movimento operário, criou uma teoria política própria, a tecnocracia e uma religião dela derivada: o evidentismo. Nequete se converteu ao espiritismo por meio de seus estudos de história universal, do hinduísmo e do estudo da sociologia. Outros militantes do movimento operário gaúcho seguiram o mesmo caminho ao se tornarem espíritas por intermédio da leitura de Ciências Sociais e Filosofia, junto com as teorias de reforma social. Em 1927, Nequete fundou o Partido Tecnocrata e, nos anos seguintes, desenvolveu o lado espiritual da tecnocracia na doutrina religiosa do evidentismo, no qual associava a evolução espiritual à evolução social da humanidade, unindo cristianismo, kardecismo, bolchevismo e tecnocracia.

Marcos José da Silva (2008) realizou uma pesquisa para investigar a relação entre maçons, espíritas e o movimento operário no Ceará no início do século XX. Segundo ele, é possível perceber um socialismo espírita ao estilo de Léon Denis (1846-1927) apresentado em seu livro *Socialismo e espiritismo*, de 1924. Nesse trabalho, o socialismo é espiritualizado, harmônico, sem violência e evolucionista. Aponta o nome de Manuel Vianna de Carvalho, militar, maçom e espírita que, além de divulgação intensa do espiritismo, também convocava para debates socialistas livre-pensadores e adeptos em geral das ideias modernas.

Na historiografia portuguesa, Fernando Catroga (1993) e Rui Ramos (1994) estudaram o tema. O primeiro, com uma tese em dois volumes, pesquisou a influência de movimentos como o laicismo, o secularismo, o anticlericalismo, o livre-pensamento e a atuação da maçonaria na definição das estratégias culturais para a penetração do positivismo e do cientificismo em Portugal. Destacou também a construção dos ideais de uma nova moral social e cívica pelas elites intelectuais portuguesas influenciadas pelo positivismo e pelo cientificismo daqueles diferentes grupos. Rui Ramos analisou a influência e o envolvimento dos escritores anticlericais portugueses, entre eles Eça de Queirós, Camilo Castelo Branco e Guerra Junqueiro, na constituição das novas ideias culturais e políticas, voltadas para a construção de uma República que julgavam ideal, apoiada no positivismo, no cientificismo, no liberalismo e no civismo.

Jean Pierre Bastian (1990) contextualiza a importância das "sociedades de ideias" que teriam servido como espaços para a elaboração de alternativas sociais e políticas, de novas visões de sociedade onde a igualdade e a autonomia do indivíduo como autor democrático eram o centro das proposições. Tratava-se de ampla frente anticatólica romana integrada por maçons, espíritas, protestantes, liberais radicais, socialistas e anarquistas, organizados em grupos, associações, centros, lojas maçônicas, grupos literários que se manifestavam em palestras, conferências, literatura e, principalmente, na imprensa. Eram redes de oposição que se consideravam portadoras da modernidade combatendo os conservadores, a Igreja Católica e o próprio liberalismo quando este se tornou autoritário e começou a se aliar com os conservadores, inclusive a Igreja ultramontana. Para Bastian, as minorias liberais agrupadas em trono de lojas maçônicas e sociedades de ideias, tais como grupos anticlericais e de livres-pensadores, se radicalizaram a partir da segunda metade do século XIX e se tornaram decadentes com a consolidação dos ideais republicanos.

As diferentes tendências refletiam as lutas e confrontos de ideias internas aos grupos e tendências. Iam de um liberalismo conservador, autoritário e antidemocrático em franca conciliação com a Igreja Católica a grupos minoritários sempre mobilizados que denunciavam e propunham transformações mais radicais, incluindo projetos de transformação espiritual da sociedade.

A Lanterna e *O Livre Pensador*

Pode-se identificar historicamente uma relação bastante específica entre maçonaria, espiritismo, anarquismo e socialismo a partir de dois periódicos – *A Lanterna* e *O Livre Pensador* – no período entre 1901 e 1909. É possível, por intermédio dessa documentação, identificar algumas das redes de relações, ideias e projetos políticos e sociais dos livres-pensadores e anticlericais brasileiros. Além disso, é possível rastrear ligações com outros grupos e correntes diferentes, entre eles o anarquismo, o socialismo e a maçonaria, e as trocas intelectuais, os ideais e os projetos dissidentes e convergentes, os embates travados abertamente na imprensa, em suma, a circulação das ideias nesse período.

O jornal *A Lanterna* foi publicado pela primeira vez em 7 de março de 1901, com uma tiragem de 20 mil exemplares. O edital dessa primeira edição afirmava que o jornal era voltado para a propaganda anticlerical, em defesa do "progresso e da civilização", além do mais, enfatizava o sustento das publicações por listas de subscrições voluntárias, pois era distribuído gratuitamente.[1] Passou por muitos problemas financeiros, teve sua periodicidade comprometida e saiu de circulação em alguns períodos – nos anos de 1902, de 1904 até 1909, ano em que foi retomada sua publicação, atingindo seu auge e mantendo-se em circulação até 1916, quando foi renomeado como *A Plebe*, um jornal anarquista. Voltou a circular com o nome de *A Lanterna* de 1933 a 1935, ano em que desapareceu definitivamente.

Em 1903, o jornal *A Lanterna* fundira-se aos jornais *O Livre Pensador* e *L'Asino*, e passou a ser editado diariamente com o subtítulo "Diário da noite anticlerical-independente", vendido avulso ou por meio de assinaturas. Em 1904, por problemas pessoais e profissionais entre os diretores de *O Livre Pensador*, Everardo Dias e Antonio Garcia Vieira, e o diretor de *A Lanterna*, Benjamin Mota, a sociedade foi dissolvida. Sem condições de continuar, *A Lanterna* saiu de circulação, permanecendo apenas *O Livre Pensador*. Em 1909, um grupo de anticlericais assumiu a publicação de *A Lanterna* que passou a ter o subtítulo de "Folha anticlerical de combate", fundido ao jornal *Folha do Povo*. Tinha como plataforma editorial ser uma "[...] tribuna de livre discussão, para uma investigação sincera

1 *A Lanterna*, São Paulo, ano 1, n.1, 7 mar. 1901, p.1-2.

da verdade, [...] eco às aspirações de nosso tempo".[2] Entre seus editores encontramos os nomes de Benjamin Mota, maçom e anarquista, e Edgard Leuenroth, anarquista. *O Livre Pensador* teve um período mais curto de publicação: de 1903 a 1909 e de 1914 a 1915.

As diferentes características dos dois periódicos refletiam tendências do movimento em sua época: *O Livre Pensador*, dirigido por Everardo Dias, maçom, anarquista e espiritualista, revela um contexto intelectualizado, de discussão e defesa do espiritualismo e de doutrinas afins; *A Lanterna*, de Benjamin Mota, maçom e anarquista, apresenta uma tendência à discussão de temas relacionados à política e ao anticlericalismo.

Os jornais tinham grande quantidade de artigos de propaganda do livre-pensamento e do anticlericalismo, bem como seções para correspondentes de outras localidades. Alguns temas são constantes: religião, ciência, ensino laico *versus* religioso, a situação da mulher na sociedade, assim como notícias nacionais e internacionais do movimento livre-pensador e anticlerical, de congressos e ligas etc. Há espaço também para folhetins de natureza anticlerical, anúncios variados, indicações e comentários sobre jornais, revistas e obras literárias de caráter anticlerical, livre-pensador e maçônicas.

As tendências dos periódicos não são iguais, embora apresentem características comuns. No que se refere à relação com a maçonaria, apresentavam aspectos singulares que refletem com clareza as tensões entre diferentes grupos e ideias características dessa época da história do Brasil republicano.

O jornal *A Lanterna* apresentava-se como um órgão de propaganda anticlerical que deveria denunciar e julgar a Igreja Católica Apostólica Romana e seus membros, vistos como causadores da ignorância e miséria de populações inteiras pelo mundo. Defendia projetos de constituição de uma sociedade laica, do progresso e da civilização em oposição às concepções clericais. Em 1909, quando reapareceu, pretendia ser "[...] uma tribuna de livre discussão, para

2 *A Lanterna*, São Paulo, ano IV, n.1, 1909, p.1.

uma investigação sincera da verdade, eco às aspirações do nosso tempo".[3]

Atacava o papado, o clero em geral, a vinda de ordens religiosas para o Brasil, os desmandos da República que se dobrava diante da Igreja e denunciava a violência da polícia defendendo o clero. O jesuitismo, associado à inquisição, era considerado o símbolo máximo do atraso, do mal e da imoralidade, representando a corrupção e o passado, sendo oposto aos ideais de progresso e civilização moderna. Denunciavam casos de abuso sexual de menores e mulheres, pederastia, concubinato, abortos, filhos ilegítimos, alcoolismo, exploração da fé, vadiagem, impunidade, desvio de doações, riqueza do clero.

A propaganda anticlerical de *A Lanterna* procurava desacreditar a Igreja Católica como instituição e o caráter nocivo e pernicioso de seus sacerdotes. Os rituais da Igreja eram criticados por serem pura hipocrisia e exploração da ignorância. A confissão era considerada um grande mal, além de absurda, imoral e perigosa para crianças inocentes. Na propaganda anticlerical, o projeto de laicização da sociedade passava pelo necessário desmantelamento da Igreja Católica. Contra a Igreja seria necessário investir na educação laica feminina e infantil, valorizando a racionalidade, a cultura, o trabalho, a igualdade, a moralidade pública, a ética pessoal e social, as artes, a sensibilidade e, sobretudo, em uma espiritualidade desvinculada dos cabrestos de dogmas e instituições.

Cabe destacar o caráter maniqueísta da propaganda dos dois periódicos: de um lado, livres-pensadores, anticlericais, maçons, socialistas, espiritualistas representando a razão, o progresso, a civilização, a ciência, a liberdade, a sociedade, a justiça; e, do outro, a Igreja e seus membros, representando a hipocrisia, a ignorância, o atraso e a miséria, e tudo que era nocivo e pernicioso na sociedade. A decadência de alguns países, como Portugal e Espanha, era associada à influência da Igreja Católica.

---

3 *A Lanterna,* São Paulo, ano IV, n.1.

O caráter internacional do movimento era destacado de maneira constante por meio de notícias tanto de perseguições como dos avanços do movimento no mundo, e muitos dos artigos eram traduções do francês, do espanhol e do italiano, outros eram de jornais portugueses e ficando claro o contato com o movimento anticlerical e de livre-pensamento internacional, principalmente em Portugal.

No *A Lanterna* aparecem muitas críticas às influências clericais no governo de Rodrigues Alves e ao protecionismo que ele dava ao clero. Afirmava-se que a presença da maçonaria e de maçons na política deveria representar uma arma contra esse tipo de aliança. Tempos depois alguns maçons no governo, como Campos Sales, Prudente de Morais, Bernardino de Campos, Rio Branco, foram citados como traidores, fracos e omissos diante dos avanços políticos dos aliados do clericalismo no poder, uma vez que estes defendiam o papel da maçonaria no combate ao jesuitismo. Em setembro de 1903 essa questão ganhou destaque no artigo intitulado "O jesuitismo e a maçonaria", no qual foi apresentada a moção aprovada na Assembleia Geral do Grande Oriente de São Paulo e dirigida ao Grão-Mestre do Grande Oriente do Brasil, Quintino Bocaiúva, que

> [...] resolveu em sessão de 21 corrente votar uma moção de confiança ao Gr:. Or:. do Brasil certo de que ele saberá manter as tradições gloriosas de Saldanha Marinho e Rio Branco, opondo barreira forte à invasão perigosa que ameaça tudo avassalar, desde as mais altas regiões da vida nacional até as mais ínfimas camadas das classes sociais.[4]

O periódico *A Lanterna* esteve ligado à maçonaria e surgiu a partir de um esforço de Benjamin Mota (advogado) e de um grupo de maçons da *Loja luso-brasileira*.[5] Maçons aparecem nas listas de subscrição que sustentavam o jornal, como articulistas e anunciantes, e há notas e artigos referentes a lojas maçônicas – tanto nacionais como

4 *A Lanterna,* São Paulo, ano II, n.16-7, p.19-27, set. 1903.

5 *A Lanterna,* São Paulo, ano III, n.16.

internacionais – a associações maçônicas beneficentes, aos políticos relacionados à maçonaria e com críticas aos setores da maçonaria que não defendiam o anticlericalismo.

Existem informações sobre auxílio financeiro que lojas maçônicas fizeram para garantir a existência do jornal. O noticiário dava conta da vida das lojas maçônicas, e existe uma referência à instalação do Grande Oriente de São Paulo como integrante do Grande Oriente do Brasil. Em junho de 1903, o obituário registrava o falecimento da livre-pensadora D. Antonietta Algaya de Almeida, fundadora da Associação Beneficente de Senhoras do Rio Grande do Sul e filha de José Domingues de Almeida, Grande Secretário do Grande Oriente de Rio Grande do Sul.[6]

O Livre Pensador dirigido por Everardo Dias, maçom, socialista e espiritualista, tem uma faceta característica: embora esteja dentro das tendências gerais do movimento anticlerical e de livre-pensamento revela algumas nuanças distintas. Quando o assunto era desmoralizar a Igreja surgiam os artigos contra o papismo, o dogmatismo, a exploração da fé, a teologia e a canonização. Apareciam muitas críticas contra os padres que, em suas prédicas, atacavam protestantes, maçons, espíritas, livres-pensadores e socialistas.[7]

Procurava dessacralizar a verdade absoluta da religião católica fazendo análises comparativas com antigos cultos pagãos e desmistificando relatos bíblicos. A ciência, o conhecimento histórico de outras religiões e da própria história da Igreja eram apontados como elementos fundamentais para determinar novos parâmetros da religião. A investigação, as explicações científicas baseadas em fenômenos físico-químicos ou em dados empíricos, o método científico-experimental, seriam os crivos pelos quais a religião deveria ser analisada e julgada.

O editor Everardo Dias (1883-1966) nascera na Espanha e chegou ao Brasil com seu pai, António Dias, que era maçom e fugira após participar de um levante republicano armado. Foi iniciado na

---

6 *A Lanterna*, São Paulo, ano I, n.9, p.14-5, nov. 1901.

7 *O Livre Pensador*, São Paulo, ano II, n.73.

Loja *Filhos do Universo,* em Aparecida do Monte Alto em junho de 1904. Em São Paulo, filiou-se à Loja *União Espanhola* e, no ano de 1906, recebeu o grau de Cavaleiro Rosa-Cruz. Entre 1912 e 1919, ele exerceu diversos cargos e funções maçônicas, inclusive como membro da Assembleia Legislativa do Grande Oriente, e foi nesse período que começou a atuar publicamente ao lado dos trabalhadores paulistas. Tornou-se um dos articuladores da greve de 1917, e seus artigos e comícios engrossavam seu prontuário policial. Em 1919 foi responsabilizado pelo movimento grevista de trabalhadores, preso, espancado e expulso do país com outras lideranças operárias. A Loja América saiu em sua defesa, e o Grão-Mestre José Adriano Marrey Júnior e o senador maçom Luis de Toledo Piza conseguiram a revogação de sua deportação. Foi novamente preso em 1922, em 1924 e em 1935, quando permaneceu quase dois anos na prisão.

Depois desses anos atribulados, Everardo Dias foi Venerável Mestre, Vigilante e Orador da Loja Ordem e Progresso. Escreveu os livros maçônicos *Semeando, À sombra da acácia, Livro maçônico do centenário* e foi redator e editor do *Boletim Oficial do Grande Oriente de São Paulo* e dos jornais *Folha de Acácia* e *Mensageiro Romano.* Em 1961 escreveu um livro que se tornou clássico para a história do movimento operário intitulado *História das lutas sociais no Brasil,* no qual relata em detalhes as greves do período, em particular a de 1917. Faleceu em 1966 e, em 4 de abril desse mesmo ano, foi fundada a Loja Everardo Dias.[8]

Em *O Livre Pensador* encontramos duas tendências no que se referia à religião. Em primeiro lugar, uma crítica completa ao pensamento religioso em geral e ao da Igreja Católica em particular, ou, então, uma comparação entre o cristianismo primitivo puro e autêntico e o catolicismo caracterizado como corrompido, nocivo

8 Segundo texto datilografado intitulado *Everardo Dias, maçon e líder operário* de, José Castellani, Grande Secretário-Geral do Grande Oriente, também disponível em: <http://www.lojaordemeprogresso.com.br/hist_everardo.html>. José Castellani é um conhecido escritor maçom e foi o fundador da Loja Everardo Dias em 1966, que continua ativa na Rua Paula Franco, 270 – Vila Hamburguesa, em São Paulo.

e retrógrado. Em segundo lugar, a defesa das chamadas seitas mais humanas, mais científicas, como o espiritualismo e o espiritismo, os quais deveriam ser defendidos dos ataques dos clericais e dos protestantes.

Aparecia de maneira constante o problema da mulher na sociedade em uma perspectiva emancipacionista, a necessidade de igualdade universal entre todos os cidadãos e a implementação do ensino laico. Surgiam críticas aos maçons, espíritas e republicanos, que, na vida política e pública, cediam às pressões da Igreja e não defendiam ideais anticlericais, e a República era cobrada por permitir que o clero interferisse em decisões importantes, como as propriedades de ordens religiosas e na educação.

O *Livre Pensador* destacava os projetos no Congresso referentes à liberdade de cultos e de associações religiosas, a intransigente defesa da função de uma imprensa livre-pensadora e anticlerical. Citava viagens de propaganda pelo interior de São Paulo no meio operário por meio das "*Conferências Livre Pensadoras e Maçônicas-Liberais*", que eram feitas ao longo das ferrovias Mogiana e Paulista.[9] São constantes as notícias do exterior, bem como a tradução de artigos e editoriais, e a natureza dos assuntos era eclética: espiritualismo, medicina preventiva, homeopatia, combate ao alcoolismo, tuberculose, doenças sexualmente transmissíveis e tabagismo.

Em *O Livre Pensador* é possível perceber uma convivência do materialismo e do cientificismo com a defesa dos espíritas e de sua doutrina contra os argumentos clericais: tratava-se da defesa da liberdade de culto, de crenças e de religião. Também instrumentalizavam o passado por meio de análises sobre a inquisição e de figuras como Galileu e Giordano Bruno, apontados como mártires do livre-pensamento.

As diferentes características dos dois periódicos refletiam tendências do movimento em sua época, encarnadas nas figuras de seus editores: *O Livre Pensador* dirigido por Everardo Dias, maçom, anarquista e espiritualista revela um contexto intelectualizado e de

9 *O Livre Pensador*, São Paulo, ano VI, n.193.

defesa do espiritualismo e doutrinas afins; *A Lanterna* de Benjamin Mota, maçom e anarquista, revela uma tendência de discussão de temas relacionados à política e ao anticlericalismo, com teor mais panfletário e de propaganda.

As alianças entre maçons, espíritas, anarquistas, socialistas e livres-pensadores foi condicionada por lugares, regras e dados; como cultura política envolveu uma combinatória de forças, de táticas em espaços organizados, simultaneamente, por coerções e por contratos, e, estrategicamente, conferia maior unidade organizacional, uma rede mais ampla de apoio e de sociabilidade, além de revelar representações de mundo em que a ideia de reforma da sociedade foi apresentada como alternativa aos modelos existentes.

Espiritualismo, espiritismo, anticlericalismo, laicismo, socialismo, anarquismo e maçonaria foram vertentes culturais em conexão com o racionalismo, o iluminismo e o positivismo, e operaram no fim do século XIX e início do XX procurando redefinir o mundo, a modernidade e a civilização. Podemos analisar como foram construídas de modo coletivo a partir da experiência, da tradição (que pode ser construída ou inventada) e de uma enorme variedade de práticas e expressões culturais, políticas, sociais e religiosas.

A República e a teleologia histórica do espiritismo[1]

Artur Cesar Isaia

A leitura das fontes referentes ao espiritismo francês do século XIX revela uma tentativa de construção identitária comprometida com o ideário liberal, postura coincidente com a do periódico oficial da Federação Espírita Brasileira, *O Reformador*, no fim do mesmo século. Tanto em um caso como em outro as fontes apontam, ao lado dessa tentativa de construção identitária, uma percepção teleológica da história, em um elogio prometeico ao progresso. A obra de codificação espírita endossa uma percepção de história, embasada na crença otimista em uma racionalidade processual e inteligível. Assumindo a tríade revolucionária (igualdade, fraternidade e liberdade), o espiritismo explicitamente partia para defesa da cidadania, a qual aparecia como dimensão "básica e natural" da vida em sociedade. Os princípios que norteiam a leitura liberal da cidadania eram vistos pela obra de codificação espírita estreitamente vinculados ao ideal de aperfeiçoamento humano, necessários à evolução,

---

1 Este texto é versão ampliada de um artigo anteriormente publicado: O Espiritismo diante da ideia republicana no Brasil, *Fragmentos de Cultura*, Goiânia, v.15, p.1541-52, 2005.

assumindo a "lei do progresso", tanto como teleologia histórica quanto como ideal soteriológico. Os aspectos teleológicos da concepção histórica do espiritismo assumiam o progresso linear, no qual havia uma identidade entre o percurso individual e social.[2] Em ambas as dimensões havia a promessa de um futuro radioso rumo a uma utopia consoladora. Já o ideal soteriológico do espiritismo compunha-se com toda uma ética cívica, incapaz de realizar-se longe da vivência das virtudes da cidadania. Para ascenderem, os seres humanos necessitavam do trabalho. Como condição inexorável do progresso, o trabalho aparece na obra de codificação espírita estreitamente vinculado ao ideal de cidadania a tal ponto que esta aparecia naturalizada na obra de codificação, como intrínseca à natureza humana e vinculada aos desígnios divinos:

> Em todos os homens há três características: a do indivíduo – a do ser comprometido com seus próprios interesses; a do membro de uma família e a do cidadão. Sob cada uma dessas três características o homem pode agir como criminoso ou com virtude. Isto é, o homem pode ser virtuoso como pai de família e ao mesmo tempo agir como um criminoso enquanto cidadão e reciprocamente. [...] E como nós falamos, há as faltas típicas do indivíduo e do cidadão; a expiação de uma não leva à expiação de outras... As virtudes da vida pública não coincidem com as da vida privada. (Kardec, 1978, p.128)

A defesa da cidadania, da ordem republicana e o endosso a uma leitura da história e da salvação humana alicerçada na ideia de progresso contínuo apareciam na obra de codificação espírita, integrando seu esforço em credenciar-se no campo religioso e intelectual, com uma proposta de cunho moderno e consoante com o ideal cientificista do século XIX. Como proposta que se queria moderna, o espiritismo vai tentar aliar a revelação divina às descobertas científicas. Em oposição ao discurso católico do século

---

2 Sobre a construção identitária do Espiritismo, a presença de conteúdos utópicos na doutrina e a teleologia histórica por ele assumida, ver Isaia (2004).

XIX, caracterizado pelo reforço da autoridade, a desconfiança com as fórmulas políticas pós-revolucionárias e o mal-estar em relação à subtração de amplas camadas populacionais ao controle do seu magistério, o espiritismo vai apresentar uma proposta essencialmente otimista no que concerne às conquistas sociopolíticas e aos avanços do conhecimento. Contudo, o espiritismo não concordava com a ideia de revolução. Essa oposição à ideia revolucionária mostra as idiossincrasias do espiritismo francês do século XIX diante da leitura moderna da história. De fato, para os modernos, a revolução representava um momento de "catalisação" da racionalidade processual histórica.[3] Na obra de codificação espírita, ao contrário, percebemos uma ligação muito estreita com propostas que enfatizavam a necessidade de conservação da ordem após o espetáculo das barricadas. Nesse sentido compunha-se tanto com o liberalismo do século XIX[4] quanto com a proposta positivista. A palavra de ordem do discurso espírita do XIX parece ser conciliação.

Aliás, a época era de conciliação: da burguesia ascendente com a nobreza decadente, do novo com o antigo regime, do princípio de autoridade com o de ordem, da conservação com a revolução. Nada melhor para ilustrar essa atitude política e essa tendência intelectual do que o ecletismo de Victor Cousin. Surgido na primeira metade do século XIX, o ecletismo propunha não fundar uma escola filosófica original, mas conciliar a razão, que continuava a ser encarada como forma superior de captação da realidade, com a sensação e o sentimento. Cousin elogiava os sistemas filosóficos, que, desde Platão, defenderam a razão, contudo, não acreditava que somente ela poderia ser uma fonte segura de captação da realidade. Defendia, ao contrário, que razão não poderia se desenvolver sem condições que existem fora dela. A razão precisava da sensação e do sentimento para ser confiável. Assim, propunha não um sistema novo, original, mas ideias capazes de estabelecer a conciliação como princípio epistemológico. Conciliação entre razão, sentimento e sensação.

3 Ver, nesse sentido, Reis (2000).

4 Sobre o liberalismo do século XIX, ver Kuhnl (1983).

Conciliação, em âmbito geral, entre espiritualismo e materialismo. O verdadeiro, o belo e o bom só poderiam ser acessados por intermédio dessa conciliação entre maneiras de captar a realidade, já que os sistemas filosóficos, por si só, eram considerados todos incapazes de realizar essa tarefa (Cousin, 1854). A esse respeito, Cousin refere-se:

> Não é nossa culpa se Deus fez a alma humana mais vasta que todos os sistemas e que temos a necessidade de confessarmos que todos os sistemas não são inteiramente absurdos. (Ibid. p.434)

Essa mesma disposição em unir matéria e espírito, natural e sobrenatural, experimentação científica e revelação divina, utopia social e conservação da ordem, aparece no discurso espírita, evidenciando a sua intertextualidade com propostas que faziam da conciliação, mais do que uma atitude política, um princípio epistemológico. No Brasil, Bezerra de Menezes explicitamente elogia Cousin e o ecletismo, mostrando a familiaridade das suas ideias com a elite que assumiu o espiritismo no Brasil da segunda metade do século XIX:

> À sombra das novas ideias, trabalharam pela restauração do espiritualismo abalado os Jouffroy, os Cousin, os Villermain... O ecletismo arrancou a humanidade à obsessão do materialismo de Bacon e da teologia de São Tomás e deu à questão da imaterialidade da alma o mais assinalado triunfo. (Bezerra de Menezes, 1977, p.25)

A importância da conciliação como princípio epistemológico, que aparenta o espiritismo com o ecletismo, aparece na obra de Bezerra de Menezes, sobretudo na sua etiologia da doença mental, na qual se combinam medicina materialista, crença na vida após a morte, na sobrevivência da alma e na comunicabilidade entre os espíritos.[5]

---

5 Mais explicitamente, na etiologia da loucura para Bezerra de Menezes conciliavam-se os ecos do "localizacionismo cerebral" de Broca e Griesseinger

No Brasil, o espiritismo apresentou pontos de contato com as duas correntes filosóficas que influenciaram a formação da elite política, em diferentes conjunturas do século XIX: o ecletismo e o positivismo. Ambas as tendências parecem conviver na postura intelectual dos espíritas brasileiros: a conciliação entre sistemas de ideias opostos remetendo ao ecletismo e o reconhecimento do império do fato, a busca por trazer a certeza das leis da natureza para o âmbito da religião, herança ressignificada do positivismo. Para Miguel Reale, tanto o ecletismo quanto o positivismo seduziram boa parte da elite brasileira em momentos históricos diferentes. Em relação ao ecletismo, este representou um ato de conciliação "suscetível de gerar a paz interior nas consciências e, ao mesmo tempo, um acordo sobre os pontos essenciais de uma cosmovisão tranquila e harmônica". Essa conciliação, para Reale, foi possível por corresponder "a uma fase histórica ainda não tomada do frenesi das conquistas devidas às ciências positivas e à técnica" (Reale, 1962, p.25) que caracterizou a proposta positivista, endossada por boa parte da elite republicana brasileira.

No acervo da Federação Espírita de São Paulo (Feesp) conserva-se a obra "*A alma e o cérebro* de Domingos de Magalhães, considerado por alguns o expoente máximo do ecletismo brasileiro" (Veléz Rodríguez, 1995, p.23). Para outros analistas da obra de Domingos de Magalhães, este jamais aderiu ao ecletismo de Cousin, defendendo não a conciliação entre matéria e espírito, mas a supremacia desse último (Teixeira, 1994, p.27 et seq.). Seja como tentativa de síntese eclética entre matéria e espírito, seja como defensor da supremacia do último, é altamente indiciário a preservação de sua obra no acervo da Feesp, que parece apontar para um intelectual considerado aliado bastante importante do espiritismo no terreno filosófico brasileiro do século XIX.

---

com a crença na ação de espíritos sobre o cérebro. Defendia que cérebro seria o transmissor físico do pensamento, sobre o qual agiria o chamado espírito "obsessor". Portanto, nos casos de obsessão, a loucura era explicada a partir da conciliação entre cérebro e espírito (Bezerra de Menezes, op. cit., p.24 et seq.).

Se o espiritismo fugia do revolucionarismo socialista do século XIX, endossava totalmente a ideia de um estado republicano, laico, que estendesse a toda população o pleno direito de cidadania, acorde com a reciclagem do modelo liberal de exercício do poder (Kuhnl, 1983). A república era vista como uma conquista do espírito humano, previsível por meio das leis divinas, expressas na natureza e "desvendadas" pela obra de codificação. O ideário republicano assumido pelo espiritismo aprofundava a oposição construída pelo imaginário kardecista com o católico. A imprensa e a literatura espírita aprofundavam a construção das oposições imaginárias entre o passado legitimista católico e o presente e o futuro, marcados pelas conquistas das liberdades, que prenunciavam a utopia anunciada pela obra de codificação do espiritismo. Assim, a obra de codificação comparava os "inimigos do progresso" com "pobres seres que Deus punirá: eles serão levados pela torrente do movimento que pretendem parar" (Kardec, 1996, p.347). É constante na literatura e na imprensa espírita o ataque ao catolicismo, nelas encarado como baluarte da preservação dos privilégios pré-revolucionários.[6] Ao imaginário católico do século XIX, povoado de referências monárquicas e rurais,[7] oporá o espiritismo um arsenal imagético extremamente familiar à sociabilidade urbana e à defesa da tríade revolucionária. O anticlericalismo espírita vai tomar cores mais explícitas após a morte de Kardec, em 1869, principalmente com a evidência conquistada no movimento espírita pelo escritor Leon Denis. É de feição típica do republicanismo anticlerical espírita pós-1869 a carta de Denis a Combes, presidente do conselho, na qual o escritor salienta a contribuição do espiritismo às lutas políticas que levaram às leis

---

6 Não podemos nos esquecer, contudo, dos pontos em comum entre o imaginário católico do século XIX e o espiritismo, conforme referimo-nos em trabalho já publicado (ver Isaia, 2004).

7 Elias Canetti reflete sobre a placidez do cotidiano católico, para o autor, ligado a uma tentativa de "aprisionamento" do tempo, de contenção da história, contrapondo-o à agitação das grandes concentrações populacionais (Canetti, 1983). Sergio Miceli, por outro lado, mostra a representação hierática como exteriorização do absolutismo da elite eclesiástica europeia do século XIX, completamente articulada à constituição monárquica da Igreja (Miceli, 1988).

anticongregacionistas de 1901-1904 e à laicização do estado francês em 1905.[8]

Em harmonia com as lutas assumidas pelo espiritismo francês do século XIX, os espíritas brasileiros vão posicionar-se pela universalização das oportunidades de ensino e pela liberdade religiosa, assumindo a bandeira republicana e abolicionista. Ubiratan Machado (1996) mostra que maçom, espírita e republicano eram características próprias de um bom número de homens públicos brasileiros na segunda metade do século XIX. A aproximação entre espiritismo e maçonaria tanto se dava a partir da existência de inimigos e lutas comuns quanto de uma afinidade simbólica, endossando ambos uma constelação muito próxima de significados.[9]

A luta republicana e abolicionista assumida pelos espíritas brasileiros do fim do século XIX, contudo, deve ser vista no contexto das ideias assumidas pelo grupo e nos limites consentidos à ação pública de homens que se moviam nos estreitos parâmetros consentidos pelo regime monárquico e pela religião oficial. A leitura do órgão oficial da Federação Espírita Brasileira, *O Reformador*, evidencia uma postura extremamente cautelosa com relação a ambos os assuntos. Sendo a república uma bandeira do espiritismo francês e sendo a igualdade total entre os seres uma das premissas básicas da doutrina espírita, os membros da Federação terão o máximo cuidado em conciliar a pureza doutrinária com os limites de ação consentidos pela estrutura de poder imperial. Orgânica à postura da Federação Espírita Brasileira – e, logicamente, a *O Reformador* – é a obra de acentuado matiz republicano *Os carneiros de Panúrgio* (Bezerra de Menezes, 1992) da autoria de Bezerra de Menezes. O livro faz uma denúncia das arbitrariedades do poder real, logicamente em uma realidade ficcional, não brasileira. A obra conta as injustiças cometidas pelo rei da Espanha contra um fidalgo explorador de terras do novo mundo. O interessante é que mesmo tratando-se de uma obra ficcional, não sendo explicitamente um libelo acusatório da monarquia brasileira, o

8 Ver, nesse sentido, Aubrée (1990, p.75).

9 Sobre a proximidade entre espiritismo e maçonaria, ver Isaia (2004).

livro, escrito em 1886, é publicado apenas em 1890, depois, portanto, do advento da república.

Tanto em relação à república quanto à abolição da escravatura, a leitura do órgão oficial da Federação Espírita Brasileira demonstra uma postura cautelosa. Essa postura está de acordo tanto com o posicionamento avesso à luta revolucionária radical espossada pela obra de codificação quanto com os limites da ação política consentida a um grupo minoritário, marginalizado diante da religião oficial e sobre o qual não se podia cair a acusação de subversivo sem danos irreversíveis à divulgação doutrinária. Assim, com relação à abolição da escravidão, *O Reformador*, ao mesmo tempo que condenava a reificação da vida humana, posicionava-se pela necessidade de estender-se a escolarização ao negro, a fim de impedir que a sua libertação viesse a ameaçar o convívio "civilizado".[10] Igualmente, com relação à proclamação da república, aparecia o mesmo posicionamento processual, avesso à luta revolucionária. Vemos, portanto, que a leitura linear e progressiva da história endossada pelo espiritismo mostrava a inevitabilidade da superação do que considerava velhas fórmulas políticas superadas, rumo a um pacto político consentâneo com a razão. Se vários espíritas endossavam a luta abolicionista e republicana, a postura do órgão oficial da Federação era bastante moderada. Em vez de assumir explicitamente a campanha republicana, preferiam valorizar a "lei do progresso" como capaz de viabilizar as ideias político-sociais embasadas na razão. O órgão oficial da Federação Espírita Brasileira assumia muitas vezes uma linguagem codificada, alegórica, tentando, subliminarmente, criar um imaginário onde se opunham os pares: monarquia-catolicismo-atraso *versus* república-espiritismo-progresso. Nesse sentido, *O Reformador* elogiava os positivistas, vistos tanto como aliados na sua luta contra a religião oficial quanto como parceiros intelectuais no que concerne à crença na "lei inevitável do progresso":

10 *O Reformador*, Rio de Janeiro, 15 abr. 1896, p.1

> O comtismo ou positivismo moderno é um protesto enérgico contra a intolerância da religião Católica Romana e as obtusas e anticientíficas interpretações dadas por esta aos sublimes e simples ensinos do grande filósofo de Nazaré. [11]

A construção de um imaginário no qual o espiritismo é visto como arauto do progresso contra a religião oficial e a monarquia, julgados resquícios reacionários de um mundo que inexoravelmente findava, pode ser exemplificado em um artigo escrito por Everton Quadros. O autor era um militar maranhense, que lutou na Guerra do Paraguai e foi o primeiro presidente da Federação Espírita Brasileira. Quadros possuía uma formação científica, próxima do grupo positivista, atestada pela sua passagem pela Escola de Engenharia da Corte, mais tarde Escola Politécnica, onde se formou em 1874. Por outro lado, sua proximidade com a elite militar e republicana é evidente, tendo ocupado a presidência do Clube Militar no mandato de Prudente de Moraes.[12] No artigo em questão, imageticamente se opunham orgulho e caridade. Se atentarmos para o fato de que a caridade é considerada a pedra angular da doutrina espírita, cuja frase de Kardec "fora da caridade não há salvação" batia de frente com a ideia agostiniana de que "extra ecclesiam nulla salus", fica evidente que o orgulho aqui representa o que os espíritas identificam como "vícios do passado": a legitimidade dinástica, a escravidão, o padroado e o regalismo imperial. Já a caridade regeneradora, nessa concepção, estaria aliada à ideia de progresso, trazida, na óptica espírita, pela obra de Kardec, com sua preocupação em se mostrar simultaneamente científica e evangélica. Sintomaticamente, o orgulho seria esmagado por uma figura feminina. O autor, representante da vanguarda republicana, socorria-se da figura feminina, familiar a representações comuns a republicanos, positivistas e católicos. Quadros, na sua proximidade com os militares republicanos, recorria

---

11 *O Reformador*, Rio de Janeiro, 1º dez.1888.

12 Os dados biográficos de Everton de Quadros aqui expostos basearam-se nas informações coletadas por Zeus Wantuil, em obra de divulgação espírita. Ver Wantuil (2002, p.226 et. seq.).

a um significante, extremamente polissêmico, presente tanto na campanha republicana quanto no imaginário católico e positivista.[13] Para os católicos, a importância do culto à Virgem Maria iria além do destaque dado pela religiosidade oficial e popular, para, segundo Pinkus, apelar para uma ancestral sequência de valores e de imagens do feminino ressignificada no mito da "Mãe de Deus" (Pinkus, 1991). Para a elite republicana e positivista, a mulher aparecia integrando uma constelação imagética capaz de associá-la à república, à humanidade, à ciência, à evolução e à virtude:

> Qualquer que seja o modo prático que exerçamos a caridade, ela é sempre a mesma e conduz sempre ao mesmo fim: à perfeição indefinida, a suplantação do espírito do orgulho que, de rastos no solo em que alimentam os nossos vícios, tenta separar-nos desviando-nos do nosso fim providencial.
> Ele (o orgulho) será esmagado aos pés de humanidade regenerada pela ciência e pela virtude, dando cumprimento à velha profecia bíblica – a hidra do mal sucumbirá sob as plantas de uma mulher.[14]

Ainda de maneira reticente, mas ricamente alegórica, o *status quo* monárquico é atacado como "cativeiro moral" que tolhe o "movimento irresistível da história", em mensagem psicografada e atribuída ao escritor José de Alencar, em setembro de 1888:

> Oh minha idolatrada pátria [...] um dia, talvez breve, quem sabe? [...] as trevas do cativeiro moral que te intimidam as forças e tolhem-te os movimentos serão espancados pelos raios do esplêndido sol da liberdade [...] Esperai um pouco mais e o ponteiro que marca as eras dos povos, se moverá e verá o dia da regeneração.[15]

13 Sobre a importância das alegorias femininas evocando liberdade, revolução e república entre os republicanos brasileiros, ver Carvalho (1993).

14 *O Reformador*, Rio de Janeiro, 15 abr. 1884, p.1.

15 *O Reformador*, Rio de Janeiro, 1º nov. 1888, p.1.

Proclamada a república, *O Reformador* podia manifestar-se mais livremente, sempre tentando interpretá-la a partir da leitura da história brasileira assumida pelos espíritas, na qual o progresso aparecia como realização inevitável e a república, como evidência da concretização deste:

> O nosso dever diante de um desses cataclismos humanos é aferi-los pelo estalão espírita: a lei do progresso; se lhe for conforme, aplaudi-lo e auxiliá-lo e, se lhe for contrário, estigmatizá-lo e combatê-lo.[16]

Como concretização do progresso assumido na leitura espírita da história, a república aparecia como a "alavanca de Arquimedes para a consecução do alto destino humano".[17] A leitura espírita da república como atestado do progresso humano, como umbilicalmente ligada à civilização, era comum às vertentes do republicanismo brasileiro estudadas por José Murilo de Carvalho (Carvalho, 1993). Tanto a chamada "república sociocrática", de inspiração positivista, defendida por Benjamin Constant, quanto a "república liberal", preconizada por Quintino Bocaiúva, de inspiração norte-americana, mostravam-se como caminhos necessários ao progresso do país, credenciando-se como capazes de retirar o Brasil do que julgavam ser a estagnação monárquica. Havia, portanto, toda uma disposição intelectual e política da elite espírita brasileira no afã de representar a república como forma superior de convivência humana, própria de povos que atingiram um elevado patamar civilizatório. Nesse sentido, é bastante próxima a leitura espírita da república "redentora e superior", tanto do pensamento positivista quanto da vertente teórica de Raimundo Nina Rodrigues, que usava a raça como chave explicativa da realidade nacional. Em ambos os casos, a república era vista como forma superior de convivência humana, atestado de civilização e progresso. Raimundo Nina Rodrigues, por exemplo, advogava a tendência monárquica inata a negros e sertanejos. Em

---

16 *O Reformador*, Rio de Janeiro, 1º dez.1889, p.1

17 *O Reformador*, Rio de Janeiro, 1º dez.1889, p.1.

um estudo sobre a "loucura epidêmica de Canudos", advogava a tese de que, tanto uns quanto outros não possuíam "capacidade mental para compreender e aceitar a substituição do representante concreto do poder pela abstração que ele encarava – a lei" (Nina Rodrigues, 1939, p.69). O elogio da república por parte da Federação Espírita Brasileira a inscrevia entre as vozes que endossavam a superioridade republicana em uma perspectiva histórica de cunho evolucionista. Em harmonia com a representação redentora da república, a Federação Espírita Brasileira credenciava-se junto ao Governo Provisório, mostrando seu empenho na luta republicana e assumindo, explicitamente, um papel colaborador com a nova ordem:

> Militando por seus membros, espalhados pela superfície do Brasil inteiro, nas fileiras da liberdade na paz; cônscio de haver contribuído para se operar lenta e gradualmente, sem sobressaltos, a modificação das tendências e transformação das ideias políticas; a Federação Espírita não podia conservar-se indiferente à realização de seus votos, principalmente pela feição da mais pura democracia, que imprimistes ao movimento, assestando sobre o sólido alicerce da confraternização dos povos e a grandeza dos Estados Unidos do Brasil.[18]

Por outro lado, salta aos olhos a feição processual e avessa à radicalização revolucionária presente na leitura espírita da história. A república havia sido conseguida "sem sobressaltos", inserida em uma linearidade que apontava para o progresso humano e, consequentemente, para a derrocada de um mundo injusto e desigual. Não é de estranhar, portanto, que *O Reformador* aceite e elogie um movimento cuja nota distintiva foi a ausência de participação e articulação popular.[19] O órgão oficial da Federação Espírita Brasileira assume uma postura orgânica com o Governo Provisório, aceitando

---

18 Mensagem ao Governo Provisório dos Estados Unidos do Brasil, em *O Reformador*, Rio de Janeiro, 1º jul. 1889, p.4.

19 Nesse sentido, ver Carvalho (1987).

totalmente a face elitista e autoritária do movimento, o que fica evidente nas felicitações enviadas ao Governo Provisório:

> Felicitando o Governo Provisório pelo brilhante resultado do incruento triunfo, vem testemunhar a cada um de seus membros em particular, um voto de gratidão e reconhecimento pelos esforços inteligentes, zelo e abnegação com que cada um concorreu para a solução pacífica do mais temeroso problema político-social.[20]

O advento da república era visto como integrante tanto do "movimento irresistível da história rumo ao progresso" quanto dos desígnios divinos que tudo presidia. Assim, o 15 de novembro de 1889 era saudado como o atestado da entrada do Brasil em um estágio superior de vida, como fato no qual os agentes humanos que o viabilizaram cumpriam e atestavam a "lei do progresso contínuo". Dessa forma, "tudo o que veio no quinze de novembro mudar a face do país" aparecia como evento "providencial e não causal, decreto de Deus e não obra dos homens, simples instrumentos da suprema vontade".[21] Nessa perspectiva, o órgão oficial da Federação Espírita Brasileira aliava as excelências da república a um trabalho no qual as elites, as "classes esclarecidas" deveriam assumir seu papel pedagógico com os "menos favorecidos":

> O movimento das classes mais desfavorecidas da sociedade, a atividade do proletariado, enfim, é um dos bons sinais do tempo: os humildes de condição já não se preocupam egoisticamente com as necessidades da família.
> Bem haja, pois o trabalho fraternal de levar à noite daquelas inteligências um raio de instrução, que esclareça-lhes a senda do dever![22]

20 Mensagem ao Governo Provisório dos Estados Unidos do Brasil, em *O Reformador*, Rio de Janeiro, 1º jul. 1889, p.1.

21 *O Reformador*, Rio de Janeiro, 1º dez.1889, p.1.

22 *O Reformador*, Rio de Janeiro, 1º maio 1890, p.1.

Mais uma vez fica evidente o parentesco cultural assumido entre o discurso espírita e o positivista, ambos endossando o papel regenerador e pedagógico de uma elite letrada. Essas ideias são explicitamente assumidas por Kardec no discurso que pronunciou em 1862 em sua cidade natal, Lyon: "Por toda a parte a ideia espírita começa na classe esclarecida e média, parte alguma começa pela classe inferior e ignorante..." (Kardec, 1988, p.5). Para Lewgoy, a própria identidade livresca construída pelo Espiritismo acentua sua característica essencialmente voltada para a aprendizagem, em um elogio à cultura letrada.[23]

O elogio ao progresso, com acentuada inflexão republicana da história brasileira assumido pelo órgão oficial da Federação Espírita Brasileira seria, no futuro, reforçado por parte dos intelectuais de um novo componente do campo mediúnico brasileiro: a umbanda. A luta pela consolidação da umbanda no campo religioso brasileiro, processo acontecido na primeira metade do século XX, acentuou as cores republicana e evolucionista, típicas da leitura espírita da história nacional, conforme referimo-nos em um trabalho já publicado, referente à obra dos intelectuais umbandistas (Isaia, 1999). Essa ligação já fica patente em um dos mitos tidos como fundantes da Umbanda: o referente ao 15 de novembro de 1908. Foi durante a comemoração do regime republicano que se "manifestou" o Caboclo das Sete Encruzilhadas, durante uma sessão espírita kardecista, trazendo a mensagem fundadora da nova religião e consubstanciando o que Diana Brown (1985) denominou "mito de origem da umbanda".[24] Essa leitura comum da história nacional com ênfase no aspecto evolucionista é bastante reveladora da linearidade entre a construção identitária tentada pelos primeiros umbandistas e o espiritismo brasileiro. Um exemplo pode ser lido na obra de

23 Ver Lewgoy (2000).

24 Para Giumbelli, a vulgarização desse mito ocorreu apenas na segunda metade do século XX. Giumbelli apud Gonçalves (2002). Referimo-nos a esse mito apenas salientando seu valor exploratório como narrativa dotada de um sentido para a leitura da história do Brasil pelos intelectuais umbandistas, acordes com a teleologia progressiva assumida pelo espiritismo.

Diamantino Trindade, para quem tanto a libertação dos escravos quanto a proclamação da república, enquanto marcos civilizatórios apareciam como etapas necessárias para o surgimento da umbanda no Brasil. Assim, o Brasil chegava a um estágio mais próximo das conquistas da racionalidade humana, integrando o esforço evolutivo da humanidade, atestada pela codificação do Espiritismo por Kardec, no século XIX:

> Gradativamente, as entidades integrantes da Corrente Astral da Umbanda (governo da Terra, segundo o autor) foram, através de seus médiuns, lançando as bases do Movimento Umbandista, que, numa primeira fase visa abarcar o maior número de pessoas, no menor espaço de tempo possível. O final do século XIX é marcado no Brasil por um grande balanço social devido à libertação dos escravos e à instauração da República, uma forma mais justa de governo que iniciava sua peregrinação no Brasil. A corrente astral de umbanda aproveita esta reviravolta social e, por volta de 1889, lança o vocábulo umbanda em vários pontos do país. A essa altura o mediunismo já invadira os cultos deturpados e miscigenados entre os indígenas e os escravos africanos. (Trindade, 1991, p.54)

Reafirmava-se uma teleologia evolucionista, com decidido elogio ao progresso, própria da leitura da história revelada pelo espiritismo do século XIX. Contudo, essa proximidade revelada por alguns intelectuais da umbanda não foi suficiente para que se inaugurasse um efetivo diálogo institucional entre os dois componentes do campo mediúnico brasileiro. Nesse trabalho, apenas avançamos o texto nessa direção, a fim de evidenciarmos a permanência de uma leitura da história, que, com afinidade com alguns parceiros culturais, seria assumida pelo espiritismo do século XIX e ressignificada pelos primeiros intelectuais da umbanda.

Muito além da unidade: a cisão no movimento espírita

Pedro Paulo Amorim

O Espiritismo, como de modo geral todas as demais religiões, desde o seu surgimento empenha-se pela coesão de sua doutrina e afiliados, como podemos observar nas palavras de seu fundador, Allan Kardec:

> Se é certo que, entre os adeptos do espiritismo, se contam os que divergem de opinião sobre alguns pontos da teoria, menos certo não é que todos estão de acordo quanto aos pontos fundamentais. Há, portanto, unidade, excluídos apenas os que, em número muito reduzido, ainda não admitem a intervenção dos espíritos nas manifestações; os que as atribuem a causas puramente físicas, o que é contrário a esse axioma: Todo efeito inteligente há de ter uma causa inteligente. (Kardec, 1989, p.492)

De maneira oposta à pretendida por Kardec, o Espiritismo seguiu sua trajetória dividido em vários grupos, longe de se caracterizar como uma doutrina monolítica. Evidenciando seu caráter permeável, plural, aberto a toda sorte de influências mundanas, podemos aproximar o espiritismo da ideia do pensador católico

Émile Poulat, "a Igreja é um mundo" (Poulat, 1986), a qual equipara a Igreja Católica à sociedade em geral, com suas múltiplas facetas. Nesse espaço, analisaremos alguns acontecimentos decorrentes de lutas intestinais no campo espírita brasileiro. Assim, voltaremos nossa atenção para o início da década de 1990, mais precisamente 1992, quando o Grupo Espírita Bezerra de Menezes, de São José do Rio Preto, no interior do Estado de São Paulo, desenvolveu o chamado "Movimento de Reformas", desligando-se primeiro de forma parcial do movimento espírita, para dez anos depois, em setembro de 2002, deixá-lo em definitivo, fundando um novo movimento religioso denominado renovação cristã.

Para tornar compreensíveis os acontecimentos de 1992, devemos fazer uma pequena viagem ao fim do século XIX e início do século XX em busca do surgimento no Brasil dos grupos conhecidos como kardecistas e roustainguistas, sob pena de não compreendermos os motivos que levaram um grupo do interior paulista à cisão com o espiritismo.

Por roustainguismo entendemos a doutrina formulada por Jean-Baptiste Roustaing (1805-1879) por intermédio de seu livro *Os quatro evangelhos*,[1] publicado pela primeira vez em maio de 1866 em Paris, França. A polêmica acerca dessa obra data dos comentários realizados por Kardec na *Revista Espírita* de junho do mesmo ano (Kardec, 2001, p.129). Dentre os vários pontos polêmicos, destacamos a tese central do livro de Roustaing, ou seja, o docetismo ou o corpo fluídico[2] de Cristo. De início, Kardec aponta o docetismo

---

1 O nome completo da obra é *Os quatro evangelhos – a revelação da revelação, seguidos dos mandamentos explicados em espírito e verdade pelos evangelistas, assistidos pelos apóstolos e Moisés, recebidos e coordenados por Jean-Baptiste Roustaing.*

2 Segundo o Espiritismo, homem é formado por três partes: (1) o corpo, que é análogo ao dos animais; (2) a alma, espírito encarnado, que tem no corpo sua habitação; e (3) o princípio intermediário, ou perispírito, que serve de primeiro envoltório ao espírito e liga a alma ao corpo. Portanto, a alma é revestida por esse envoltório ou corpo fluídico, chamado perispírito. Esse invólucro é retirado do fluido universal de cada globo pelo espírito, que lhe dá a forma que deseja. Carneiro (1996), p.71-5.

como uma possibilidade não descartável, porém sujeita a confirmação posterior, para algum tempo depois no seu livro *A gênese*, negar peremptoriamente essa questão (Kardec, 1980, p.395). Quanto aos kardecistas, para este texto, são aqueles que encaram o espiritismo como a doutrina contida no pentateuco espírita ou kardequiano[3] e algumas obras subsidiárias.

A disputa entre kardecistas e roustainguistas no Brasil desde o seu início (1880) criou dificuldades para a união do espiritismo, e nos primeiros anos do século XX houve grande discussão teológica nas páginas de *O Reformador*,[4] atingindo seu auge em 1903, com a publicação de uma série de artigos a respeito da personalidade de Jesus, nos quais a Federação Espírita Brasileira (FEB) declarou seu apoio às teses roustainguistas. Com esse posicionamento da FEB, muitos foram os opositores que se manifestaram por meio dos periódicos espíritas (Giumbelli, 1997, p.123).

Durante a primeira metade do século XX, encontramos a formação de algumas instituições espíritas cujo principal objetivo era a tentativa de unificação do movimento em moldes federalistas, destacando-se, entre elas, a Liga Espírita do Brasil,[5] da cidade do Rio

---

3 As cinco obras formadoras do pentateuco espírita ou kardequiano são: *O livro dos espíritos*, referente à parte filosófica, de abril de 1857; *O livro dos médiuns*, relativo à parte científica, de janeiro de 1861; *O evangelho segundo o espiritismo*, relativo à parte moral, de abril de 1864; *O céu e o inferno*, ou *A justiça de Deus segundo o espiritismo*, de agosto de 1865; e *A gênese, os milagres e as predições*, de janeiro de 1868.

4 A revista *Reformador*, fundada em 21 de janeiro de 1883, ainda em circulação, é o órgão oficial de divulgação da FEB desde a sua fundação, em 1º de janeiro de 1884.

5 Fundada em 31 de março de 1926, durante o Primeiro Congresso Constituinte Espírita Nacional, realizado na cidade do Rio de Janeiro. Posteriormente, com o advento do Pacto Áureo, teve a sua denominação modificada para Liga Espírita do Distrito Federal, passando a integrar a organização federativa coordenada pela FEB, como membro do Conselho Federativo Nacional (CFN). Com o passar dos anos sua denominação foi alterando-se até chegar a atual: Federação Espírita do Estado do Rio de Janeiro. "Cinquentenário do Pacto Áureo", em *O Reformador*, Rio de Janeiro, n.2047, p.7, out. 1999 e sítio do CEERJ. Disponível em: <http://www.ceerj.org.br/index.php?option=com_content&task=view&id=20&Itemid=34>. Acesso em: 1º nov. 2007.

de Janeiro, apresentando-se como alternativa a liderança da FEB, possuindo uma vertente kardecista (Santos, 2004, p.68-9).

Uma característica importante do movimento espírita brasileiro nesse período de sua expansão e subsequente afirmação no campo religioso brasileiro é a supremacia em termos quantitativos dos kardecistas sobre os roustainguistas, mormente nos estados de São Paulo, Rio Grande do Sul e Minas Gerais, os quais aos poucos adquiriram grande importância no campo espírita brasileiro. Outro aspecto relevante é a não rejeição por parte dos roustainguistas dos livros de Kardec, pelo contrário, possuíam o propósito de juntar a obra de Roustaing à de Kardec. Isso significa que os livros codificados por Kardec eram de referência comum a todas as correntes espíritas, facilitando, dessa maneira, a sua hegemonia (Ibid., p.69-70).

Em meados da década de 1940 houve um grande empenho pela federalização e unificação por parte das várias federações existentes no estado de São Paulo, dando origem à União Social Espírita (USE), no ano de 1945, a qual dirigiria a unificação de todo o movimento paulista. Em 1944 e 1945, também em outras federativas, como a União Espírita Mineira e a Federação Espírita do Rio Grande do Sul, respectivamente, realizaram seus primeiros congressos espíritas estaduais, com finalidades de união nas suas respectivas áreas de atuação. Do movimento presidido pela USE paulista surgiu o Primeiro Congresso Espírita do Estado de São Paulo e, posteriormente, o Congresso Espírita Centro-Sulino, realizado na capital paulista em 1948, com representantes de 15 Estados. A FEB manteve-se distante desse movimento, recusando o convite elaborado pela Feesp de presidi-lo, além de não enviar representantes para o Congresso, o qual foi presidido então pela USE. Os congressistas deliberaram mudar o nome do evento para o Primeiro Congresso Brasileiro de Unificação Espírita (Ibid., p.75-7).

O Pacto Áureo – a busca da união

Após inúmeras reuniões entre os dirigentes espíritas de várias federações e uniões de níveis estadual e nacional, tanto em São Paulo como no Rio de Janeiro, durante a realização nessa cidade do Segundo Congresso da Confederação Espírita Pan-americana (Cepa),[6] em outubro de 1949, foi assinado um acordo para tentar pôr fim às históricas divergências que ocorriam no Movimento Espírita, o qual posteriormente passou a ser conhecido como Pacto Áureo, reunião denominada pela revista *O Reformador*: "o evento de mais alta significação da história do espiritismo brasileiro".[7] Esse sentimento de relevância é encontrado em todos os lugares no interior do campo espírita brasileiro, e o evento é festejado como o símbolo maior da união do movimento espírita brasileiro, onde mesmo aqueles que não concordaram ou não concordam com a assinatura do pacto, são unânimes em declarar a sua importância.

Dentre as várias determinações surgidas em virtude da assinatura desse pacto, destacamos:

- a criação do Conselho Federativo Nacional (CFN), composto por representantes das sociedades de âmbito estadual, inclusive do Distrito Federal, presidido pelo presidente da FEB;
- a obrigação de os espíritas brasileiros colocarem em prática as orientações contidas no livro *Brasil, coração do mundo, pátria*

6 A Confederação Espírita Pan-americana (Cepa) é uma instituição de caráter federativo e associativo, integrada por entidades espíritas de diversos países. Sua fundação ocorreu no dia 5 de outubro de 1946, durante o primeiro Congresso Espírita Pan-Americano, realizado na cidade de Buenos Aires. Define o espiritismo como "ciência que trata da natureza, origem e destino dos espíritos, bem como de suas relações com o mundo corporal" e como filosofia espiritualista de consequências morais. Possui uma visão laica, livre-pensadora, humanista, dinâmica, progressista e pluralista do espiritismo, não endossa a visão deste como religião, conforme vemos no site da Cepa (disponível em: <http://www.cepanet.org/cepa.php>).

7 "Cinquentenário do Pacto Áureo", em *O Reformador*, Rio de Janeiro, n.2047, out. 1999, p.3-12.

do evangelho, de maneira a acelerar a marcha evolutiva do espiritismo;

- as sociedades que compõem o CFN são completamente independentes;
- a ação do CFN ocorrerá no caso de alguma sociedade passar a adotar programa que colida com a doutrina exposta nas obras: *O livro dos espíritos* e *O livro dos médiuns*, e isso por ser ele, o Conselho, a entidade orientadora do espiritismo no Brasil. (Ibid., p.13-4)

O aspecto mais importante da efetivação do Pacto Áureo em relação ao tema deste capítulo diz respeito à adoção de *O livro dos espíritos* e *O livro dos médiuns* como obras de referência, atuando ambas como parâmetros a serem seguidos sob estrita observação do seu conteúdo doutrinário, pois de outra maneira não seria considerado pela FEB, tanto a obra como o centro, pertencentes ao espiritismo. É importante notar que não foi feita nenhuma referência à utilização da obra de Roustaing como subsidiária ou complementar às obras de Kardec. Da mesma forma, também devemos destacar a assinatura do pacto por instituições que apoiavam ou não o roustainguismo e vinham há décadas lutando pela liderança do movimento (Santos, 2004, p.80).

As questões de ordem doutrinária foram sempre importantes catalisadores de divergências e desuniões dentro do campo espírita, causando grandes entraves a qualquer tentativa de unificação. Como sabemos, a FEB mantinha, e ainda o faz, em seus estatutos a obrigatoriedade do estudo da obra de Roustaing. As questões básicas da divergência entre kardecistas e roustainguistas passaram ao largo na efetivação e consolidação do pacto, não sendo mencionadas (Ibid.). O que encontramos nesse contexto de unificação do espiritismo brasileiro é o silêncio, forma adotada pela FEB em busca da união e da tentativa de estabelecer-se como entidade hegemônica no campo espírita brasileiro.

O grande silêncio – o roustainguismo da FEB

A fim de compreendermos melhor a importância do silêncio nesse contexto de poder no interior do campo espírita, devemos observar o comportamento da FEB ao longo do tempo.

O silêncio ocupa um lugar de destaque em nossa pesquisa, assim, buscamos em Orlandi, que o define de duas maneiras: a primeira como "silêncio fundador", sendo este aquele que existe nas palavras, que denota o não dito, que possibilita toda significação possível; e, em segundo, como "política do silêncio", em que o silêncio é constitutivo quando uma palavra apaga necessariamente as outras ou chamado silêncio local, quando temos aquilo que é proibido se dizer em determinada situação, isto é, a censura (Orlandi, 1995, p.24).

O silêncio, como mencionamos anteriormente, não se caracteriza pela ausência de palavras, ele é o que se estabelece entre as palavras, as notas de uma música, as linhas de um texto entre os seres. Ele não se encontra apenas entre as palavras, mas as atravessa, pois é a matéria significante por excelência (Ibid., p.68-9). Impor o silêncio não significa calar o seu interlocutor, mas apenas impedi-lo de sustentar outro discurso (Ibid., p.102).

Tendo em vista o discurso, o sujeito mantém uma relação obrigatória com o silêncio, pois, para se expressar, ele tem necessidade do silêncio, uma vez que ele é o fundamento necessário ao sentido, o qual o sujeito reinstaura falando. Na ausência do silêncio, o discurso torna-se sem sentido, pois é necessário ter a incompletude da linguagem (Ibid., p.69).

Para melhor entendermos o conceito do silêncio, podemos recorremos à metáfora do mar, utilizada por Orlandi. Uma vez que não podemos observar diretamente o silêncio, a autora compara o silêncio ao oceano, incalculável, profundo, imóvel em seu movimento repetitivo, no qual as ondas (as palavras) dão visibilidade a ele e, assim, podemos notá-lo. Dessa forma, notamos que é por meio das palavras que nos apropriamos do silêncio (Ibid., p.34-5), uma vez linguagem é o recorte da significação em unidades discretas.

Todavia, uma vez recortado, o sentido permanece sempre a ser ainda revelado (Ibid., p.71).

Podemos perceber a cultura como fundada no silêncio, no qual encontramos os sentidos, os princípios morais, éticos e culturais de uma sociedade, portanto, o silêncio é a significação última da cultura de um povo.

O espiritismo, considerado a "religião do livro", da palavra escrita por excelência, fundado no pentateuco kardequiano, também é parte integrante da cultura e, como tal, retira do imenso mar que compõe o silêncio as palavras, as quais nada mais são que uma tentativa de apropriação desse mesmo silêncio, uma tentativa de organizá-lo conforme seus interesses. Portanto, encontramos no interior do espiritismo um interdiscurso, o qual permeia todo o seu campo discursivo, composto por uma série de formulações originárias de enunciações distintas e dispersas que no seu todo formam o domínio de sua memória, da qual retira o sentido, independentemente de quem é o sujeito do discurso, dos conceitos que o constitui (Ibid., p.89-90).

O silêncio reflete a atuação da FEB ao longo de sua história, onde encontramos períodos de apoio explícito às teses de Roustaing e outros momentos onde esse apoio encontra-se velado. O apoio explícito por parte da FEB às teorias roustainguistas pode ser observado, primeiro, quando Bezerra de Menezes, em seu segundo mandato à frente da FEB (1895), incluiu o estudo da obra nos seus estatutos (Giumbelli, op. cit., p.299 e Martins, op. cit., p.49), fato que tem consequências muito importantes, uma vez que deu a mesma importância às obras de Kardec e de Roustaing no que diz respeito ao estudo e à difusão do espiritismo, sendo os únicos citados nominalmente no estatuto (Estatuto da Federação Espírita Brasileira e Martins, op. cit., p.49). Desde sua inclusão até os dias de hoje, apenas durante os anos de 1902 a 1917 não constou a obrigatoriedade do estudo nos estatutos da FEB (Martins, op. cit., p.53-4).

Outro fato que demonstra a adesão inconteste da FEB foi a publicação, ainda sobre o comando de Bezerra de Menezes, em *O Reformador* da obra de Roustaing em janeiro de 1898 (Giumbelli, op. cit., p.300; Martins, op. cit., p.49).

Uma nova demonstração desse apoio foi a inclusão de severas críticas a Kardec na segunda edição brasileira da obra de Roustaing elaborada pela FEB (1918-1920), as quais foram retiradas na quarta edição em 1954, a primeira após o Pacto Áureo. As sucessivas edições de *Os quatro evangelhos* também confirmam a posição favorável da FEB e, ainda, as propagandas encontradas nas páginas de *O Reformador*, como podemos observar:

> Nestes livros você vai encontrar a mais completa interpretação dos evangelhos, capítulo a capítulo, versículo a versículo, e a explicação clara e racional sobre a pureza do Espírito de Nosso Senhor Jesus Cristo; o corpo de que Ele se serviu; a Virgem Maria; a evolução dos mundos espirituais; a evolução em linha reta; a origem do Espírito; a primeira encarnação dos espíritos; o porquê da reencarnação.[8]

Durante muitos anos a divisa "o corpo de Jesus não interessa, o que interessa é o seu espírito" serviu para aplacar as diferenças em torno da questão envolvendo a natureza do corpo de Jesus Cristo. O Pacto Áureo colocou no ostracismo a questão, quase a sepultando definitivamente (Pires, 1973, p.5). A quarta edição da obra de Roustaing em português, editada pela FEB, surgiu em 1954, cinco anos após a assinatura do pacto, e a quinta edição somente em 1971, praticamente duas décadas de intervalo entre essas duas. Esse hiato corrobora a ideia do "grande silêncio" e do esquecimento defendida por José Herculano Pires.[9]

Mas, em fins de 1971 e princípios de 1972, a própria FEB se incumbiu de interromper o silêncio, iniciando pelo *O Reformador* uma campanha de "renascimento" do roustainguismo, lançando

---

8 (*O Reformador*, Rio de Janeiro, n.1962, p.4, set. 1992, n.1983, jun. 1994).

9 Nasceu em 25 de setembro de 1915, em Avaré, São Paulo, e morreu em 9 de março de 1979. Graduado em Filosofia pela Universidade de São Paulo (USP), publicou uma tese existencial, *O ser e a serenidade*. Autor de oitenta livros de Filosofia, ensaios, histórias, Psicologia, Parapsicologia e espiritismo. Disponível em: <http://www.espiritismogi.com.br/biografias/jose%20herculano.htm>. Acesso em: 20 nov. 2007.

também uma nova edição da quase esquecida obra mediúnica[10] *Os quatro evangelhos*. Verificou-se então um fato curioso: as novas gerações de espíritas foram surpreendidas pela "novidade" roustainguista, o que mostra como fora longo o silêncio sobre o assunto, e alguns pequenos grupos entusiasmados com a "novidade" apareceram aqui e ali, agitando de novo o movimento espírita (Pires, op. cit., p.5).

Em várias entrevistas e conversas com adeptos do espiritismo, constatamos, ainda nos dias atuais, a mesma sensação vivida por Herculano Pires no início da década de 1970, onde a grande maioria das pessoas, quando tomam conhecimento da obra de Roustaing, pensam tratar-se de algo novo, desconhecendo o autor e sua obra.

Por meio do livro *Para entender Roustaing*, de Luciano dos Anjos,[11] reconhecido nos meios espíritas como um dos maiores defensores da obra de Roustaing, encontramos uma relação de livros com as respectivas datas de lançamento das primeiras edições, os quais, segundo o autor, defendem inteiramente as teses de Roustaing. Notamos que a relação inicia-se no ano de 1882, indo primeiro até 1949, ano de assinatura do Pacto Áureo, voltando a apresentar novos livros somente em 1981, chegando até o ano de 2002 (Anjos, 2005, p.213-7). Assim, podemos notar uma relação existente entre a assinatura do Pacto Áureo, o período de silêncio e o retorno da FEB ao incentivo à leitura das teorias de Roustaing e a consequente edição de livros contra e a favor dessas teorias. Não devemos nos esquecer de que a relação não inclui artigos e livros que parcialmente apoiam as teses de Roustaing, somente aqueles que o fazem de modo integral.

Observamos dessa forma o uso político do silêncio pela FEB, usando-o em parte como uma tentativa de traduzi-lo em palavras, apropriando-se dele, organizando-o segundo seus interesses,

---

10 Livro ou texto escrito por médium ditado por espíritos desencarnados (mortos).

11 Luciano dos Anjos, profundo conhecedor da doutrina espírita e da história do espiritismo, já publicou mais de dez livros, em gêneros tão diversos, como poesia, romance, Filosofia, pesquisa científica e sobre o espiritismo. Disponível em: <http://www.lachatre.com.br/autores.php?autid=90>. Acesso em: 20 nov. 2007.

relegando a outra parte convenientemente ao silêncio. Durante a fase de consolidação do espiritismo, após a assinatura do Pacto Áureo e o fim das perseguições policiais e jurídicas a sua prática, encontramos um longo período de silêncio, já mencionado, onde a FEB ratificou a sua liderança diante do movimento, solidificando-se como o principal órgão de divulgação e controle do espiritismo institucional no Brasil, evitando polêmicas a todo custo. Pensamos que após esse período a FEB sentiu-se segura para, mais uma vez, romper o silêncio e explicitar o seu apoio ao roustainguismo, sem, contudo, polemizar sobre o assunto, não combatendo de forma ostensiva aqueles que não concordavam com o seu apoio a Roustaing, mantendo-se distante dos debates no interior do campo espírita, desenvolvidos por seus adeptos.

O Movimento de Reformas – a busca das origens

Agora damos um salto até o ano de 1984, quando um grupo, sob a liderança de José Queid Tufaile Huaixann, fundou o "Grupo Espírita Bezerra de Menezes", em São José do Rio Preto, no Estado de São Paulo. Após oito anos militando no interior do movimento espírita, o grupo, ainda sob a liderança de Huaixan, criou o Movimento de Reformas, em 1992. Dessa forma, o grupo desfiliou-se oficialmente do movimento espírita, mas, como foi dito anteriormente, a não filiação a FEB ou a qualquer uma das federações estaduais, não implica um grupo ser ou não espírita, bastando para isso a vontade de sê-lo e o cumprimento das normas legais. Por conseguinte, o grupo, em seu manifesto, declarou "trabalhar dissociado do movimento espírita, ainda que entre os espíritas".[12]

O objetivo do movimento, segundo seus criadores, era ajudar as instituições espíritas a se organizar de forma a atender as orientações

---

12 *Quem Somos?* Disponível em: <http://www.renovacaocrista.org/quemsomos.htm>. Acesso em: 22 nov. 2007. *Declaração*. Disponível em: <http://www.reforma.org.br/declara.htm>. Acesso em: 22 nov. 2007.

de Allan Kardec e de Jesus Cristo, pois, para eles haveria uma enorme deficiência do pensamento kardequiano no interior dos centros espíritas e uma consequente desordem do movimento como um todo, como podemos observar no seguinte trecho:

> Existem casas onde as atividades doutrinárias nada tem a ver com as orientações deixadas por Allan Kardec. Nelas, vamos encontrar o espiritismo misturado com costumes e práticas similares as que encontramos no catolicismo, no esoterismo e na umbanda. É evidente que cada dirigente ou trabalhador tem a liberdade de agir como bem entendem. Porém, faz-se necessário compreender que a doutrina espírita possui princípios e normas que orientam sua prática, ou que, pelo menos, deveriam orientá-la.[13]

A escolha do nome do movimento e as razões de sua adoção podem ser encontradas em seu site na internet, onde declaram ser inspirado na Reforma Protestante do século XVI, a qual lutou para mostrar à Igreja Romana os equívocos e desvios cometidos, e tinham como objetivo voltarem à pureza do cristianismo primitivo. Sem lograr êxito, o movimento reformista de então teve como consequência o cisma da Igreja Católica. Da mesma maneira, é necessário aos espíritas movimentarem-se com o intuito de reconduzirem as práticas doutrinárias ao encontro do espiritismo primitivo (Ibid.). Entre as razões alegadas pelo grupo para promover a "reforma no espiritismo", encontramos as seguintes:

> O movimento espírita tornou-se um meio contaminado por ideias e práticas estranhas, vindas das mais variadas vertentes do pensamento humano;
> A FEB, responsável oficial pelo sistema espírita, não seguiu as orientações do mestre Allan Kardec, resultando daí um movimento sem organização e controle devidos;

13 Huaixan, "Como implantar a Reforma". Disponível em: <http://www.novavoz.org.br/estudos-13.htm>. Acesso em: 26 nov. 2007.

A Grande parte das ideias divulgadas pela FEB são a expressão do pensamento católico (roustainguismo), portanto, a antítese do pensamento kardequiano;
A FEB estuda, edita e divulga a obra que têm como principal marca derrubar teses kardequianas racionais sobre a origem de Jesus e dos homens em geral: *Os quatro evangelhos*, de Jean-Baptiste Roustaing;
O pensamento de Roustaing, que nada mais é que o espírito do catolicismo, representa hoje um sistema fortemente alicerçado por entidades espirituais que o alimenta, infiltrado com sutileza na conduta de muitos espíritas e na grande maioria das obras literárias existentes no meio;
A falta de coragem de grande parte dos formadores de opinião, dirigentes, líderes e jornalistas em posicionar-se sobre posturas, práticas e atitudes discordantes com a coerência dos ensinos de Jesus, de Allan Kardec e dos espíritos superiores;
As obras básicas são relegadas a plano secundário, não havendo empenho dos dirigentes em edificar o pensamento dentro dos princípios kardequianos, antes estimulando o estudo das obras subsidiárias como se fossem de grande importância para a formação doutrinária;
[...];
A evidente e irreversível desagregação do sistema espírita, que segue sustentado na ilusão de uma unificação que só existe em torno da instituição que o representa oficialmente (FEB e federativas estaduais), e não em torno dos ideais de Jesus e Kardec;
[...].[14]

Tendo em vista as razões listadas anteriormente, os objetivos almejados pelo movimento são os seguintes:

Trabalhar dissociado do movimento espírita, ainda que entre os espíritas, atraindo para suas fileiras os que simpatizam com os ideais reformistas;

14 "Declaração". Disponível em: <http://www.reforma.org.br/declara.htm>. Acesso em: 22 nov. 2007.

> Continuar e amadurecer paulatinamente seu trabalho alicerçado no pensamento dos servos maiores de Jesus Cristo, responsáveis pela construção do cristianismo: Allan Kardec, Paulo de Tarso e todos os homens que lutaram para o estabelecimento da verdade divina no planeta;
> Colocar à disposição dos usuários, no site Nova Voz, suas propostas de trabalho para o Centro Espírita, para avaliação dos que se afinizam com seus pensamentos;
> Os grupos simpatizantes formarão o que se chamará União de Grupos, embrião de uma instituição gerente, que será formalizada em setembro de 2002, em São José do Rio Preto, SP, em um encontro (Entrade) que será realizado somente com as sociedades afins, para debate das ideias;
> Seguir com fidelidade os ideais de Jesus Cristo, nosso Mestre e Senhor! (Ibid.)

Além da evidente repulsa aos ensinamentos contidos na obra de Roustaing, podemos ressaltar como característica importante do movimento a grande importância dada ao estudo da Bíblia, principalmente ao Novo Testamento e a vida de Jesus Cristo e seus ensinamentos. Embora o espiritismo em seu aspecto religioso tenha por base o cristianismo, o estudo da Bíblia de forma sistemática não é uma prática usual, sendo substituído pelo estudo do livro de Kardec *O Evangelho segundo o espiritismo*, no qual as parábolas e os ensinamentos de Cristo são explicados à luz do espiritismo e também por obras subsidiárias e complementares à doutrina.

A "Reforma" preconizava a adoção de vários procedimentos administrativos e doutrinários, os quais visam à modernização do sistema administrativo das casas espíritas, tomando como base a codificação kardequiana. O grupo desenvolveu métodos de relacionamento na área de atendimento ao público e na assistência espiritual, disponibilizando-os aos dirigentes que desejassem implementá-los em suas casas, em forma de apostilas e documentos doutrinários, os quais continham análises e trabalhos práticos referentes ao dia a dia da casa espírita, disponíveis em papel e pela internet. Era realizado, semestralmente, o Encontro de Trabalhadores e Dirigentes Espíritas (Entrade), onde os estudos focalizavam as necessidades práticas, doutrinárias e administrativas dos centros. O jornal *A Voz do Espírito* circulava bimestralmente em diversos centros espíritas por todo o Brasil, no qual discutia-se os problemas do movimento espírita e as práticas doutrinárias à luz da codificação kardequiana e também difundia-se as ideias reformistas.[15]

Conforme entrevista concedida por Huaixan ao jornal *O Espírita*, durante a realização do 15º Entrade, no dia 27 de Setembro de 1999, "o Movimento de Reforma não tem nenhuma proposta de revisar a Doutrina, mas simplesmente a de ajudar na reorganização das casas espíritas que tenham afinidade com esses ideais".[16] Seu objetivo fundamental era retornar a pureza inicial da doutrina, não alterá-la ou complementá-la.

O movimento reformista foi expandindo-se e, dessa forma, passou a receber adesões e reprovações no interior do campo espírita, como era de esperar. Aqueles centros que aderissem aos postulados reformistas passariam a compor o que eles chamavam de "União Espírita Reformista".[17] Os grupos ligados ao movimento deveriam ser designados "Sociedades de Estudos Espíritas" (Ibid.), e os já existentes deveriam adequar seus nomes, mudando seus estatutos.[18] Em seguida, o movimento cresceu em direção a outros estados e podemos encontrá-lo em cidades como São Luiz, no Maranhão, Paranaíba, no Mato Grosso do Sul, e Jacuí, em Minas Gerais.[19]

---

15 "Movimento de Reformas". Disponível em: <http://www.novavoz.org.br/reforma-01.htm>. Acesso em: 20 jan. 2008.

16 "Entrevista com José Queid". Disponível em: <http://www.novavoz.org.br/entrevista_queid99.htm>. Acesso em 20 jan. 2008.

17 "Aspectos Administrativos". Disponível em: <http://www.reforma.org.br/propostatotal.htm>. Acesso em: 26 nov. 2007.

18 Cabe aqui ressaltar que a utilização do nome "Sociedades de Estudos Espíritas" não é específico do Movimento de Reformas, pois existem inúmeros centros espíritas que possuem esse nome ou parte dele e não pertencem ao movimento, fundados antes ou depois do surgimento deste.

19 "Quem Somos?" Disponível em: <http://www.renovacaocrista.org/quem somos.htm>. Acesso em: 22 nov. 2007.

Localizamos alguns poucos sites na internet que fazem referência ao movimento, e aqueles que são favoráveis fazem menção a ele de forma a relatar algo que faz parte de um passado constituidor de uma nova religião, à qual hoje são afiliados. Já nos sites contrários detectamos diversas referências ao movimento, tratando-o como ortodoxo e separatista. Durante a pesquisa, não encontramos referência direta ao movimento por parte da FEB ou das federativas locais ou estaduais. Somente quando da fundação na nova religião, deparamo-nos com referências em *O Reformador* sobre os acontecimentos, ainda que de forma indireta, relatando eventos oriundos de movimentos defectivos e radicais, sem, porém, nomeá-los, ficando dúvidas a respeito destes, pois somente aqueles que o conheciam seriam capazes de identificá-los, os demais não poderiam fazê-lo, uma vez que não saberiam nem quando nem onde tais circunstâncias se davam. Mais uma vez podemos observar o comportamento da FEB diante de assuntos polêmicos de ordem doutrinária, buscando de toda maneira manter-se ao largo, não se comprometendo.

Renovação Cristã – uma nova religião

O Movimento de Reformas rompeu definitivamente com o movimento espírita em setembro de 2002, dando origem à Renovação Cristã, uma nova instituição religiosa, agora desvinculada totalmente do espiritismo, tomando por base, segundo os seus criadores, o pensamento do apóstolo Paulo de Tarso e sob a proteção de Jesus Cristo. Depois de permanecer cerca de vinte anos vinculados ao campo espírita, o grupo responsável pelo Movimento de Reformas, junto com outras seis instituições, que formam ainda hoje a nova Igreja, realizaram uma grande assembleia, reunindo seus membros com o intuito de discutirem as mudanças que aconteceriam a partir desses fatos. Esses oito grupos reformistas transformaram-se em Igrejas Cristãs Renovadas, que, além de seguirem a linha doutrinária de Paulo de Tarso, utilizam as seguintes chaves a fim de interpretarem as mensagens contidas na Bíblia: "os princípios da reencarnação, lei de semeadura e colheita, imortalidade da alma e, acima de tudo, a compreensão da fé verdadeira em Deus".[20]

A Igreja é presidida pelo órgão diretivo das Igrejas Renovadas denominado União de Irmãos, a qual congrega as igrejas da Renovação Cristã e funciona na sede da Vila Elmaz, em São José do Rio Preto, no estado de São Paulo. É a responsável pela realização de assembleias anuais das Igrejas, nas quais são feitos estudos doutrinários, tomadas decisões administrativas relativas às atividades práticas dos templos e também diretrizes visando à coordenação e divulgação de todo o trabalho das igrejas (Ibid.).

A Renovação Cristã apresenta em seu site as razões pelas quais rompeu definitivamente com o movimento espírita, e uma grande parte delas já foi mencionada anteriormente neste capítulo, como as razões que levaram a criação do Movimento de Reformas, e não cabe aqui uma repetição exaustiva desses motivos, os quais, no entender do movimento, apesar de todos os seus esforços, não surtiram os efeitos colimados. Porém, segue a relação de alguns deles, considerados os principais em nosso entendimento:

- a alegada acusação de sectarismo dominante no sistema oficial do espiritismo, o qual passou a apontar os reformistas como agente das trevas, esvaziando os eventos patrocinados por estes;
- a negligência da FEB em relação as orientações de Kardec, dando causa a um movimento desorganizado, sem liderança e sem controle;
- a grave influência católica (roustainguismo) nos ensinamentos divulgados pela FEB;
- a grande repulsa que os espíritas têm em relação à Bíblia e seus ensinamentos, pois acreditam ser um retrocesso, um atraso o seu estudo. (Ibid.)

O novo movimento possui características peculiares que o distingue do espiritismo e das igrejas evangélicas ou reformadas.

---

20 Id. Acesso em: 10 jan. 2008.

Embora afirme apoiar-se na doutrina luterana, na maneira pela qual Martinho Lutero interpretava as escrituras, declara-se não ser protestante ou evangélica, uma vez que se pautam por alguns princípios comuns ao espiritismo, como a vida após a morte, a relação entre vivos e mortos, e a reencarnação. Por outro lado, define-se como não espírita, uma vez que crê no juízo final e na volta de Jesus Cristo (Ibid.).

Dentre as suas principais particularidades podemos citar:

- crê em Jesus Cristo como a única via de salvação para a alma do homem. Não acredita nas obrigações da fé. Dízimos, ofertas, caridade e demais obras impostas ao homem nada significam diante de Deus e não interferem na salvação nem a dignificam. Se as obras não forem produto da fé em Jesus Cristo e da liberdade que o seu amor proporciona, elas são vãs e é como se não fossem feitas;
- a Renovação Cristã crê que a lei de causa e efeito (conhecida dos espíritas) é, na verdade, a lei de talião, ensinada pelo antigo profeta Moisés. Jesus Cristo está acima da lei, de Moisés e dos profetas. É o único ungido para fazer a lei cessar pelo perdão, conforme a fé do crente e o propósito divino. Por isso, é o único que pode perdoar pecados ou dar esse dom a servos que possam fazê-lo em seu nome;
- na igreja vemos a reencarnação como uma lei natural, cuja finalidade é conduzir as almas que estacionaram na morte ao caminho do arrependimento e salvação em Jesus Cristo. A chamada expiação dos pecados não nos parece verdadeira, pelo menos na maneira como geralmente é vista entre os reencarnacionistas. O pecado somente é expiado em Jesus Cristo, por meio da fé. O sofrimento é resultado da ação da lei sobre o pecador, desse ou de outros tempos. Quem sofre (falamos dos grandes dramas da vida) está sob o resultado da ação da ira de Deus. Satanás, em vez de ser uma aberração da obra de Deus, é o executor da lei, que traz sofrimento ao pecador (as escrituras o testificam);

- Há uma multidão de almas que está condenada ao juízo, tanto nas regiões da sombra da morte como nas regiões infernais. A ela estão reservadas as dores do ranger de dentes e das trevas exteriores, conforme o dia do juízo. Quem puder se arrepender dos seus pecados deve fazê-lo o quanto antes, pois os tempos são chegados;
- Não há entre os homens nenhuma igreja escolhida por Jesus ou nenhum servo melhor ou maior que o outro. Todos os homens crentes são servos do Altíssimo e é nosso dever viver como irmãos. Temos esperança de que antes dos tempos o Senhor reúna suas testemunhas pela fé no cumprimento da promessa. Não é possível que a interpretação que cada crente faz de sua Escritura torne-se um obstáculo à união de irmãos. Uns creem no arrebatamento, uns na vida logo após a morte do corpo, uns que voltam aqui, outros que não; ainda outros na vida no juízo, uns na ressurreição no corpo carnal, outros na ressurreição no corpo espiritual. Afinal, o que importa se for uma ou outra coisa? O que importa em verdade é a presença de Jesus Cristo e a salvação. Seria estranho que o Filho de Deus não nos perdoasse ao chegarmos no seu reino, estando um de nós enganado num ou noutro ponto de vista;
- Cremos no sacerdócio como um dom ministrado pelo Espírito Santo aos filhos de Deus, conforme seu santo propósito. Não damos crédito ao sacerdócio carnal, mas ao espiritual. Portanto, não cremos que os homens possam formar pastores de almas. O Senhor levanta os seus sacerdotes como quer e não se sujeita ao que os homens resolveram fazer de seus hábitos e costumes religiosos. Somente em Cristo há liberdade e essa liberdade não pode ser constrangida por quem quer que seja. É o mais nobre tesouro que o homem recebe de Deus e de graça, por graça. Quem encontra o amor de Deus em Jesus Cristo, ama com todas as forças do seu coração e, por consequência, cumpre a lei (Ibid.).

Como podemos observar por meio de seus princípios básicos, a "Renovação Cristã" apresenta-se como um misto de espiritismo e religião reformada, guardando alguns princípios oriundos da sua formação anterior baseada no espiritismo, de onde se afastou depois de longa divergência. Somam-se a esses princípios formadores conceitos procedentes do luteranismo, conforme as próprias declarações, dando origem a uma nova religião, com características inovadoras, apresentando-se como nova opção dentro do vasto campo religioso, brigando por adeptos e simpatizantes. Em correspondência eletrônica dirigida a nós, em atendimento a nossa indagação, a respeito de como os livros de Kardec e os princípios espíritas são encarados pela nova religião, obtivemos como resposta da direção da Igreja:

> A igreja Renovação Cristã não abjurou de sua fé nos princípios da doutrina espírita. A ferramenta interpretativa das Sagradas Escrituras continua sendo os princípios da doutrina. Como ainda estamos em fase de acomodação do novo pensamento, em termos coletivos, centramos nossos esforços em torno das Sagradas Escrituras somente, mas a igreja terá o espaço de estudo dos livros dos espíritos em breve, espinha dorsal dos ensinamentos do Espírito de Verdade. (A Equipe. *Resposta* [mensagem pessoal], recebida em 10 jan. 2008)

Fica evidente não somente pelo pouco tempo de existência, como também pelas próprias declarações de seus interlocutores, o momento de afirmação e transformação pelo qual passa a Renovação Cristã, procurando sua identidade e afirmação perante seus integrantes, em relação a seus princípios formadores, nos campos moral, administrativo e religioso.

A magia espirítica

Rosângela Wosiack Zulian

No século XIX e início do século XX, boa parte da documentação produzida pela hierarquia eclesiástica brasileira se voltou predominantemente para o magistério católico e para o reforço da autoridade como meio de coibir a proliferação do protestantismo e das seitas mediúnicas. Esses textos, apresentando uma perspectiva apologética e catequética, construíam-se referenciados nas Sagradas Escrituras, nos documentos papais, nas cartas pastorais, entre outros. Neles, fica evidente a dificuldade com que a hierarquia dialogava com outros saberes, isto é, com outras agências produtoras de significados sociais (Isaia, 2001, p.69). Um exemplo dessa postura está na Carta Pastoral de 1916, de D. Sebastião Leme, quando este assumiu a arquidiocese de Olinda e Recife. No documento, fez um diagnóstico da formação espiritual do povo brasileiro, constatando a "ignorância religiosa" das "camadas populares". Sintoma da "estólida crendice" que grassava entre o povo brasileiro era, para D. Leme, a familiaridade popular com o mundo dos espíritos:

> Superstições! Si quizessemos discorrer sobre ellas, seria um não mais acabar. Embora condemnada pelo bom senso e pela Igreja,

> por tal forma se enraizaram na imaginação do povo, que só a instrucção religiosa, ministrada com methodo, conseguirá extirpá-las. [...] Sessões espiríticas, recados de além-tumulo, médiuns, passes, mesas rodantes, tenebrosas pharmacias, duvidosas receitas e toda uma série infinda de escamoteações ou artimanhas... que dilatados horizontes para a exploração da religiosidade popular! [...] Ora, bastariam dois dedos de bom senso para logo comprehendermos que Deus nunca havia de permittir que fosse perturbada a região dos mortos pela sacrílega profanação dessas escurissimas sessões. (Carta Pastoral, 1938, p.57-8)

Já na Pastoral Coletiva de 1915, os bispos brasileiros representaram o espiritismo como a síntese dos erros humanos, prova maior da presença do mal na história (Isaia, op. cit., p.71). Esse documento trazia os sinais de um momento em que os ensinamentos católicos funcionavam como normas sociais e os inimigos da Igreja, como inimigos públicos. Assim a pastoral fazia recomendações com relação ao tratamento que deveria ser dispensado aos adeptos desse desvio religioso:

> Os espíritas devem ser tratados, tanto no foro interno como no externo, como verdadeiros hereges e fatores de heresias, e não podem ser admitidos à recepção dos sacramentos, sem que antes reparem os escândalos dados, abjurem o espiritismo e façam a profissão de fé. (*Constituições Eclesiásticas do Brasil*, apud Isaia, op. cit., p.72)

Comenta Isaia que, em oposição ao discurso católico do período, caracterizado pelo reforço da autoridade, a desconfiança com as formas políticas pós-revolucionárias e o mal-estar em relação à subtração de amplas camadas populacionais ao controle do seu magistério, o espiritismo vai apresentar uma proposta essencialmente otimista quanto às conquistas sociopolíticas e aos avanços do conhecimento. A defesa da cidadania, da ordem republicana e uma leitura da história e da salvação humana alicerçada na ideia de progresso contínuo apareciam na obra de codificação espírita, integrando seu esforço em credenciar-se, no campo religioso e intelectual, com uma proposta moderna e consoante com o ideal cientificista do século XIX. Assim, como proposta que se queria moderna, o espiritismo vai tentar aliar a revelação divina às descobertas científicas.

O autor continua dizendo que o espiritismo surgira na França em consonância com o ideário burguês e, ao reivindicar a função de esclarecedor e ordenador da sociedade, buscou tanto anular o potencial revolucionário das classes trabalhadoras do momento, disciplinado-as e impondo-lhes uma ética do trabalho, quanto ajustar à sociedade os desvalidos, os dementes, os ociosos, isto é, os párias sociais. Para esses excluídos, o espiritismo tinha um projeto, o de transformá-los em trabalhadores produtivos e cidadãos exemplares.

No início do século XX surge, em Ponta Grossa, a Sociedade Espírita Francisco de Assis de Apoio aos Necessitados (Sefan), em um momento de busca por alternativas no atendimento aos menos favorecidos. Estes, por não se enquadrarem na "ideologia do progresso" veiculada pelo regime republicano, conflitavam com seu projeto modernizador, incomodando a sociedade urbana tanto pelas suas maneiras "não civilizadas" quanto pelo sentimento de compaixão que por vezes despertavam. Ocupavam as ruas, mendigando, e eram vistos ora como loucos, ora como patologicamente desequilibrados pela sua situação de pobreza.

A intenção presente tanto na Fundação da Federação Espírita do Paraná, em 4 de outubro de 1908, quanto na fundação da Sefan, em 20 de janeiro de 1912, era a de que os homens de bem, inquietos com os pobres e com suas humilhações, buscassem formas de inseri-los nos padrões da sociedade. A doutrina espírita objetivava trazer para o campo da ciência as múltiplas formas de busca do sagrado, muito presentes no contexto republicano: monges, beatos e representantes de uma religiosidade exótica buscavam um espaço para aqueles que estavam à margem do regime político instaurado (Carneiro Jr., 2004, p.56-8).

A introdução do espiritismo em Ponta Grossa pode ser atribuída ao jornalista Hugo Mendes Borja dos Reis,[1] chegado à cidade em 1908, "sempre descrito como um idealista, jornalista e poeta de qualidade", o "consolidador da imprensa pontagrossense" (Chaves, 2001, p.36). Desde sua chegada, Hugo enfrentou séria oposição, conforme justificou Epaminondas Holzmann:

> [...] em Ponta Grossa, para os julgadores apressados e mesquinhos que não o combatiam de peito aberto, porém na sorrelfa, Hugo Reis era o obsediado... O motivo da suposta obsessão estava na circunstância de ele ser *socialista, anticlerical declarado e espírita convicto,* além de pregador do evangelho segundo os ensinamentos de Allan Kardec. (Holzmann, 1966, p.291, grifos meus)

Em Ponta Grossa, o espiritismo fora assumido por personagens relevantes da sociedade local, como representantes do comércio, da indústria, do exército e, principalmente, da imprensa.[2] Sem dúvida, Hugo Reis influenciou a difusão da doutrina na cidade: homem de múltiplas atividades – jornalista, intelectual e militante socialista – procurava sempre conciliar suas posturas políticas e profissionais com o kardecismo.

Figura pública e respeitada na cidade, sobretudo por seus dotes intelectuais, suas qualidades de jornalista e também por sua postura afável, Hugo encontrou no jornalismo uma forma de disseminação das ideias espíritas. Ao longo dos treze anos em que esteve à frente

1 Hugo Mendes de Borja Reis, ou, como era conhecido, Hugo dos Reis, nasceu em Valença, Rio de Janeiro, em 10 de dezembro de 1884. Era filho de Joaquim Antônio de Borja Reis e Amélia Mendes de Borja Reis. Chegou em Ponta Grossa no final do ano de 1908, em busca de um clima saudável e de oportunidades de trabalho.

2 Entre os seguidores das ideias de Hugo Reis estavam figuras como José (Juca) Pedro da Silva Carvalho, Jacob e Epaminondas Holzmann e Flávio Carvalho Guimarães, entre outros. Na casa de Juca Pedro funcionou a primeira sede da Sociedade Espírita Francisco de Assis, entidade criada pela ação de Hugo Reis e outros adeptos.

> de *O Progresso* e, posteriormente, no *Diário dos Campos*, manteve uma rotina de publicações de artigos, textos psicografados e notícias abordando o tema. (Perrinchelli, 2007, p.47)

Em 27 de abril de 1907, Jacob Holzmann fundara o jornal *O Progresso*, que, a partir de 1º de janeiro de 1913, já de propriedade da Companhia Tipográfica Pontagrossense, passou a se chamar *Diário dos Campos*. Apesar de ter tido vários proprietários, esse jornal esteve estreitamente ligado aos nomes de Jacob Holzmann e Hugo Reis. Amigos e compadres, divergiam em matéria religiosa: Jacob católico, Hugo Reis anticlerical e espírita, mas

> [...] vencido afinal pela insistência de seu amigo Hugo Reis, que durante longos anos de convivência tentara inutilmente demovê-lo das tradições católicas, decidiu-se a ler Kardec; e lendo, meditando, mercê de sua inteligência e sensibilidade, tornou-se espírita convicto, a despeito da guerra que moveram os filhos inicialmente [...] (Holzmann, op. cit., p.131-2)[3]

Nas páginas do *Diário*, Reis divulgava a doutrina, conquistando ao mesmo tempo a adesão de muitos e o ódio dos opositores, que o acusavam de propagar uma "doutrina diabólica".

> Meu pae foi excomungado até a terceira geração, eu já fui amaldiçoado em plena igreja de Ponta Grossa, e noutras, o que me importa pouco, visto como tendo uma crença positiva, scientifica em Deus, muito accima das mixórdias dos frades, não me arreceio do seu palavreado oco e sem provas, sem sciencia, – e o cúmulo dos cúmulos! – sem religião.[4]

3 Jacob Holzmann não só se converteu ao espiritismo, como, de sua geração em diante, a família Holzmann passou a integrar e divulgar a doutrina espírita em Ponta Grossa.

4 *Diário dos Campos*, Ponta Grossa, 29 de fevereiro de 1911.

Hugo Reis estava ligado ao grupo anticlerical, aos livre-pensadores, aos operários, contra todos aqueles que se opunham às liberdades de opção política, religiosa e profissional, representados especialmente pela Igreja católica e por um grupo de políticos locais. Junto com Teixeira Coelho, criou o Centro Livre Pensador de Ponta Grossa. Para Silvia Araújo e Alcina Cardoso,

> [...] a tradicional cidade de Ponta Grossa abrigou inúmeros movimentos anticlericais tendo à frente Teixeira Coelho e Hugo dos Reis [...]. Grupos socialistas surgem na virada do século, propondo compor uma biblioteca de estudos sociais, como é o caso do Grupo Germinal de Curitiba. Os colaboradores são, invariavelmente, membros de Centros de Livre-Pensamento; entre eles citam-se Teixeira Coelho e Hugo Reis, atuantes em Ponta Grossa, destacado local de manifestações jornalísticas. (Araújo, 1993, p.28 e 73)

Quando deixou a cidade, em 1927, Ponta Grossa já tinha sido elevada a sede da diocese. O titular, ordenado bispo apenas em 1930, era reconhecido como

> [...] o zeloso, dinâmico Pe. Antonio Mazzarotto, vigário cooperador da Catedral de Curitiba, o melhor orador sacro do estado pela profundeza da doutrina, o diretor espiritual dos jovens, o lidimo intelectual que atraía e arrastava após si os homens de saber de Curitiba. Seu púlpito da catedral de Curitiba era assediado aos domingos, na missa das dez e meia, para se ouvirem suas pregações preparadas pelo estudo e oração e proferidas com unção e suave eloquência [...] Durante 16 anos, explicou de modo admiravel todo o credo, os sacramentos e os mandamentos numa linguagem limada. (Fedalto, 1958, p.202)

Informado quanto às diversas formas de reação às políticas institucionais da Igreja Católica, o movimento anticlerical não era desconhecido do padre Antonio Mazzarotto, que lutara contra ele no púlpito da catedral de Curitiba juntamente com o bispo D. João Francisco Barros.

Assim, quando assumiu a diocese, dedicou sua terceira carta pastoral[5] especificamente ao combate à doutrina espírita, que era, nas palavras de D. Leme, impregnada de "práticas tão nocivas à saúde pública, à moral e às crenças".[6]

Pode-se dizer que esse tema, junto com o anticomunismo, foi o mais presente nas práticas discursivas de D. Antonio. Já na primeira pastoral apontava os perigos a que está exposta a fé: "o indifferentismo, o protestantismo, o espiritismo e todo o gênero de superstições e escândalos" (Carta Pastoral, 1930, p.15). D. Antonio tinha conhecimento de que em Ponta Grossa a consolidação da imprensa e o início da atividade espírita tinham se conjugado na figura do jornalista Hugo Reis.

Compreende-se assim o significado das palavras do bispo já em 1930, quando relacionava imprensa, imoralidade e espiritismo:

> Repelli todas as manifestações do espiritismo. Essa superstição que é a mais damnosa das pestes que se vae inoculando traiçoeiramente na vida religiosa do povo, é forte laço com que o espírito das trevas tem engenhado enredar as almas menos avisadas, arrastal-as para fora do aprisco catholico e dahi para a condemnação eterna. Deixo de acenar ao cortejo de males que neste mundo acompanha amiúde os que praticam o bruxedo espirítico. Insistiremos na grave obrigação que assiste a todo o christão de não favorecer e antes *combater a imprensa immoral, ímpia, herética e espiritica* que vae

5 Desde a época do seminário, onde entrou em 1905, até 1965, quando renunciou, a produção de D. Antonio Mazzarotto foi incessante (em ensaios, nas publicações católicas e nos jornais da cidade, incluindo aí sermões, discursos, conferências e pregações em retiros). Voltou-se especialmente para a escrita de cartas pastorais, publicadas de maneira determinada e pontual, entre 1930 e 1965, todo dia 23 de fevereiro, aniversário da ordenação episcopal.

6 Carta Pastoral, op. cit., p.60; também nas Pastorais de Dom Antonio Mazzarotto: *O Reino de Christo* (1930); *A Doutrina Christã* (1931); *A Magia Espirítica* (1932).

> furtando o precioso thesouro da fé e da virtude para semear a descrença e propinar o vicio. (Ibid., p.15-6)

D. Antonio não ignorava o papel desempenhado pela imprensa e por Hugo Reis na difusão da "seita espirítica" e o temor de seu retorno por intermédio desse meio de comunicação. No entanto, em 1931, o periódico foi adquirido por José Hoffmann,[7] que se dizia católico praticante e que em momentos cruciais referendou as posturas da Igreja Católica.

O bispo tinha sido um dos fundadores da revista *A Cruzada*, órgão que se inseria na chamada "boa imprensa",[8] nela atuou como representante do clero e foi um dos colaboradores mais entusiastas. A revista, a partir de 1926, passou a ser o porta-voz da jovem intelectualidade católica paranaense, que começava a dar os primeiros passos na constituição de uma elite voltada ao aprofundamento teórico de questões políticas, filosóficas, teológicas, científicas e literárias à luz da doutrina católica (Ibid., p.56). O grupo responsável pela revista fez uma interpretação da tradição católica notadamente pelo seu título e a propôs como modelo para o presente.

> Cruzada! Nome que lhe foi dado depois de muito meditado. Quando o ouvimos, sentimos reboar o immenso grito de fé e coragem "Deus o quer". Confiando em Deus, os guerreiros medievaes tudo

7 Hoffmann, como Holzmann, era descendente de alemães do Volga e católico. Elegeu-se vereador em 1947, deputado em 1950 e prefeito de Ponta Grossa entre 1955 e 1958, e 1962 e 1966. Durante quase toda a sua carreira política foi filiado e militante do PTB, criado em 1945 por Getúlio Vargas, de quem se dizia profundo admirador. Chaves, op. cit., p.47-8.

8 Em artigo intitulado "A missão da imprensa católica no actual momento" de setembro de 1929, a revista comentava o pronunciamento de Pio XI aos jornalistas católicos do Congresso de Roma: "O programa do Congresso era o de se concertarem na ação mais oportuna e eficiente das comuns directivas, em ordem a colocarem a Imprensa Católica em posição de corresponder ás exigências do momento, e concorrerem, não para o puro gozo, mas também (o Santo Padre acentuava-o) para a fecundação espiritual dessa hora histórica tão importante que fecha o passado e abre o futuro, para tudo aquilo que é humanamente licito pensar, esperar e prever [...]". *A Cruzada*, set. 1929 apud Campos (2002), p.55.

> deixavam e se reuniam ao redor de um chefe, intrépidos partiam para a lucta, contentes de ir derramar o seu sangue pela defesa d'aquelle que dera o seu pela salvação da humanidade.[...] O passado não morre, sobretudo para nós, discípulos de Jesus, que vivemos de seus ensinamentos. Na geração moderna renasce a história do que se foi. (*A Cruzada*, mar. 1928 apud Campos, op. cit., p.55)

Embora o artigo não mencione seu autor, o estilo adotado tem muitas semelhanças com os sentidos de coragem, luta e heroísmo presentes na escrita de D. Antonio. Assim, o tom da primeira carta pastoral:

> Mostraremos a todos os catholicos de nossa amada diocese o dever que têm de ajudar a propagar de todos os modos a sã leitura e a boa imprensa que edifica, instrue, admoesta, corrige, consola e alenta. (Carta Pastoral, 1930, p.16)

Em 1931, conforme a postura do episcopado nacional, D. Antonio alertou sobre os perigos da ignorância religiosa:

> Em ambiente tão ignaro das verdades mais elementares da Religião, ganham facilmente adeptos os falsos prophetas de todo jaez, nomeadamente os emissários do protestantismo e do espiritismo, os representantes de todas as seitas e bruxedos. (Carta Pastoral, 1931, p.8)

D. Fernando Taddei CM, bispo de Jacarezinho,[9] em 1931 tratou de maneira pontual as penalidades impostas aos "hereges" espíritas:

1. Pena de excomunhão, cuja absolvição estava reservada ao papa.
2. Proibição de apadrinhamento de batismos ou crismas.

---

9 Pela bula papal de Pio XI, *Quum in Dies Numerus*, de 10 de maio de 1926, foram simultaneamente criadas a arquidiocese de Curitiba, as dioceses de Ponta Grossa e Jacarezinho e a Prelazia de Foz do Iguaçu.

3. Proibição na recepção de qualquer sacramento sem prévia abjuração do espiritismo.
4. Perda do direito de missa de sufrágio ou qualquer cerimônia fúnebre.
5. Privação de sepultura eclesiástica. (Taddei apud Isaia, op. cit., p.72)

Empenhado na execução do seu programa, D. Antonio construiu um conjunto de argumentos de ataque ao "bruxedo espirítico", tema da carta de 1932: um texto apologético, duro, sem meias palavras, onde não aparecem outras temáticas correlatas. Já no título, apresentou seu conceito sobre o tema, pressupondo, na abertura, a expansão do espiritismo na cidade e sua adoção pelos fiéis a ele confiados.

> Procurando sempre cumprir a nossa missão e executar o nosso programma que é o de dilatar o reino de Jesus Christo, intentamos na presente carta pastoral escrever a todos os nossos carissimos diocesanos sobre um dos *maiores e mais deletérios males que infestam o querido rebanho por Deus confiado á nossa pastoreação e vigilância.* (Carta Pastoral, 1932, p.3) [grifos nossos]

D. Antonio, como em quase todas as cartas com tema específico, sugeria um perigo, oculto ou explícito, e invocava a proteção divina para o seu adequado tratamento:

> Que a graça de Jesus Christo, nosso Rei, assista vós que ouvis ou ledes esta nossas desataviadas palavras. Pedimos encarecidamente por intercessão da Santíssima Virgem Maria, Mãe de Deus e nossa, de seu puríssimo esposo São José, e de sua augusta mãe, Sant'Ana, nossa gloriosa padroeira.[...] Para aquelles de nossos filhos que, até o presente, tiveram a felicidade de resistir a essa serpente infernal sem nunca se terem deixado inficionar pela sua baba venenosa, sejam estas nossas palavras um amoroso aviso paterno para que se premunam contra essa armadilha com que o demonio tem aprisionado tantas almas, desgraçando nesta vida e muito mais na outra. (Ibid., p.4-5)

Buscando a correta fundamentação, historicizou o surgimento, em diferentes lugares, daquelas "variadas formas e denominações que o espírito das trevas achou mais appropriadas à índole e ao costume de cada povo" (Ibid., p.5). Ou seja, o demônio tomava as formas que julgasse mais convenientes aos diferentes períodos da história, para enganar os incautos.

Assim, da Antiguidade, mencionou "os pythões e as pythonissas assentadas em suas trípodes" na Grécia, os "augures, auspices, aruspices e presagos" romanos, a "horrenda bruxaria" da Índia e da Caldeia, esta já condenada por Moisés, formas desde "tempos immemoriaes" praticadas pelos "egypcios e chinezes". A Idade Média teria cultivado o exercício da "astrologia, da agromancia, aeromancia, hydromancia, pyromancia e em época mais moderna se tornaram conhecidos o sortilegio e a chiromancia" (Ibid., p.5).

Atribuindo aos fenômenos espíritas o caráter de sortilégio, feitiçaria, magia negra e fraude inventada, buscou apresentar, na palavra de especialistas autorizados, "muitos e insuspeitos testemunhos". Ao comentar sobre a invocação de espíritos entre os pele-vermelhas, testemunhada pelo padre Bonduel, assumiu o discurso de autenticidade, enunciado pelo citado sacerdote:

> Quando numa occasião se effectuava a feitiçaria, accrescenta o Missionario, ouvi perto de mim uma pancada, como a de um corpo pesado que cae... ouvi tambem a voz tremula e inarticulada, que, asseguro, não era a de um ventríloquo. Vi, enfim, a grossa cabeça do selvagem alto mais de cinco pés, levantar-se e reclinar-se á guisa de vossas mesas falantes. Era o momento em que se realizavam os mysteriosos colloquios entre o mao medico e o demônio visivelmente obediente ao seu chamamento. (Ibid., p.6)

Para o missionário e o bispo, toda forma de cerimonial que envolvesse fenômenos não compreendidos em seu contexto, ou que desafiassem o monopólio do saber da instituição, era vista como magia negra. Delumeau coloca essa questão analisando o Manual do Inquisidor, de Nicolau Eymerich, quando entre os séculos XIV e XVI vivenciou-se, segundo o autor, uma temível equação, a da vinculação entre feitiçaria e heresia:

> Assim, todo sagrado não oficial é considerado demoníaco, e tudo o que é demoníaco é herético, não sendo o contrário menos verdadeiro: toda heresia e todo o herético são demoníacos. (Delumeau, 1989, p.397)

D. Antonio incorporou o discurso do missionário, entendendo--o como expressão da verdade e utilizou-o para justificar as falas de Tertuliano, no século III, de Monsenhor Bouvier, bispo de Mans (1854), de Bossuet, bispo de Meaux, e de outros, o que lhe permitiu concluir que

> Os phenomenos são sempre da mesma natureza, e os seres que outrora se revelaram pelas sybillas e pelos pythões são os mesmos que os que hoje se manifestam pelo mediumnismo. O espiritismo moderno é a magia antiga: o médium de hoje é o mago de hontem; as chamadas revelações espiriticas são os oráculos das pythias; e as evocações necromanticas dos tempos actuaes são as que se praticaram desde a mais remota antiguidade pelos povoas pagãos mais ou menos escravos da abjecta superstição. (Carta Pastoral, 1938, p.8)

Dessa forma, o bispo quis demonstrar que os adeptos da heresia nada de novo acrescentavam, pois seu conhecimento e suas práticas já tinham se manifestado em épocas bastante remotas e registrados pelos especialistas da fé, mesmo antes da vinda de Cristo, como "sortilégios, encantamentos, superstições". (Ibid., p.6)

> A reviviscencia moderna da magia antiga sob a forma do espiritismo indica, portanto, o retrocesso de muitos para o culto do demônio, para as práticas peccaminosas e prohibidas do paganismo, as quaes, reprovadas pela Religião christã, desappareceram de todo nos que lhe adheriram integralmente aos ensinamentos. (Ibid., p.8)

Em suma, adotar o espiritismo era retroceder às antigas formas de magia e cultos demoníacos, e desconsiderar a civilização cristã, a única verdadeira. Para o bispo, as operações do espiritismo são resultado de

> [...] ardilosas fraudes, de embustes habilmente urdidos para enganar os pascácios [...] obras do demônio embora não pareçam taes, pois sabe dissimular-se o torvo espirito das trevas e fingir-se alma do outro mundo, para por este meio chasquear dos homens e destruir-lhes a fé e a moral. (Ibid., p.9)

Para o imaginário católico, o espiritismo era o inimigo a ser combatido, desmoralizado, execrado, pois representava a oposição antitética entre as seduções modernistas e a perene verdade custodiada pela Igreja (Isaia, 2001, p.73). Com esse intuito, D. Antonio elaborou um discurso cujas evidências empíricas construíram um "outro" perverso, imoral, anômico, destruidor, contraposto à luz, à salvação, à ordem, à verdade (Ibid.). Usando um conhecimento reconhecido e fundamentado nos santos e doutores da Igreja, descreveu os fenômenos presentes em muitas "operações espíritas":

> Mesas que rodam, cadeiras que voam, trastes que saem e entram pelas janellas, pancadas insólitas e estampidos anormaes que reboam, vozes maviosas e discursos articulados que se ouvem, luzes mysteriosas e imagens phantasticas que se vêm, corpos ou membros humanos perfeitamente conformados que se materializam com todas as apparencias de movimento e vida, physionomias que apparecem e que se parecem com as de pessoas fallecidas, desenhos extranormaes, escripturas automáticas, manifestação de acontecimentos longínquos ou occultos: estes e outros fenômenos maravilhosos que se praticam no espiritismo evidentemente exigem a intervenção de um ser que tenha poder mais amplo que o do homem.

Embora o bispo tenha utilizado muitas vezes as expressões "fraude" ou "embuste", seu sentido é outro. Para ele, os espíritas, ao invocarem o nome de Jesus Cristo, cometiam o pecado de sacrilégio, pois as obras que anunciavam e os fatos que se verificavam nas sessões não poderiam ser atribuídos ao Filho de Deus, e sim ao anjo decaído. Esse sacrilégio configuraria o embuste e a fraude, e não os fenômenos em si, tidos como verdadeiros, mas atribuídos ao espírito maligno. D. Antonio parecia expressar certa perplexidade com relação ao executor ou mediador presente na sessão, que incorporava forças misteriosas com múltiplas capacidades:

> Esclarecido lugubremente pela luz baça de uma lanterna, um pythão chamado em linguagem moderna médium, em duas línguas que inteiramente ignora, escreve a um tempo duas communicações, uma com a mão direita, outra com a mão esquerda e tudo isso faz emquanto se entretem com os presentes sobre qualquer assumpto. Não há quem não veja que este e outros factos congêneres não admittem nenhuma explicação physica e que nelles devemos reconhecer a acção de entes invisíveis. Devem ser espíritos intelligentes e poderosos que sabem tomar aos corpos ou as forças naturaes uma matéria subtil ou substancia muito tênue de natureza desconhecida e com a qual podem manipular de sorte que com o intelligente manejo della produzem os phenomenos da levitação, da escriptura automática, da materialização dos espíritos e outros phenomenos extranaturaes. (Carta Pastoral, 1932, p.10)

Considerava D. Antonio um crime hediondo atribuir a Deus as "maravilhas espiríticas", restando como seus executores os "anjos máos ou demônios". A demonização do espiritismo relaciona-se à condenação maior, a do mundo da modernidade, na qual estaria inserido. Tal vinculação foi feita pelo bispo:

> Do evolucionismo e da metempsicose procede, como de sua fonte, a negação de muitas outras verdades fundamentaes do cristianismo. Assim para os espiritistas não há creação do homem, na há peccado original, não há expiação, nem redempção, não há juízo

> particular, nem universal e, como termo da vida terrestre, não há Céo, nem Inferno. (Ibid., p.19)

D. Antonio rebateu ao cientificismo dos postulados espíritas recorrendo à autoridade de especialistas que referendavam sua argumentação:

> O Dr. Lapponi, professor de Antropologia applicada, escreve: "O espiritismo determina o embotamento ou a exaltação morbosa das faculdades mentaes e provoca as mais graves nevropathias organicas. A maior parte dos médiuns mais famosos e não poucos dos que se distinguem como assíduos cultivadores das praticas espíritas ou estão loucos ou são nevropathas ou victimas de paralysias progressivas". (Ibid., p.22-3)

Recorreu ainda aos saberes médicos para tentar demonstrar que o espiritismo era uma via inexorável para a loucura e, portanto, um problema de saúde pública:

> Os médicos mais afamados são unânimes em asseverar que o que se pratica nas soturnas sessões espiríticas concorre enormemente para avolumar a população dos manicômios. Summidades em medicina e psychiatria concluem sem discrepância que o espiritismo é um poderoso factor de desequilíbrio mental, concorrendo poderosamente com o alcoolismo e a syphilis para povoar os hospícios de alienados. (Ibid., p.23)

Suas leituras, tentando unir "razões de ordem natural e sobrenatural", queriam esgotar todas as possibilidades de contraposição ao entendimento do espiritismo como uma forma de crença a mais, cujo culto era viabilizada pela laicização do Estado brasileiro após o evento republicano. Assim, o espiritismo, além de heresia, era uma grave patologia:

> Recentemente vieram ainda provar esse triste effeito dos livros publicados no Brasil sobre o espiritismo e intitulados um "Espiritismo e loucura [Dr. Xavier de Oliveira]" e outro "Espiritismo no Brasil [Drs. Leonidio Ribeiro e Murillo de Campos]". O abalisado autor de "Espiritismo e loucura" [...] se deu ao trabalho de precisar as várias phases da nevrose espiritica. [...] "A *espiritopathia* apresenta-se commumente sob a forma de um delírio agudo, termo final de uma evolução que começa pela *espiritolatria* (effectividade positiva, a procura, a busca, o anceio pelo espírito desencarnado), vae á *espiritophobia* (o receio, o medo, a fuga do espírito reencarnado) e chega á *espiritomania* (o desabafo na doença, súcubo pelo incubo, actuado, perseguido, dominado pela força de uma suggestão insopitável)". (Ibid., p.23-4)

Em suma, o espiritismo, ao apresentar-se como científico, portanto moderno, estaria negando as verdades da fé proclamadas pela Igreja, a criação do homem e do mundo como obra de Deus, o pecado, o perdão, enfim, toda uma concepção de fé e de verdade cuja mediação só poderia ser feita pelos especialistas da instituição. É significativa a colocação dos postulados do espiritismo e do evolucionismo no mesmo patamar, ambos sinais de uma modernidade que contestava a criação do mundo pela interferência direta do divino.[10] D. Antonio, como na grande maioria de seus temas, estava atualizado com as discussões presentes na sociedade, sintonizando, no entanto, com a leitura desses "sinais dos tempos" feita pela Igreja. Assim, em um parágrafo conclusivo, atingiu o inimigo com

10 Em contraposição às modernas teorias do conhecimento, fundadas sobre o empirismo e o diálogo com a natureza, a hierarquia católica reafirmou a doutrina da revelação. Inúmeros escritos da hierarquia da Igreja nos séculos XIX e XX condenaram ou puseram sob suspeita o evolucionismo, como Pio XII na alocução *Un Ora*, de 1951, enviada à Pontifícia Academia de Ciência, rejeitando todos os resultados do evolucionismo, quando aplicado à origem e evolução das espécies. As atitudes católicas, até meados do século XX, pautaram-se pela rejeição aos avanços científicos, em especial naquelas áreas onde a ciência poderia abalar a credibilidade dos dogmas católicos, notadamente as teorias sobre a origem do universo e da vida. Manoel (1999), p.210.

a negação de toda e qualquer plausibilidade da doutrina, vista como danosa em todas as suas manifestações:

> Nem se diga que o espiritismo favorece as sciencias, que nesse campo nenhuma descoberta elle trouxe, não desvendou segredo algum da natureza, não deu origem a nenhuma invenção que melhorasse a vida ou facilitasse as relações individuaes e sociaes, não promoveu o estudo das bellas artes ou das letras, e antes muitos declararam que as praticas espiríticas são mesmo na vida presente, perigosas e perniciosas para a alma e para o corpo [...] (Carta Pastoral, 1932, p.20)

O sentido do discurso de D. Antonio, especialmente na carta de 1932, revela uma lógica de persuasão que, ao desvendar detalhadamente "o outro", objetiva rotulá-lo como inimigo e eliminá-lo (Marquette, 1999, p.72).[11] Acompanhando a reflexão que estava sendo feita pela igreja na esfera nacional e internacional, essa prática discursiva de combate à doutrinação espírita reiterou-se em diversas pastorais ao longo do tempo de seu episcopado, com a mesma ênfase e abordagem.

Mesmo que o padre Julio Maria[12] em fins da década de 1930 tenha tentado restabelecer um diálogo com os saberes médicos acerca dos fenômenos mediúnicos, procurando relativizar a presença do mal nas suas sessões, o discurso de D. Antonio vai na contramão dessa postura, mantendo uma argumentação demonizadora. A construção do "outro" espírita como inimigo a ser eliminado está presente na carta de 1941, incluído no espaço da perseguição à Igreja e inserido nos males que, segundo ele, atravessavam a sociedade daquele tempo.

---

11 A autora remete à construção do discurso clerical inquisitorial como forma de rastrear o "outro". Souza (1989), p.277-333.

12 Junto com o padre Júlio Maria, que atribui os fenômenos espíritas à histeria, a fraquezas orgânicas provenientes do sistema nervoso ou mesmo do hipnotismo, estão o padre Negromonte, o padre Vicente Zioni e o frei Boaventura Kloppenburg, peça-chave na luta católica pela preservação da ortodoxia. Este, no entanto, além do aparato médico, utilizou o discurso jurídico e sociológico. Cf. Isaia, op. cit., p.75-9.

> Na negação das verdades da fé e no ódio contra a Igreja catholica fazem côro com os "sem Deus" e os neopagãos innumeros heréticos e particularmente os espiritistas. O espiritismo com as suas doutrinas neo-pagãs e com as praticas cabalísticas da evocação dos mortos, é o que mais contradiz a verdade dos ensinamentos de Christo, Nosso Senhor. Mistiforio de falsidades e enganos, o espiritismo é a mais horrenda magia diabólica, dessas que cegam o espírito e o escravizam ao jugo de Satanaz. Alardeando caridade corporal, ou antes ostentando uma philantropia natural, os espiritistas praticam insidiosos a crueldade espiritual. Matam e perdem as almas, levando-as à apostasia e à impiedade. Mediuns e macumbeiros perpetram obra verdadeiramente satânica. [...] A Igreja, guarda e mestra infallivel da verdade, condemna severamente a doutrina e as bruxarias espiriticas e fulmina com a grave pena de excommunhão a todos os seus adeptos. (Carta Pastoral, 1941, p.4-5)

Posteriormente, na carta pastoral de 1953, ao doutrinar sobre a prática da recitação do Rosário e a introdução dessa devoção por Domingos de Gusmão, comparou a "funesta" heresia albigense e seus malefícios aos do espiritismo:

> No século treze assolava a igreja a heresia dos Albigenses. Como hoje o espiritismo, negava então essa seita as verdades fundamentais do cristianismo. Espalhava por tôda a parte, seus erros nefastos [...] Nada podia deter essa torrente devastadora de pestíferas doutrinas e de crimes nefandos. (Carta Pastoral, 1953, p.3)

D. Antonio, especialmente nessa carta, utilizou de uma lógica sutil expressa em palavras cortantes. Ao relacionar a heresia albigense com Domingos de Gusmão construiu o sentido do combate à heresia e suas manifestações pela pregação dominicana.[13]

13 A Ordem dos Frades Pregadores (OP), ordem mendicante fundada por Domingos de Gusmão em 1206, originariamente dedicou-se à pregação apostólica no Languedoc, na França, contra os albigenses. A ordem nasceu sob o signo do estudo, da reflexão e da pregação da verdade revelada por Jesus Cristo

Não se pode desconsiderar que o pensamento tomista embasou a reflexão episcopal até o Concílio Vaticano II.[14] Ora, a leitura da obra do dominicano Tomás de Aquino era familiar a D. Antonio, especialmente a *Suma contra os gentios*, escrita para servir de manual aos missionários voltados à conversão dos muçulmanos. Essa e outras obras sugerem o interesse de Aquino em refletir com exatidão as ideias e as controvérsias da época (Imbach, 2009). A aceitação da fé é de tal natureza na sociedade medieval, que o fiel já não é livre para voltar atrás no seu compromisso de cristão. Os heréticos, conforme Tomás de Aquino, "devem ser constrangidos, mesmo corporalmente, a cumprir o que prometeram e a permanecer naquilo que receberam (II-II, q.10, art. 8c.)". Assim, o culpado é obrigado a regressar à fé ou a desaparecer pela morte (Schlesinger, 1995, p.1255). Essa concepção, que anteriormente legitimara a violência, a tortura e a morte na manutenção da fé, estava presente nas formas da inquisição e fundamentou as práticas discursivas de D. Antonio, quando se referia aos "herejes, scismaticos, apostatas e neopagãos". A "violência simbólica legítima" presente nas pastorais era justificada pela intenção maior, a de salvar a alma dos desviantes e impedi-los de contaminar a coletividade dos fiéis.

Conforme Bourdieu, a teoria da violência simbólica está apoiada em uma teoria da produção da crença cuja intenção é "produzir agentes dotados de esquemas de percepção e de avaliação que lhes farão perceber as injunções inscritas em uma situação ou em um discurso e obedecê-las" (Bourdieu, 1996, p.171). Em suma, D. Antonio fundamentou seu discurso nas concepções de combate aos

---

e pela Igreja. Dessa forma, muitos de seus membros ficaram conhecidos como teólogos, escritores e pregadores, em atividades de ensino e disputa intelectual. Por essas características, frades dominicanos, por volta de 1232, foram chamados pelo papa Gregório IX para a assistência e direção do Tribunal do Santo Ofício.

14 Em contraponto à filosofia moderna e seus procedimentos especulativos e metodológicos, a hierarquia reintroduziu o tomismo-aristotélico por meio da encíclica *Aeterni Patris* de Leão XIII (1878). Manoel, op. cit., p.210.

inimigos da fé justificadas na sua essência por um doutor da Igreja e que, por isso, deveria ser considerado expressão da única verdade.

O bispo, ao historicizar a "magia espirítica", buscava designá-la tanto como "uma religião inferior e antiga, portanto primitiva, quanto uma religião inferior e contemporânea, logo profana e profanadora". Pois

> um sistema de práticas e crenças está fadado a surgir como magia ou feitiçaria, no sentido de religião inferior, todas as vezes que ocupar uma posição dominada na estrutura das relações de forças simbólicas. (Bourdieu, 2003, p.43-4)

Em 1953, quando da primeira reunião do episcopado paranaense, uma das sessões tratou especialmente da expansão do espiritismo. Preocupados tanto com a questão doutrinal quanto com as práticas assistencialistas, os bispos da província propuseram uma ação conjunta de esclarecimento sobre a doutrinação espírita e os meios para seu combate. Essa proposta, sistematizada em três eixos (preservação indireta e direta; repressão; reconquista) seria encaminhada à reunião da Conferência Nacional de Bispos do Brasil (CNBB) em Belém (agosto de 1953) e envolvia o revigoramento da fé por meio do ensino religioso, o cultivo da piedade e da liturgia, o desenvolvimento das associações religiosas, o combate ao interconfessionalismo. Para isso, foram propostas campanhas simultâneas em todo o país, tanto na imprensa quanto no púlpito; divulgação de livros e espetáculos que desmascarassem as "fraudes" espíritas; campanhas de orações, solenidades e pregações; criação de obras sociais, assistenciais, com farmácias, ambulatórios, remédios a preços módicos, inclusive buscando, em parceria com o governo, a proibição de auxílio financeiro às obras espíritas.[15]

---

15 Livro de ata da Província Eclesiástica do Paraná (1953-1966). Raquel Marta da Silva, a partir das análises de Cândido Procópio de Camargo, Reginaldo Prandi e Antônio Flávio Pierucci, considera que, por volta de 1950, ocorreu uma vertiginosa expansão das religiões internalizadas. Dado o contexto histórico daquele momento, tal coisa parece paradoxal, pois, se de um lado o país caminhava para

Tal preocupação estava em sintonia com a postura da Igreja do Brasil, em especial no período pré-conciliar. Ao longo da década de 1950, frei Boaventura Kloppenburg OFM[16] dedicou-se a uma "campanha de esclarecimento dos católicos" em dezoito artigos publicados na *Revista Eclesiástica Brasileira* (REB), em uma autêntica cruzada contra o espiritismo. Na REB de junho de 1953, destacou quarenta pontos[17] nos quais o espiritismo negaria preceitos fundamentais do cristianismo. Dizia D. Kloppenburg:

---

a urbanização, para um mundo aparentemente dessacralizado, do outro, ao contrário do que se verificava, a sociedade não acompanhava no mesmo ritmo essa corrida ao profano. Por isso, em virtude das desigualdades sociais e de outras vicissitudes da vida, boa parte dos brasileiros buscou nas práticas mágicas, ou melhor, no *Espírito Santo*, nos *orixás*, nos *espíritos de luzes*, a esperança para conseguir aquilo que a vida estava a lhes negar: saúde, emprego, escola, moradia, lazer. Silva (2002), p.106-111.

16 Frei Boaventura Kloppenburg, bispo emérito de Novo Hamburgo, doutorou-se em Teologia Dogmática pelo Pontifício Ateneu Antoniano, em Roma, com a tese *De relatione inter peccatum et mortem*. Exerceu por duas décadas as funções de professor do Instituto Teológico Franciscano de Petrópolis (RJ), foi redator da *Revista Eclesiástica Brasileira*, perito do Concílio Vaticano II, membro da Pontifícia Comissão Internacional de Teologia, reitor do Instituto Pastoral do Celam em Medellín (Colômbia), bispo auxiliar de Salvador (BA), bispo de Novo Hamburgo (RS). Defensor da ortodoxia católica, publicou em torno de quinze mil páginas de teor doutrinário e pastoral, em artigos esparsos em revistas de teologia, espiritualidade e pastoral e cerca de oitenta livros, sem mencionar as inúmeras campanhas de esclarecimento doutrinário que empreendeu por todo o Brasil, nos anos 1950, especialmente para desmistificar a "heresia espírita". Disponível em: <http://www.itf.org.br/index>. Acesso em: 16 out. 2008.

17 São: a negação do mistério; do milagre; da inspiração divina das Sagradas Escrituras; a autoridade do magistério eclesiástico; a infalibilidade do Papa; a instituição divina da igreja; a suficiência da revelação cristã; o mistério da Santíssima Trindade; a existência de um Deus pessoal e distinto do mundo; a criação do nada; a criação da alma humana; a criação do corpo humano; a união substancial entre corpo e alma; a espiritualidade da alma; a unidade do gênero humano; a existência de anjos; a existência de demônios; a divindade de Jesus Cristo e seus milagres; a humanidade de Cristo; os privilégios de Maria Santíssima; a redenção da humanidade por Cristo; o pecado original; a graça divina; a possibilidade do perdão dos pecados; o valor da vida contemplativa e ascética; a doutrina cristã do sobrenatural; o valor dos sacramentos; a eficácia do batismo; a presença de Cristo na eucaristia; o valor da confissão; a indissolubilidade do

> Aí têm os leitores o pedido conjunto das principais heresias do espiritismo brasileiro. Como veem, é a negação completa e total da doutrina cristã. A doutrina espírita é a sistematização mais ou menos racional ou irracional das heresias do passado. Os princípios fundamentais dos grandes hereges, desde os primeiros séculos cristãos até nossos dias, formaram os postulados básicos da arrogante e blasfema "Terceira Revelação" dos "espíritos superiores" de Allan Kardec e seus comparsas franceses e brasileiros [...] Não conhecemos em toda a história um movimento similar que abrangesse ao mesmo tempo e num só corpo doutrinário, e ainda sob a piedosa capa de cristianismo, tão ampla negação da doutrina cristã. Nem podemos imaginar maior cinismo que o dos espíritas quando, não obstante, continuam a proclamar, em todos os seus livros e jornais, que o espiritismo e o cristianismo ensinam a mesma coisa. (Ibid., p.413)

Na mencionada primeira reunião ordinária da CNBB em Belém (agosto de 1953), declarou-se ser o espiritismo o mais perigoso dos desvios doutrinários e, assim, foi promulgado "um plano concreto e minucioso de defesa contra a insolente ofensiva dos propagandistas da herética doutrina dos espíritos", a chamada "Campanha nacional contra a heresia espírita". Comentando o documento oficial, D. Kloppenburg destacou o que chamou de "importantes denúncias do episcopado nacional":

> 1. O espiritismo é, no momento, o mais perigoso desvio doutrinário para a natural religiosidade do povo brasileiro. [...]
> 2. O espiritismo não nega apenas uma ou outra verdade de nossa santa religião, mas todas elas. [...]
> 3. A propaganda espírita tem, no entanto, a fingida cautela de apresentar sua doutrina como cristã, de modo a deixar a católicos

matrimônio; a unicidade da vida terrestre, o juízo particular depois da morte; a existência do purgatório; a existência do céu; a existência do inferno; a ressurreição da carne; o juízo final. Kloppenburg (1953b), p.396-412.

> menos avisados a impressão erradíssima de ser possível continuar católico e aderir ao espiritismo. [...]
> 4. O espiritismo é o conjunto de todas as superstições e astúcias da incredulidade moderna. [...]
> 5. Os espíritas devem ser tratados, tanto no foro interno como no externo, como verdadeiros hereges e fautores de heresia. [...]
> 6. Os espíritas não podem ser admitidos à recepção dos sacramentos, sem que antes reparem os escândalos dados, abjurem o espiritismo e façam a profissão de fé. [...]
> 7. Toda e qualquer participação nas sessões espíritas, sob qualquer pretexto, é gravemente proibida. [...]
> 8. Todos os escritos, jornais, revistas e livros do espiritismo são proibidos. [...]
> 9. É necessária uma orientação segura e uniforme sobre o mal intrínseco do Espiritismo e o modo de tratar seus adeptos. [...]
> 10. É preciso arrancar ao espiritismo a máscara de cristianismo. [...] (Kloppenburg, 1953a, p.839-48)

Como pudemos observar, a postura da CNBB em 1953 pouco diferia da dos bispos seus antecessores em 1915, de D. Leme em 1916, de D. Fernando Taddei em 1931 e da de D. Antonio Mazzarotto em 1932. O episcopado nacional construíra e mantivera a mesma representação discursiva contra o espiritismo ao longo do tempo e, agora em 1953, unia-se em campanha pela sua erradicação.

Na carta de 1965, a última, embora o tom mais ameno, D. Antonio ainda persistiu no tema:

> Por isso a Igreja, em sua liturgia, reza por todos, pelas várias classes de pessoas, que constituem a Igreja e pelos que se encontram fora dela, como pelos *herejes* e *scismáticos* para que voltem à unidade da fé e pelos *judeos* e pagãos para que abram os olhos à luz do evangelho e reconheçam o verdadeiro salvador Jesus Cristo. (Carta Pastoral, 1965, p.20) [grifos nossos]

Nas palavras destacadas, um enigma: D. Antonio as escreveu como o fazia na década de 1930, muito embora acompanhasse a atualização das normas ortográficas[18] e contasse com revisores para a publicação das cartas. Que sentido quis dar o bispo a essas formas de escrita já superadas? Foi proposital? Um deslize traidor da memória desses termos na sua escritura de combate? Um sinal de que os velhos conceitos ainda estavam "inscritos" em toda a sua organização mental e espiritual?

Mas a atitude de invocação à misericórdia divina e de confiança no retorno dos "filhos desventurados" de 1965 já integrava, não obstante o estilo combativo, a carta de 1932:

> Não pouco teremos avançado no encaminhar as almas para o Céo, se o nosso brado acompanhado da luz da graça que a Deus insistentemente pedimos, reduzir ao grêmio da igreja *filhos transviados pela nefanda superstição* e se, nos que nos são fieis, exercitar aquelle horror e execração de que deve ser alvo a negra magia que tenta subverter a fé e a moral. (Carta pastoral, 1932, p.4) [grifos nossos]

Estava presente também em seu projeto para a diocese:

> Benevolo ou malevolo, util ou nocivo, agradavel ou desagradavel, favoravel ou desfavoravel, amigo ou inimigo, sempre devemos amar ao próximo, por amor de Deus. (Carta pastoral, 1930, p.23)

18 Um exemplo claro disso é a carta pastoral de 1942 (*O vizinho, a victima, o alimento*) que ainda apresenta as mesmas características ortográficas da década de 1930: duplo l, como *flagello*, o som *ca* com o h intermediário, como *Eucharistia*, o *sc* no início das palavras como *scisma; usal-o, chamal-o,* por usá-lo, chamá-lo, o *y* no meio de palavras, como *hymno, gymnasio* etc. No entanto, em 1943, tais características desapareceram. D. Antonio, pelas evidências das diferenças ortográficas a partir de 1943, estava sintonizado com as mais recentes alterações da língua portuguesa, especialmente o decreto de 1943, que prescrevia o Pequeno Vocabulário.

O ESPIRITISMO PORTO-RIQUENHO COMO FUNDAMENTO DA IDENTIDADE PORTO-RIQUENHA

Bettina E. Schmidt

O espiritismo deu origem, em Porto Rico, a diferentes tipos. Um, mais filosófico (o kardecismo), outro, mais religioso (com igrejas em lugar de centros) e um tipo mais prático (espiritismo popular) que combina diferentes crenças e práticas com as do espiritismo. Para cada classe social e para cada intenção, o espiritismo serve de alguma maneira. O espiritismo pode ser considerado como tendo um fundamento – algumas vezes chamado de filosofia, algumas vezes de religião – cimentado na comunicação com os espíritos. Uma característica importante é que o espiritismo não é algo fixo, estático, mas aberto para novas influências.

Quando comecei minha investigação sobre o espiritismo em Porto Rico, em 1990, encontrei vários artigos e pequenas publicações sobre o espiritismo porto-riquenho publicados por espíritas no começo do século XX. Nessa época, Rosendo Matienzo Cintrón (1855-1913), fundador da Federação dos Espíritas de Porto Rico e um político de importância nacional, ligava, com muito êxito, os ideais espíritas a um nacionalismo anti-individual. Mas, na metade do século XX, o espiritismo teve reduzido seu valor público a tal ponto que, no começo de minha pesquisa, tive problemas para encontrar pessoas que falassem sobre o assunto. Muitas vezes recebi a resposta: "Ah, espiritismo, sim, eu sei que o pessoal pratica, mas eu não... eu sou pentecostal [ou católico, ou cristão...]". Só um contato pessoal com um colega porto-riquenho em Nova York me abriu as portas do mundo espírita em Porto Rico. Sua tia, presidente de um centro kardecista, introduziu-se a outros espíritas, como o presidente da Confederação espírita em Porto Rico, dirigentes de centros espíritas e outros. O espiritismo ainda é importante para os porto-riquenhos, tanto na ilha quanto fora dela, nos Estados Unidos, só que de uma maneira obscura. Ele ainda expressa uma identidade diferente, uma identidade porto-riquenha.

O espiritismo em Porto Rico

O espiritismo é originariamente uma filosofia francesa que, desde a metade do século XIX, teve influência na América Latina, em especial no Brasil e em Porto Rico.[1] Seu fundador foi Hyppolite Léon Denizard Rivail (1804-1869), autor de vários livros sobre espiritismo e fundador de uma revista e uma associação espíritas em Paris. Assumiu o nome de Allan Kardec por orientação de um espírito e, enquanto foi esquecido na Europa, é ainda muito conhecido no Brasil e em Porto Rico.

Kardec definiu o espiritismo como uma ciência de observação e uma doutrina filosófica, e suas ideias postas dentro de um marco cristão são o fundamento da religião popular porto-riquenha. Segundo Kardec, o espiritismo é o único caminho para resolver os problemas sociais e resolver o materialismo da nossa sociedade. Em Porto Rico, este foi um fator que contribuiu para o êxito do espiritismo. No início, o espiritismo estava ligado a uma cultura urbana, mas pouco depois da chegada dos livros (e das ideias kardecistas) a Porto Rico, o espiritismo floresce no campo, mas de uma maneira

1 Para informações sobre a evolução histórica do espiritismo, ver Hess (1991) e Pérez García (1988).

diferente. Se para uma classe urbana e culta o espiritismo começou como uma filosofia, transformou-se, ao final do século XIX, em uma religião popular especialmente nas regiões rurais da ilha. Esse espiritismo popular inclui aspectos do catolicismo popular dos imigrantes rurais da Espanha, alguns restos da religião Tainá (etnia indígena que viveu na ilha antes da conquista espanhola) e também elementos religiosos e medicinais dos escravos africanos e seus descendentes, e, nos últimos tempos, a santeria cubana (nome comum da religião dos orixás em Cuba) tem influência no espiritismo porto-riquenho. Diferente do kardecismo original, o panteão do espiritismo popular compreende não só santos católicos, mas também orixás africanos considerados, muitas vezes, anjos da guarda. Além disso, o espiritismo popular acentua o lado curativo, especialmente a transferência de culpa a outros seres como explicação da causa dos problemas físicos e mentais.[2]

A história do espiritismo em Porto Rico

Em meados do século XIX (pouco depois de sua publicação), os livros de Kardec chegaram a Porto Rico de maneira ilegal.[3] Nessa época, começou a se formar uma identidade criola, um sentimento de "portorriqueñidad" que se formulava abertamente em oposição à administração espanhola localizada em San Juan.[4] A classe média culta, na maioria fazendeiros de café do interior da ilha, buscava novos caminhos, fora da Igreja Católica e, portanto, da igreja espanhola. Aí reside uma das raízes do forte anticlericalismo que existe na sociedade porto-riquenha até hoje. A Igreja Católica em Porto Rico não conseguiu estabelecer um culto forte e de união nacional aos santos. Ficou faltando uma união pessoal entre os homens e os santos, o que produziu um vazio entre Deus e os homens, e

2 Para a função curativa do espiritismo popular, ver, por exemplo, Nuñez Molina (1990).

3 Ver Rodriguez Escudero (1978).

4 Ver Duany (1985).

espiritismo pode preencher esse vazio com seus espíritos, especialmente de parentes falecidos. Depois da frustrada rebelião de 1868 contra a dominação espanhola (dos fazendeiros de café criolos contra os "peninsulares"[5]), rebelião que ficou conhecida como o Grito de Lares, os porto-riquenhos buscavam com mais energia um caminho não agressivo contra a dominação, e a encontraram na nova doutrina ou fé.[6] Os espíritas apoiaram determinados projetos sociais (hospitais, escolas e campanhas de alfabetização para adultos, bibliotecas de acesso livre etc.) como uma forma de rebelião ativa contra a Espanha, já que a situação social, especialmente da população rural, era catastrófica nessa época.

Foi uma época de miséria econômica e social em que a doutrina de Allan Kardec se difundiu por toda a ilha. Em 1871, houve a primeira reunião espírita em Mayagüez e, em 1879, foi fundado o primeiro centro (Rodríguez Escudero, 1978, p.43). Apesar das muitas proibições do governo e da Igreja Católica, a doutrina espírita foi transmitida rapidamente das classes cultas média e alta para a massa da população por intermédio dos projetos sociais. Surgiram então duas correntes diferentes: o kardecismo e o espiritismo popular, ambos respeitando os cinco fundamentos kardecistas: a crença na existência de espíritos e seu desenvolvimento (desde os espíritos imperfeitos até os espíritos puros); a crença na reencarnação (e, por meio dela, na evolução do espírito que respeitar os preceitos morais); a crença na possibilidade de comunicação entre os espíritos e as pessoas (por meio de um médium) e a crença na diversidade dos mundos habitados.[7]

A ocupação de Porto Rico pelos Estados Unidos da América, em 1898, influenciou rapidamente o espiritismo. Em 1903, foi criada a primeira organização espírita em Porto Rico: a "Federación de

5 O termo "peninsulares" corresponde a pessoas com grande afeto pela Espanha, a maioria nascida nesse país. O termo "criolo" se refere a pessoas nascidas nas colônias espanholas, com ascendência espanhola.

6 Ver Koss (1972).

7 De acordo com informações pessoais do presidente da Confederação Espírita de Porto Rico.

los Espíritas de Puerto Rico". Nela, reuniram-se, pela primeira vez, os centros kardecistas sob um estatuto comum que continha objetivos formulados conjuntamente.[8] Antes de mais nada, suas metas visavam conseguir melhorar de forma prática a situação da população: a eliminação da pena de morte, a criação de instituições de beneficência, fomento à harmonia social, proibição do tabaco e do álcool etc. Além disso, os espíritas começaram a ser aceitos socialmente. Rosendo Matienzo Cintron, espírita influente e fundador da Federação Espírita, foi chamado para o Primeiro Conselho Executivo de Porto Rico pelo presidente dos Estados Unidos em 1890.[9] Matienzo Cintron ligava os ideais espíritas com um nacionalismo anti-individual, que submete a vida pessoal às necessidades do Estado, e lutou com veemência pela autodeterminação nacional. Sua doutrina espírita assentava-se sobre dois pilares: "nivelamento social" e "religião como terapia". Com isso teve grande acolhimento entre a população que, em virtude do grande câmbio político e das mudanças sociais a ele vinculadas, estava imersa na insegurança. O espiritismo oferecia-lhes apoio e ajuda em um mundo em mudança.

Durante os anos 1950 e 1960, a Federação, e com ela o kardecismo, perderam seguidores. No entanto, o espiritismo popular ganhou importância, e foram inauguradas numerosas "lojas botânicas", tipo de farmácias, com atendimento para consultas. Pablo Garrido, por exemplo, escreveu que, entre 1949 e 1951, era possível comprar remédios espíritas em cada cidade, em cada povoado. (Garrido, 1952, p.37)

O espiritismo popular compreende muitas variações e combinações individuais: cada centro representa uma forma própria de ser espírita. No entanto, tem em comum algumas diferenças com o kardecismo. O espiritismo popular é uma religião de forte orientação objetivista, de modo que a influência dos espíritos nas pessoas constitui um elemento central de sua prática, enfatizando, assim, a

8 Constituição e estatutos da Federação dos Espíritas de Porto Rico, organizada em 18 e 19 de abril de 1913.

9 Para informações sobre Matienzo Cintrón, ver Díaz-Soler (1960) e Koss, op.cit., p.36-7.

relação causal entre o mundo invisível e o mundo corporal; por esse motivo, os médiuns adquirem um papel primordial nos centros. As reuniões e as consultas têm funções terapêuticas. Em diversas publicações é ressaltada repetidamente a importância do espiritismo popular como alternativa à psicoterapia, bem como se menciona com frequência seu caráter social, como forma de organização social. Em lugar de uma filosofia abstrata, o espiritismo popular oferece às pessoas uma ajuda prática, quando e onde é necessária.

Uma diferença importante entre as duas correntes espíritas é a moldura católica. No kardecismo, a crença católica tem um papel secundário, ao passo que, no espiritismo popular, é um elemento inerente. Por exemplo, atribuem-se funções curativas às orações católicas antes e depois das sessões. O catolicismo aqui é suficiente em tempos "normais", porém, nos tempos de crise, ou seja, na ocorrência de enfermidades físicas e/ou psíquicas, é necessário recorrer à competência dos espíritos. Vê-se uma transformação da filosofia espírita de Kardec em um novo sistema autóctone dentro do catolicismo: o espiritismo como uma religião popular, pragmática e não dogmática para os períodos de crise.

Com o deslocamento da Igreja Católica pelas igrejas evangélicas, especialmente as pentecostais, transformou-se também o espiritismo. O kardecismo experimentou um leve auge, estando dirigido mais ainda em direção ao filosófico e orientado a pensar um pan-americanismo, como mostra a fundação da Confederação dos Espíritas de Porto Rico, nos anos 1970, que integra a Confederação Espírita Pan-americana (Cepa), fundada em 1946, em Buenos Aires. O espiritismo popular, no entanto, novamente se encontra na clandestinidade, pelo fato de as igrejas pentecostais estarem tendo muito êxito em Porto Rico – como em toda a América Latina – e deslocarem, apesar de terem elementos comuns, não só as religiões afro-americanas, condenadas por elas, mas também os centros espíritas.

Mas, apesar da atitude hostil das igrejas pentecostais ao espiritismo, ele é, hoje, parte da vida cotidiana da população, e não somento dos que se identificam publicamente como espíritas. Ainda que nem todos os porto-riquenhos sejam espíritas, pode-se afirmar que os elementos espíritas penetraram a cultura porto-riquenha na qual, em parte, já não são reconhecidos como tais: a crença na existência de espíritos e na possibilidade de comunicação com os mortos (com ou sem médium) são exemplos disso. Também as pessoas que rechaçam o espiritismo têm tido contato com ele ou seus familiares tiveram. Nos tempos de crise, continuam disponíveis os curandeiros espíritas.[10] Assim, o espiritismo em Porto Rico é qualificado na literatura como religião clandestina (Jose Morales Dorta); como subcultura (Alan Harwood); como psiquiatria popular (Lloyd H. Rogles e August B. Hollingshead); e como união social por sobre todas as classes sociais (Madeleine Michtom).[11] O espiritismo trouxe estabilidade em tempos de mudança, uma vez que a crença nos espíritos pôde ajudar os porto-riquenhos a sobrepor os problemas da vida cotidiana.

O espiritismo porto-riquenho em Nova York

Durante a migração, ou seja, novamente em uma situação crítica, produziu-se um ressurgimento do espiritismo popular e, também, novas misturas. A crença nos espíritos pode, sim, ajudar os migrantes a enfrentar os problemas da vida cotidiana em Nova York. Nesse espiritismo é possível verificar uma possibilidade de acesso à identidade porto-riquenha, em particular daqueles emigrados que, nos Estados Unidos, vivem entre negros e brancos conhecidos como "imigrantes" com cidadania estadunidense. Na diáspora, os sentimentos de inferioridade, medo e dúvida mesclam-se ao orgulho de ser "Boriquen".[12] Como o espiritismo não é um sistema fixo, ele

10 Ver, por exemplo, a entrevista da espírita Doña Bolina e a autora M. D. Hajosy Benedetti em Benedetti (1992), p.66-7.

11 Para uma crítica da representação dos espíritas como pessoas enfermas, ver Schmidt (2000).

12 Boriquen era o nome da ilha de Porto Rico, na língua dos Taino, habitantes originais, antes da conquista pela Espanha. Agora, o termo significa uma versão "autêntica" da ilha ou dos originários da ilha.

incorpora ainda elementos da religião afro-cubana, da santeria, que tem suas raízes na religião dos yorubá da Nigéria.

Em especial, a interação entre os diferentes grupos e culturas que os imigrantes constituem produz novas mesclas em um ambiente urbano e global, como Nova York. Essas mesclas influem na vida dos imigrantes e também fomentam a criatividade cultural na cidade. O dinamismo criativo significa que a migração se relaciona sempre com um processo de construção e reconstrução das identidades.

A presença de porto-riquenhos em Nova York começou no século XIX. Depois da ocupação de Porto Rico pelos Estados Unidos, em 1898, o câmbio social, político e econômico na ilha causou a migração de mais e mais porto-riquenhos aos Estados Unidos, em particular às cidades do norte, Nova York e Chicago. Em 1910, só um pouco mais de mil porto-riquenhos viviam nos Estados Unidos, mas a cidadania norte-americana outorgada aos porto-riquenhos a partir de 1917 facilitou o movimento migratório entre Porto Rico e aquele país. Em 1920, quase todos os estados dos Estados Unidos relatavam a presença de porto-riquenhos (Sánchez Korrol, 1994, p.3), num número que aumentou particularmente depois da Segunda Guerra Mundial. Nova York era (e é) a capital oficial dos porto-riquenhos, economicamente mais importante do que a capital da ilha, San Juan. Hoje, quase 1,7 milhão de "latinos" vivem nos Estados Unidos, a metade são porto-riquenhos (Haslip-Vieira, 1996, p.14-5), mas a maioria não se sente como norte-americanos, mas como porto-riquenhos, assumindo a identidade "latina". Até hoje Porto Rico não é um estado oficial dos Estados Unidos, mas um estado associado, e sua cultura mistura a herança espanhola, a cultura indígena taino, as culturas africanas e também a cultura norte-americana.

As colônias porto-riquenhas nos Estados Unidos, anteriores à II Guerra Mundial, desenvolveram uma comunidade distinta. Os porto-riquenhos vinham a Nova York em busca de melhor emprego, de melhores condições sociais e por conta de outros motivos individuais. Em Nova York construíram uma comunidade como a de Porto Rico, com as mesmas instituições familiares, as mesmas organizações vicinais e as mesmas tradições culturais, e transplantaram atitudes, ideias e valores, práticas, linguagens e outras tradições por meio das quais a comunidade porto-riquenha se diferenciava de outras comunidades étnicas (Sánchez Korrol, op. cit., p.211). Hoje a comunidade porto-riquenha em Nova York é naturalmente muito heterogênea. Alguns porto-riquenhos se adaptaram à cultura majoritária dos Estados Unidos; alguns se sentem mais próximos de outros latinos ou de afro-americanos. Há porto-riquenhos que acentuam uma identidade espanhola ou uma identidade indígena (dos tainos, habitantes originais da ilha – Duany, 1999, p.31-55) ou uma identidade africana, mas os aspectos familiares transplantados de Porto Rico, como também a religião, ainda caracterizam suficientemente aos porto-riquenhos em Nova York. A maioria dos porto-riquenhos é católica, mas a Igreja Católica não tem muita influência na vida cotidiana. Ana Maria Diaz-Stevens escreveu que, à parte o catolicismo, a experiência religiosa dos porto-riquenhos constitui-se de elementos africanos, espiritismo, protestantismo, pentecostalismo e santeria cubana – sendo o pentecostalismo a religião que mais cresce entre os latinos nos Estados Unidos (Díaz-Stevens, 1996, p.142 e 162). Mas, como diz Peggy Levitt, as práticas religiosas populares constituem o centro da vida religiosa dos latinos e se realiza fora das igrejas oficiais (Levitt, 2002, p.153). O sincretismo na prática de ser católico (ou protestante) e praticar o espiritismo não é uma contradição para os porto-riquenhos em Nova York. Desde o começo da migração para essa cidade, porto-riquenhos viviam com imigrantes cubanos e conviveram com sua religião afro-cubana. Impressionados pelos orixás (origem Yorubá e hoje parte da santeria cubana), os porto-riquenhos começaram a integrar a religião afro-cubana ao próprio sistema religioso.

A relação entre santeria e kardecismo começou ainda antes da migração para Nova York, já no tempo da fundação da santeria em Cuba. Durante a escravidão, os cabildos católicos dos escravos africanos salvaram muitos elementos da cultura yorubá e produziram a base de uma etnicidade africana, precisamente uma etnicidade lucumi, como se denominam os yorubás em Cuba.

Ao final da escravidão, a santeria se desenvolveu nesses cabildos, transformando-os em "Casas de Santos". Durante esse tempo, o caminho dos mortos, como o espiritismo cubano se autodenomina muitas vezes, era muito comum na classe alta dos brancos em Cuba e, depois de pouco tempo, alguns aspectos da "mesa branca" influíram nas crenças dos escravos e de seus descendentes livres. Depois da migração cubana aos Estados Unidos, a relação entre espiritismo e santeria aumentou. Hoje, o espiritismo é, para alguns santeros, a primeira etapa da iniciação.[13]

Para os porto-riquenhos, a relação entre santeria e espiritismo é muito mais importante. Primeiro, as influências do espiritismo na santeria praticada por porto-riquenhos são mais fortes do que na versão cubana. Por exemplo, alguns sacerdotes porto-riquenhos da santeria mandam seus adeptos regularmente (diferentemente dos cubanos que são mandados só uma vez antes da iniciação) a centros espíritas para pedir ajuda aos espíritos dos mortos. Segundo, as influências da santeria no espiritismo desenvolveram uma nova versão de espiritismo popular "puertorriqueño" que é muito comum nas comunidades porto-riquenhas em Nova York. Enquanto na ilha o kardecismo diminuiu nas últimas décadas, essa nova mescla, o espiritismo africano (santerismo, segundo George Brandon – 1993, p.108) aumentou em Nova York. Os sete poderes africanos, os guerreiros Elegua, Orula e Ogum com os orixás Xangô, Oxum, Iemanjá e Obatala, ocupam uma posição importante e visível dentro do espiritismo africano. Sobre os altares, nos centros espíritas, pode-se observar, ao lado de uma garrafa de água, livros de Kardec e um livro de orações católicas, bem como coleções de objetos sagrados e símbolos associados pelos crentes aos orixás africanos; por exemplo, os colares vermelhos e as machadinhas de Xangô, os colares laranjas e as plumas para Oxum, os colares azuis e as conchas para Iemanjá, e colares brancos e bolas de algodão branco para Obatalá. As duas tradições estão unidas em um sistema comum, como escreve El Akoni, um santero de Nova York:

13 Ver, por exemplo, Canizares (1993), p.77-8.

> O espiritismo e a santeria não são dois caminhos distintos, mas um mesmo caminho, com duas etapas perfeitamente hierarquizadas e conectadas entre si. Um Orixá é, por assim dizer, um deus, mas de muito menos potência que o Deus único, que o supremo Olofi; mas, está claro, de uma potência e de um alcance muitas vezes maior que as de um simples espírito comum. (Akoni, 1975, p.149)

No espiritismo africano, há manifestações dos espíritos e também dos orixás africanos. Assim como o espiritismo popular da ilha, o africano é também uma religião pragmática, que fortalece os poderes dos crentes dirigindo a culpa do mau comportamento e da enfermidade a seres sobrenaturais. E o espiritismo africano é uma religião corporal, na qual os crentes podem sentir a força sobrenatural – dos orixás africanos e dos mortos – no próprio corpo. Se, por um lado, a santeria modificou-se para incluir algumas sessões com os espíritos dos mortos, o espiritismo popular mudou para incluir os orixás.

Espiritismo como religião híbrida

O conceito de hibridação nos oferece um marco teórico para falar sobre um sistema tão dinâmico como o espiritismo. Néstor García Canclini usou o temo *híbrido* para criticar particularmente a separação do moderno e do tradicional. Autores como Jean Benoist reprovam o conceito *híbrido* porque ele viria de um contexto botânico, no qual significa ser um fruto de uma mescla não natural e também estéril, como uma mula. Mas o termo *híbrido* tem, para García Canclini, uma conotação conscientemente positiva. O autor usou-o em um sentido totalmente diferente do termo botânico. O híbrido, para ele, não se baseia em conceitos puros, autênticos ou essencialistas, mas acentua mesclas interculturais. García Canclini define hibridação como

> processos socioculturais nos quais estruturas ou práticas discretas, que existiam em forma separada, combinam-se para gerar novas estruturas, objetos e práticas. (Canclini, manuscrito)

Em seu livro, ele apresenta uma imagem crítica da sociedade mexicana no caminho da era global. As sociedades pós-modernas latino-americanas estão, segundo García Canclini, dentro de um processo de transformação que perde de vista o sujeito e, nesse sentido, caracteriza a cultura pós-moderna como "posta em cena de dupla perda: do libreto e do autor" (Canclini, 1990, p.86). O pós-modernismo latino-americano não implica, na sua opinião, nenhum novo paradigma, mas um tipo especial de trabalho baseado nas ruínas do modernismo.

Com o conceito do *híbrido* García Canclini queria anular as dicotomias conhecidas entre tradicional e moderno, entre rural e urbano, já que a diversidade de uma cultura nacional e sua estrutura descentralizada não podem ser concebidas em sua totalidade. Olhando os processos urbanos, hibridação significa a interação entre cultura popular e cultura das elites, como a mescla de melodias étnicas com musica clássica e como as cerâmicas de diabo dos Purépecha de Ocumicho, por que "os fatos culturais *folk* ou tradicionais são hoje o produto multideterminado de atores populares e hegemônicos, camponeses e urbanos, locais, nacionais e transnacionais" (Ibid., p.205). O processo de hibridação floresce, por isso, muito visível em um ambiente moderno ou pós-moderno, quando os elementos não só se combinam, mas se justapõem com produtos das tecnologias avançadas e processos globais – por exemplo, nas megalópoles multiculturais como Nova York.

O espiritismo porto-riquenho em Nova York se parece perfeitamente com um processo híbrido, uma vez que se junta a diferentes elementos de diferentes sistemas de crença. Como a mistura de melodias étnicas com música clássica, o espiritismo porto-riquenho também é produto de uma mistura de elementos tradicionais – das religiões indígenas, africanas e espanholas – com aspectos modernos, como a escritura espírita. Mas o sistema não é fixo, antes aberto para incluir novos elementos. Em relação ao conceito cultural de García Canclini, o termo *híbrido* questiona a perspetiva estática de religião e nos orienta a um conceito dinâmico. Ele usa a denominação híbrida dentro de uma investigação sobre culturas mistas: em uma consciente renúncia às desvalorizações da mescla, o autor eleva o término a um título de honra das culturas. Em concordância com isso, o espiritismo porto-riquenho também representa um processo híbrido, mas em caso algum o espiritismo é tratado negativamente por esse termo, em comparação com as religiões aparentemente puras, mas sim tem sua criatividade posta em relevo.

A versão híbrida do espiritismo pode ser caracterizada por sua base católica e, ainda que as pessoas no seu interior não tenham aceitado a Igreja Católica e sua soberania, criaram a religião católica em sua versão popular. Além disso, esse espiritismo baseia-se em sua função curativa, e especialmente o espiritismo popular quer ajudar os crentes e também os espíritos. Ainda que o próprio Kardec tenha concentrado a ciência na investigação dos espíritos com a finalidade de ajudá-los em sua evolução, o espiritismo popular utiliza seu poder para ajudar pessoas, manejando os espíritos. Pouco tempo depois que a filosofia do espiritismo se fez mais popular em Porto Rico, ela foi considerada uma moldura para diferentes tradições religiosas e medicinais a fim de conseguir reconhecimento e algum modo de legalidade para os curandeiros populares.

Com a migração dos porto-riquenhos e também de sua religiosidade popular para Nova York, o espiritismo porto-riquenho teve de adaptar-se, por isso é importante remeter ao seu dinamismo e também à brevidade da existência de sistemas concretos. Não há uma versão autêntica do espiritismo popular: o sistema que estou descrevendo já mudou, neste momento. O espiritismo construiu, em cada localidade e em cada situação, o próprio sistema de crenças e práticas, com capacidade de mudar facilmente para incluir novos elementos ou rechaçar os velhos. A composição dos elementos varia em todos os centros espíritas de Nova York, e isso é hibridação, a mescla de tradição e modernidade, de rural e urbano, de espíritos e orixás.

Segunda Parte
Religiões afro-brasileiras: História e Ciências Sociais

Assombrações do feminino: estórias de pombagiras e o poder do feminino[1]

Vânia Z. Cardoso

Mas ela é dama,
Ela é faceira.
Toma cuidado,
Que ela é feiticeira.
Feitiço bota,
Feitiço tira,
Toma cuidado,
Que ela é feiticeira.

Ponto para Pombagira

---

1 Este texto resulta do projeto de pesquisa de pós-doutorado, "Assombrações do feminino: sujeitos narrados e estórias vividas no cotidiano da 'macumba'" (2006), realizado no PPGSAS/IFCS/UFRJ, com financiamento do CNPq, assim como de pesquisa de campo durante o doutorado, realizado na University of Texas at Austin (2004), financiada pela Wenner-Gren Foundation. Agradeço às duas instituições pelo apoio recebido. Partes deste texto foram apresentadas no GT Antropologia e Gênero, 26ª Reunião Brasileira de Antropologia, Porto Seguro, Bahia, 2008.

Nas *macumbas*[2] cariocas circulam muitas estórias[3] sobre as *pombagiras*, "espíritos" ou "entidades" que atraem um grande número de clientes e filhos de santo para as "sessões de consulta" e para as "giras" onde elas vêm dançar e beber, as pombagiras são capazes – se assim o desejarem – de "abrir caminhos" para que possamos reencontrar a pessoa amada, solucionarmos uma difícil situação financeira, talvez encontrarmos um emprego, ou mesmo descobrirmos a obscura causa de alguma estranha mazela que tanto nos incomoda. Vestidas com sedas e babados, adornadas com joias coloridas e armadas com punhais e línguas ferinas, entre goles de cidra, drinque Dreyer ou cachaça, entre palavrões e gargalhadas, as pombagiras conversam com seus clientes e negociam seus serviços em troca de pagamentos que as satisfaçam.

As estórias, narradas por filhos de santo e espíritos, nos contam sobre seus poderes de "aparecer" onde desejam e de "interferir" no cotidiano de forma imprevisível. Tais estórias fomentam a identificação das pombagiras – e a própria percepção da macumba – como simultaneamente objetos de medo e fascínio, desejo e repulsa. Nessas estórias, o que se ouve não são meras inversões do bem e do mal. Ao ressaltarem tanto a capacidade das pombagiras para o mal como seu potencial para o bem, tais estórias de fato narram a materialização da própria figura da sedução, de espíritos investidos com imagens de perigo, tentação e desejo.

---

2 "Macumba" é um termo que aparece na fala dos sujeitos etnográficos como um modo comum de referência aos centros, às giras e às sessões de consulta dispersos pelos subúrbios cariocas. O termo faz referência às práticas, aos lugares e à própria socialidade saturada pela presença de espíritos. Apesar de ter praticamente desaparecido como um termo analítico, ele é marcado por significados historicamente racializados que são significativos para a discussão aqui proposta. Para uma discussão mais aprofundada das implicações dessa nomeação, ver Cardoso (2004).

3 Uso o vocábulo "estória" porque este remete diretamente à fabulação, levando-nos a pensar nas narrativas aqui tratadas como um tipo de ficção – não no sentido de uma "falsidade", mas sim no sentido criativo da fabulação e da tensão entre o "real" e o "imaginário" por ela provocada.

Nessa materialização dos espíritos e seus poderes nas estórias, as pombagiras são frequentemente associadas a acusações de criminalidade.[4] Associada ao cemitério, à encruzilhada e à morte, elas são frequentemente descritas como espíritos "menos evoluídos", com capacidade ilimitada para o mal, mesmo quando executando "trabalhos"[5] para o bem. Identificadas como prostitutas, as pombagiras são caracterizadas por uma marcante sexualidade, pelo falar carregado de palavrões e referências ao corpo erotizado, e pelo gosto pela bebida e pela riqueza.

As "biografias míticas"[6] das pombagiras seguem diversos "caminhos do imaginário",[7] desde a estória de uma nobre da corte espanhola que se torna "mulher da vida",[8] até mulheres menos nobres que compartilham as ruas e os rituais com outros malandros. O que as poderosas pombagiras têm em comum em todas essas narrativas é a posição de liminaridade que ocupam.

Falar em personagens socialmente marginais, tais como a prostituta, imbuídos de poderes mágico-religiosos já é quase um lugar-comum na Antropologia. Peter Fry (1982). argumenta que o próprio ordenamento social tende a produzir as esferas identificadas com a desordem, aquilo que é dito marginal. Analisando o papel privilegiado dado a homens homossexuais nas religiões afro-brasileiras, Fry conclui que é o próprio *status* de marginal que é investido com poderes mágicos. Seria, então, a posição de "outro", a diferença do sujeito marginal, que o imbuiria de poder mágico.

Poderíamos certamente pensar o poder das pombagiras dessa perspectiva de inversão do social, afinal, os rituais afro-brasileiros são comumente apontados como tais inversões, e, no caso das pombagiras, como Patrícia Birman (1983, p.32-3) coloca, não só o

4 Cf. Contins (1983); Contins e Goldman (1985), p.104-32; e Prandi (1996), p.139-64.

5 "Trabalho" significa a própria interferência mágica dos espíritos no dia a dia. Também é dito que a pessoa que recebe um espírito, "trabalha" com tal espírito.

6 Prandi (1996), p.149.

7 Cf. Meyer (1993a).

8 Cf. Meyer (1993b).

poder sobrenatural é investido justamente no aspecto mais socialmente estigmatizado do feminino – a sexualidade, mas também na dimensão mais acentuada desse estigma, a prostituição. É nesse sentido que a caracterização das pombagiras enquanto mulheres que excedem as regras sociais do "feminino", sua "diferença" e sua identificação enquanto "outro" é comumente enfatizada nos textos acadêmicos como a fonte de seu poder. No entanto, embora esta seja uma dimensão importante da construção cultural do poder desses espíritos, é fundamental considerarmos que, como Fry sugere, a "diferença" é sempre relacional e situada. Se, como argumenta Márcia Contins (1983), é o desrespeito às convenções sociais de construção do "feminino" que constitui o poder das pombagiras, tal "desrespeito" não apresenta um significado único.

Atribuirmos o poder sobrenatural das pombagiras à inversão enunciada por sua marginalidade é necessariamente pensarmos as pombagiras enquanto "outro" do "feminino". Mas de que "outro" e mais do que "feminino" estamos falando ao sugerirmos que seu poder sobrenatural emerge de seu "desrespeito" às convenções sociais de construção do "feminino"?

Como argumenta Joan Scott (1988), "mulher", "feminino" e "gênero" são conceitos cuja significação é articulada por meio de processos históricos culturais de diferenciação, que, por sua vez, criam e naturalizam tais diferenças. Se o significado do "feminino" é articulado por meio de tais processos, "desrespeito" e "marginalidade" também não podem ser tomados como tendo um significado único. Então, é importante considerarmos a relação entre as pombagiras e seus clientes, e filhos de santo, atentando para os processos de (des)identificação que ganham forma nessas relações, nas quais o próprio poder desse espíritos se constitui.

É nesse sentido então que me volto aqui para as estórias sobre os fazeres das pombagiras, sobre a vida e a morte delas – e sobre seus poderes – contadas pelos filhos de santo, pelos clientes e pelas próprias pombagiras. Essas estórias se espalham no dia a dia dos macumbeiros, narrando os feitos e desfeitos das pombagiras, e impregnando o mundo com a presença desses espíritos e com seus poderes de afetarem nossos desejos mundanos.

Compartilhar a busca pelos poderes das pombagiras, seja como cliente, seja como antropóloga, é se deixar contagiar por um imaginário, por um estar no mundo, marcado pela presença de espíritos (Cardoso, 2007, p.317-45). Não se trata aqui de deixar-se levar, tanto como cliente quanto como antropóloga, por uma *crença* em espíritos, mas sim "ser afetada"[9] pela *experiência* de seus feitos e desfeitos, pela *experiência* da presença das pombagiras como sujeitos de uma socialidade continuamente narrada. É ser envolvida pela socialidade da *macumba*, uma socialidade saturada pelo poder dos espíritos de prostitutas, é ser *afetada* pelas narrativas encorporadas nas pombagiras.[10]

A magia e o feminino

As pombagiras têm sido tema de várias reflexões, tanto na literatura religiosa – os vários livros e revistas que podemos encontrar não só em lojas de artigos religiosos e bancas de jornal, mas também nas livrarias mais conceituadas – quanto na literatura antropológica. Nesses estudos, as pombagiras são frequentemente representadas como a "maldade em forma de mulher" (Fontanelle, 2004, p.109), ou o "lado negativo" da dualidade associada aos exus (Capone, 2004). Para Stefania Capone, por exemplo, a Pombagira é a "a dramatização do poder sexual feminino, do lado feiticeiro escondido em cada mulher" (Ibid., p.110). Nessa representação, o que se

---

9 Cf. Fravret-Saada (2005), p.155-61.

10 Da mesma forma que as estórias sobre as pombagiras circulam entre filhos de santo e clientes, e as pombagiras elas mesmas se deslocam pelo espaço urbano do Rio de Janeiro, o trabalho de campo transita por "sessões de consulta", "centros" e "giras". Aqui o "campo" se desloca pelas tramas da socialidade da macumba, traçando narrativas e sendo transformado pelas estórias das pombagiras, estendendo-se por períodos diversos desde o primeiro contato no final dos anos 1990 até o presente.

acentua é a relação entre "magia" e um "feminino" naturalizado. O mal, quando associado aos exus,[11] é comumente descrito como uma dimensão própria do ser humano, ou de um ordenamento moral do universo, sem ser identificado como uma característica do "masculino". No entanto, quando a discussão se volta para as pombagiras, o mal se torna um poder inerente ao "feminino", parte constitutiva de uma natureza dita feminina.

Patrícia Birman (1983) e Márcia Contins (1983) também se voltam para a conjunção do "feminino" e da "magia" na figura da Pombagira, mas de modo a acentuar a dimensão social dessa identificação. Birman (1983, p.32) descreve a representação da Pombagira, enquanto prostituta, como uma acentuação da estigmatização da sexualidade feminina. Contins (1983, p.138), por sua vez, sugere que a Pombagira, enquanto dramatização de uma noção individualista da pessoa feminina, é percebida como perigo por representar uma ameaça às relações de gênero legitimadas no espaço doméstico. A Pombagira seria, então, uma dramatização de modos de ser (ou não) mulher.

Essas reflexões deixam entrever também que a Pombagira ganha "vida" dentro de um imaginário popular em que, como aponta Capone (2004, p.118), há uma forte presença da magia em relação ao "feminino". Longe de uma "biografia mítica" única, as pombagiras estão envoltas em múltiplas estórias. Como Contins (1983). argumenta, a diversidade de pontos de vista sobre as pombagiras marca o campo etnográfico.

Marlyse Meyer (1993b), por exemplo, seguindo traços encontrados em Laura de Mello e Souza (1986), propõe-se a traçar a história

11 Exu é usado com múltiplos sentidos. Enquanto no candomblé é a designação de um orixá, nas umbandas, macumbas e outras práticas religiosas afro-brasileiras – inclusive no próprio candomblé –, exu é usado como uma referência aos "espíritos da esquerda", ao "povo da rua", às "ciganas" e tantos outros espíritos marcados pela ambiguidade de seus poderes. Frequentemente, esses espíritos são associados ao diabo cristão, ocupando lugar central no próprio imaginário das religiosidades evangélicas, onde se tornam objetos de práticas de "exorcismo", "desobstrução", "descarrego" etc.

de uma Pombagira em particular, a popular Maria Padilha. Fazendo conexões entre textos literários e religiosos do século XVI ao século XIX, e entre estórias de magia na Europa e no Novo Mundo, Meyer trilha um "caminho do imaginário" entre a Península Ibérica e o Brasil colonial, tecendo uma história de transformação de uma mulher europeia, até chegar ao espírito de uma "mulher da vida" chamada Padilha que é incorporado nas umbandas contemporâneas. Sem os requintes da investigação literária e histórica de Meyer, essa mesma Maria Padilha aparece recontada como uma nobre europeia, emoldurada pelo gênero das românticas tragédias de amor e perdição, e idealizada nas páginas dos livros da literatura popular umbandista. Outras "biografias míticas" seguem esse viés de folhetim romântico para investir na figura da Pombagira uma desejada origem europeia.[12]

Seguindo para outro destino além-mar, Monique Augras (2000) remove as pombagiras desse universo europeu e as liga à mitologia africana, identificando o nome desses espíritos como uma corruptela do nome do deus banto Bombojira. Nessa transformação para o português, o nome então incorporaria os significados de "gira" – a roda dos rituais religiosos – e "pomba" – referência aos órgãos genitais, termos também de origem banta. Na ambiguidade e na sexualidade das pombagiras ecoam não só essa origem etimológica, mas também, segundo Augras (Ibid.) e Prandi (1996a), o temido poder feminino de Iyá mi Oxorongá, deusa iorubá não cultuada no Brasil, mas cujo poder mítico seria aqui cultuado de forma dispersa por sua incorporação em outras entidades femininas.

Para Capone, a interpretação sobre a identidade e os poderes das pombagiras oferecida por Augras não poderia ser seriamente tomada como "real", estando de fato imersa no campo do discurso contemporâneo de reafricanização das religiões afro-brasileiras. Poderíamos dizer, no entanto, que tal interpretação não é menos "real" que a de Meyer, e que, na verdade, encontra a "realidade" de seu argumento dentro de outra lógica. Não podemos tampouco esquecer que se,

12 Cf. Omolubá (1994).

como a própria Capone aponta, o viés interpretativo de Augras ganha força em livros religiosos, nessa literatura ecoa também a "realidade" de um desejado imaginário europeu.

O que essas interpretações contrastantes evidenciam é que, longe de se enquadrar em uma mitologia única, a figura da Pombagira é envolta por estórias que se transformam de acordo com o público que as "consome", e é nesse consumir que não só as estórias adquirem significados sempre contingentes, mas a construção do poder desses espíritos ganha forma e os múltiplos sentidos da própria identidade das pombagiras são construídos.

As estórias e o poder dos espíritos

As estórias sobre a "vida" das pombagiras existem em um espaço narrativo caracterizado pela tensão entre uma narração excessiva e a obscuridade, a vida delas suspensa entre as estórias formulaicas e genéricas das pombagiras, e o mistério tentador de suas estórias individuais. Por um lado, estórias sobre as pombagiras – e sobre os espíritos do chamado *povo da rua*[13] – abundam em uma rica mitologia popular, alimentadas pelas estórias publicadas nos muitos livros disponíveis em bancas de jornal, livrarias, "casas de santo" e na internet.

Em sua clássica etnografia, *Exu e poder,* Liana Trindade (1985) entrevistou umbandistas que, em seus depoimentos, recontavam inúmeras versões desse repertório de estórias. Por outro lado, Monique Augras (1997, p.42-9), em um texto sobre outro espírito do *povo da rua* também muito popular, o *malandro Zé Pilintra,* nos fala do silêncio com que se deparou ao buscar informações sobre ele. Como diz Augras, falar "de Zé Pilintra é dizer de aproximação e recuo, acertos e esquivas, transgressões e perigos. É render-se à eloquência do não dito..." (Ibid., p.43).

13 A Pombagira é uma das categorias de espíritos conhecidos coletivamente como povo da rua.

As estórias sobre as vidas das pombagiras, como sobre as do povo da rua em geral, que são ouvidas nos rituais de consulta ou nas giras, ou que se ouve no dia a dia, podem ser tão elusivas quanto os espíritos. As inúmeras estórias que ouvi não contavam propriamente onde esses espíritos haviam vivido, ou precisamente onde suas vidas teriam se desenrolado, tampouco diziam exatamente o que essas mulheres haviam feito em vida. Não que essas informações não sejam importantes para as estórias, já que detalhes sempre surgiam aqui e ali nas conversas. As menções, no entanto, eram sempre ambíguas, com detalhes se acumulando aos poucos, trançando uma colagem de memórias que produzem imagens sempre fragmentadas do que as pombagiras são/eram. É possível compilar uma estória para passar adiante, mas sem ter a certeza de que se conhece toda a estória, ou de que o que havia sido contado era realmente a estória de uma Pombagira em particular.

Uma das pombagiras que encontrei várias vezes em uma *macumba* em Bangu, no subúrbio do Rio de Janeiro, prometeu-se várias vezes que um dia me contaria a estória de sua vida. "Mas você não vai gostar... É muito triste!", ela sempre se esquivava quando eu lhe perguntava. Esse contínuo adiar do contar não é simplesmente uma recusa ao narrar, já que essa Pombagira, Cacurucaia, estava sempre contando um pouco aqui, um pouco ali. Esses fragmentos eram de estórias não exclusivamente suas, já que sempre falavam de seus feitos para esse ou aquele cliente, detalhes que entrelaçavam sua estória com a de clientes e filhos de santo. Essa forma do contar das estórias das pombagiras acaba por envolver a vida delas em mistério, ao mesmo tempo que revelam o suficiente para atrair o ouvinte – cliente, filho de santo, antropóloga. As lacunas nas estórias tornam-se ainda mais sedutoras do que a clareza do conhecimento.

Detalhes da vida de uma Pombagira tornam-se parte de uma narrativa à medida que eles se tornam relevantes para o momento. Eventos que acontecem, destinos que as pessoas encontram, um conselho dado às pessoas que procuram o espírito, tudo isso torna-se deixas para o contar de certos fragmentos das estórias dos espíritos. Tais estórias não são oferecidas como *informação*, uma forma de comunicação que, como nos diz Walter Benjamin, é passível de verificação e deve aparentar ser "compreensível em si mesma" (Benjamin, 1968, p.89). Estas são estórias que emergem da própria comensalidade da experiência, e Benjamin nos diz que "a experiência passada de boca em boca é a fonte de todos os narradores" (Ibid., p.84). Para ele, um narrador toma o que ele conta da experiência – a sua e a contada por outros – e a transforma na experiência daqueles que o ouvem (Ibid., p.87).

Nessa comensalidade, participar desse tecer narrativo não é participar da criação de uma estória coerente, versões acertadas, ou mesmo participar de um ato isolado e passível de identificação como um momento do narrar. Os elementos dessas estórias estão dispersos no dia a dia, nos vários momentos dos rituais, em *pontos* (cantigas) e conversas. Como em uma noite de consultas, quando Cacurucaia compartilhava a noite com várias outras pombagiras presentes. Uma cliente havia procurado Cacurucaia porque "nada na sua vida estava dando certo". Eu nunca fiquei sabendo muito sobre a mulher, só que, por mais que ela tentasse, não conseguia "arrumar sua vida": faltava trabalho e sua vida familiar estava em caos. "Seus caminhos estão fechados", declarou Cacurucaia, segurando a mão da mulher enquanto pedia que fosse cantando um ponto para outra Pombagira, a Maria Molambo. Os problemas da mulher seriam causados por essa outra Pombagira e era com ela que deveriam ser resolvidos.

Cacurucaia sentou-se num canto, olhando de longe a cliente conversando com Maria Molambo. Bebendo mais e mais cachaça, ela não tirava os olhos da outra Pombagira, que, por sua vez, retornava os olhares desconfiada. "Foi por causa desta aí!", apontou Cacurucaia com desprezo. A tensão entre as duas era palpável e logo uma acalorada discussão começou entre elas. Entre palavrões e referências obscenas à sua performance sexual, Cacurucaia conseguiu expulsar a outra Pombagira que ela mesma havia chamado. Para alívio de todos ali presentes, Maria Molambo partiu dizendo que precisava "cuidar das coisas dessa menina noutro lugar".

Cacurucaia vangloriava-se de sua vitória e perguntava a todos se haviam visto o rosto da outra Pombagira, marcado por cortes de navalha. Algumas pessoas ao meu redor diziam ter reconhecido o rosto marcado e as roupas rasgadas de Maria Molambo, marcas de sua identidade que eu não reconheci, incapaz de "ver além" do próprio corpo da mulher que havia incorporado a Pombagira. "Eu que fiz!", Cacurucaia gritou com um sorriso amargo no rosto. "Foi essa puta que eu matei!"

Foi esse comentário que me permitiu entender o comportamento de Cacurucaia naquela noite. Fragmentos de sua estória, que eu havia ouvido anteriormente, voltaram a minha memória e eu, finalmente, como os outros filhos de santo, pude também reconhecer a outra pombagira como a mulher que, em vida, havia traído Cacurucaia, causando a morte das duas mulheres. Naquele momento eu tive a efêmera sensação de *conhecer* a estória de Cacurucaia, de *possuir* uma estória discernível que pudesse ser inserida em minha narrativa etnográfica.

Mas conhecer a estória, simplesmente adicionar todos os fragmentos e passar adiante uma estória pronta é colocar-se, enquanto narradora, fora do espaço coletivo do recontar, da socialidade que é uma parte fundamental da *relação* com as pombagiras – e com o povo da rua em geral. É nessa relação que tanto os múltiplos significados da Pombagira quanto as "dramatizações" do feminino ganham vida.

E tal relação está imbricada na ressonância entre vários momentos dessa socialidade, em que se configuram arranjos contingentes entre as várias estórias que circulam pela macumba, momentos como uma sessão de consultas que havia acontecido algumas semanas antes do encontro explosivo entre Cacurucaia e sua mortal inimiga que descreve anteriormente. Naquela outra noite, Cacurucaia havia dado consultas a um grupo de mulheres com as quais ela tinha muito em comum. As clientes, assim como a Pombagira havia sido em algum momento do passado, eram também jovens mulheres que trabalhavam como prostitutas. Elas moravam nos arredores do "centro" onde a Pombagira dava consultas, e várias delas já haviam vindo procurá-la antes. Cacurucaia conversou com elas, uma a uma, em seu quarto, por detrás da porta decorada com uma grade em forma de tridente e pintada em vermelho e preto. Da voz das mulheres só se ouvia sussurros e ocasionais risadas, mas a voz de Cacurucaia podia ser ouvida a distância, a porta cerrada completamente inútil para manter os "segredos" da consulta entre as quatro paredes do quarto de Cacurucaia.

Depois de conversar com as mulheres, a Pombagira se declarou exausta, e saiu de seu quarto pedindo mais bebidas e cantigas para melhorar seu humor. Ela brincava com as mulheres, oferecendo comentários explícitos sobre seus corpos, flertava abertamente com os poucos homens presentes entre seus clientes naquele dia e xingava a filha de santo que a ajudava a ajeitar sua roupa. Mandando guardar as navalhas que carregava entre os seios durante as consultas, Cacurucaia gargalhava com as próprias piadas.

No meio da aparente brincadeira, Cacurucaia tachou suas clientes daquele dia de "mulheres burras". "Todas querem um homem!" E "cês acha que eu num tenho nada melhor p'ra fazê? Eu ajudo com dinheiro, com trabalho... Mas homem? Pra que serve?" Debochando de si mesma, Cacurucaia confessou que um dia ela também havia desejado "ter um homem". Ela havia deixado a "vida na rua" por ele, havia trabalhado no campo e mantido uma casa, só para tudo terminar em traição, ela nos contou, antes de desviar sua atenção para o jovem que estava tocando atabaque naquele dia e se oferecer para iniciá-lo nos prazeres do corpo que só ela podia oferecer.

Depois que Cacurucaia partiu naquela noite, a filha de Luciana – a mulher que "trabalhava" com a Pombagira – contou-me que Cacurucaia havia flagrado seu companheiro na própria cama com uma moça que ela havia generosamente acolhido em sua casa. Levada pelo ódio, Cacurucaia havia assassinado seu companheiro, cortado o belo rosto da outra mulher e depois se matado, juntamente com a criança que carregava em seu ventre. Era essa moça a Maria Molambo marcada pelos sinais da ira de Cacurucaia, que apareceria algumas semanas depois para atender às súplicas de uma cliente.

A estória da morte de Cacurucaia contém imagens de ira assassina, amantes pérfidos, amizades ingratas, sofrimento desmedido e amarga sabedoria. Todas são imagens condizentes com a caracterização das pombagiras como mulheres passionais e despidas de moralismos que possam controlar seus impulsos ou desejos. Eu, no entanto, seria também uma "mulher burra" se me deixasse seduzir pelo poder desse fechamento narrativo e por sua aura de conhecimento, pois, como as mulheres naquele dia, eu estaria "procurando a coisa errada". Os detalhes sobre a vida de Cacurucaia são certamente importantes para a constituição de quem ela é e de quem as pombagiras em geral são. No entanto, o modo como esse conhecimento é transmitido, a maneira como os espíritos e sua audiência – clientes, filhos de santo, ouvinte ocasional, antropóloga, crentes e descrentes – participam na contínua produção das narrativas, estão no cerne do próprio poder da estória e da Pombagira.

O narrar das estórias simultaneamente conta quem são essas mulheres e as mantém *estranhas*, outras. Esse movimento de aproximação e distanciamento se faz manifesto abertamente em certos momentos, como em uma noite de consultas com Maria Padilha, a Pombagira de Ana, uma mulher que frequenta uma casa de "candomblé de raiz", onde trabalhar com o povo da rua não é permitido pela mãe de santo. A sala do apartamento de Ana serve ocasionalmente como local de consultas para Maria Padilha, que Ana "recebe" há muitos anos e que oferece consultas para um pequeno círculo de amigos e conhecidos.

Eu havia sido convidada por Ana e por Maria Padilha várias vezes para "cambonar" essas sessões – vestir a Pombagira, servir suas bebidas, acender seus cigarros e lembrá-la de que ela não deveria ficar a noite toda, já que Ana trabalhava durante o dia. Em uma dessas sessões, depois de ajudá-la a colocar seu lenço de seda vermelho sobre a blusa de veludo com que sempre "trabalhava", ela me pediu um batom emprestado. Quando eu tentei pegá-lo de volta ela me perguntou em tom de desafio, "Você vai usar batom que passou na boca de Pombagira?" Respondi que ela não era qualquer Pombagira, era Maria Padilha. "Ah, então a senhora sabe quem sou eu?", ela continuou a me desafiar. Enquanto eu a olhava em silêncio, sem saber exatamente qual a resposta esperada, ela soltou uma das conhecidas gargalhadas que marcam a presença das pombagiras. Obviamente satisfeita com meu silêncio, Maria Padilha guardou *seu* novo batom no decote e se disse pronta para o primeiro cliente. Depois de atender aos poucos clientes daquela noite, Maria Padilha terminou suas bebidas, falando sarcasticamente sobre amor e traição. Escutávamos todos seus conselhos, quando ela mesma interrompeu a seriedade do momento: "Mas que que eu sei? Eu? Eu sou apenas uma puta!"

Maria Padilha, como Cacurucaia, recusa-se a ser conhecida. Também há uma estória contada sobre ela – sobre assassinato, vida nas ruas etc. –, mas, como Cacurucaia, Maria Padilha insiste em exceder o enquadramento que o conhecimento insiste em criar ao seu redor. Dessa maneira as pombagiras mantêm-se "outra", recusando uma posição fixa enquanto sujeito. Coautoras de suas estórias, elas exploram a ambivalência da identidade, retendo o poder sedutor daquilo que não é totalmente conhecido. Por meio da duplicidade dos significados elas reencantam o próprio mistério, não que nessa proliferação de diferenças as pombagiras não tenham uma identidade, afinal, como argumenta Trinh Minh-Ha, "a identidade pode muito bem expressar sua pluralidade sem suprimir sua singularidade" (Trinh, 1991, p.14). Essa singularidade congrega a heterogeneidade de temporalidades, lugares, sujeitos etc., por meio da construção narrativa dos espíritos. Em sua singularidade, os espíritos tornam-se a própria *encruzilhada* identificada como a sua "morada".

Encruzilhadas e caminhos plurais

Enquanto a associação das pombagiras com o chamado "povo da rua" já é um índice de sua origem no espaço liminar da rua, as estórias sobre elas trazem à tona vestígios da múltipla constituição do imaginário brasileiro sobre sexualidade, gênero, feminilidade e raça. Longe de terem significados explícitos, tais estórias não só dependem da localização social de sua enunciação para a articulação de seus significados, mas também remetem aos vários "caminhos do imaginário" cujos traços se materializam nas estórias dessas mulheres.

Foi a fala eloquente desses traços que me recebeu um dia em uma sessão de consultas, em uma casa em Jardim Bangu, um dos bairros dos subúrbios cariocas. Fui lá levada por um amigo macumbeiro, que, apesar de não conhecer a Pombagira, já tinha ouvido muitas estórias sobre ela.

Ao chegarmos aos portões da casa, fomos recebidos por uma mulher que nos mandou aguardar enquanto ia perguntar a alguém se nós poderíamos entrar. Quando o portão se entreabriu novamente vimos de longe uma jovem mulher com uma flor nos cabelos e uma taça na mão, vestida com saias e vestidos rendados, o tom vermelho das roupas fazendo um belo contraste com sua pele negra. Ela nos olhou e balançou a cabeça positivamente, consentindo nossa entrada. A Pombagira conversava com vários clientes, sua taça cheia de cidra, rindo de um caso ou outro. Ela parecia uma cortesã saída do *saloon* de um filme de faroeste norte-americano. Basta olhar para a Pombagira para perceber que a prostituição ali encorporada é de tempos passados. É claro que as longas saias são usadas por todas as filhas de santo, mas suas vestimentas são também índices de um passado distante, de outro momento na própria história da prostituição no Brasil. Se em suas roupas a Pombagira enganosamente parecia "bem comportada", suas falas e comportamento corporais não deixavam quaisquer dúvidas quanto à sua identidade.

Se essa Pombagira era certamente mais "discreta" do que qualquer outra que eu havia conhecido, Cacurucaia, a Pombagira que dizia ter matado Maria Molambo e cuja fama atrai uma grande clientela, é a encarnação do excesso. Armada com um punhal que carrega no decote, bebendo grandes quantidades de cachaça, a presença de Cacurucaia está envolta por estórias que narraram sua vingança assassina contra uma amiga traidora e um amante infiel. Em sua ocupação performativa do poder, Cacurucaia produz relações de espanto e de respeito, de medo e de desejo assustador, com aqueles que a procuram.

Talvez seja essa atração inquietante que tenha levado um grupo de jovens mulheres a uma das sessões de consulta com Cacurucaia em que eu estava presente. As mulheres usavam *shorts* e *tops* que delineavam acentuadamente as curvas de seus corpos, deixando à mostra pernas e barrigas. Não que suas roupas fossem estranhas, já que seguiam à risca a moda dos subúrbios cariocas. O que me surpreendia era a escolha dessa roupa para ir a um "centro", já que a maioria das pessoas costuma usar roupas que cobrem mais o corpo, por razões bastante pragmáticas: afinal, há sempre a possibilidade de o cliente "passar mal", ou seja, incorporar algum "espírito" inesperadamente. Quando perguntei a uma das filhas de santo sobre as clientes de Cacurucaia daquele dia, ela simplesmente respondeu: "Ah, são putas lá da favela lá de cima".

Nesse encontro entre prostitutas de outra era e as de hoje, as jovens mulheres vieram em busca de ajuda para resolver o problema da sempre presente falta de dinheiro, e os eternos problemas de família, amor e, é claro, o desejo por um companheiro ideal. Ninguém mencionou um compartilhar de identidades entre clientes e Pombagira, seja como prostitutas, seja como negras, mas talvez o silêncio também fale mais do que qualquer palavra redundante. Na verdade, Cacurucaia foi a única a tornar explícita qualquer semelhança entre elas, quando repreendeu as mulheres por desperdiçarem a força de seus desejos no objeto errado – seu conselho baseado na própria estória de traição e morte –, enquanto a negritude de suas experiências continuou expressa só pelo silêncio. Ou talvez o silêncio esteja presente simplesmente porque a própria construção social daquele espaço na periferia urbana carioca como um "lugar de preto" torne o discurso explícito desnecessário. Além do mais, o falar sobre raça no Brasil frequentemente é expresso por referências oblíquas. Entre metáforas e silêncios que compõem nossa "etiqueta" discursiva, falar sobre raça, assim como as próprias estórias sobre as pombagiras, também depende da localização social de sua enunciação para a produção de seus significados.[14]

Seja qual for a relação que se torna relevante entre essas mulheres e a Pombagira, o certo é que essas mulheres não são espíritos,

14 Tanto Sheriff (cf. Sheriff, 2000, p.114-32) quanto Goldstein (cf. Goldstein, 2003) discutem o papel do silêncio no "falar" sobre raça no Brasil.

mesmo se também são "mulheres da vida", um *povo da rua*. Se elas compartilham a marginalidade de Cacurucaia, elas não podem simplesmente encenar uma mimesis de seu comportamento – de sua mostra excessiva de sexualidade e afrontosas transgressões da moralidade – mesmo se essas violações do "feminino" são constitutivas da própria ocupação dessas mulheres. A sexualidade excessiva do espírito é parte do que constitui o poder que atrai essas jovens mulheres, as quais fazem uso de outro tipo de sexualidade excessiva – um uso do qual elas são simultaneamente sujeitos e objetos, e que também as torna a um só tempo desejadas e abjetas.

A relação entre essas clientes e a Pombagira é bastante distinta de outras, como a que apareceu algum tempo atrás na *Folha de S.Paulo*. Em um ensaio publicado sob o título "Coração de Pombagira", Reginaldo Prandi narra a "biografia mítica" de uma Pombagira que, em vida, teria sido uma esposa casta, sem interesse pelo sexo e, obviamente, infeliz (Prandi, 2008, p.6). Isso até o momento em que passara a trabalhar, incógnita sob um véu de cigana, em um "local de meretrício". Lá encontrara a liberdade do corpo, o prazer e, eventualmente, sua morte. A jovem mulher morre na porta do cabaré, vítima de seu cliente mais assíduo – o próprio marido, que não a reconhecera como a protagonista de seus prazeres na cama de um bordel.

Prandi nos diz que o culto à Pombagira dá acesso "às dimensões mais próximas do mundo da natureza, dos instintos, das pulsões sexuais" (Ibid.). Aqui a própria sexualidade é naturalizada, e é a essa sexualidade que as pombagiras são relacionadas. Já a carta-resposta de uma leitora ao texto de Prandi, na qual ela se dizia extremamente ofendida pelo que ela chama de "estorieta" de "sexo mal-resolvido e outras taras mais", naturaliza as próprias regras sociais que regem a sexualidade (Louzada, 2008, p.A3). Para essa leitora, a verdadeira Pombagira deve ter um comportamento adequado a uma casa religiosa, sendo as práticas sexuais descritas por Prandi na verdade assustadores sinais de um "mental conturbado e libidinoso" que necessitaria de atenção médica.

Tanto na biografia mítica da Pombagira quanto na carta da leitora ecoam noções morais do feminino que ganham significado em conjunto com a própria construção da sexualidade e do feminino no cerne do ideal de "família brasileira". Na estória que Prandi nos conta estão claramente representadas supostas fantasias (masculinas) acerca da mulher reprimida que, na verdade, deseja ser *puta*, assim como o desejo inconfesso do marido de encontrar tal mulher além dos limites de sua família. Na repulsa da leitora, por sua vez, há a nomeação de sexualidades patológicas e a busca por reinstaurar a fronteira entre o bem e o mal, a restauração inequívoca da regra social. Ambos nos falam do significado da sexualidade desde lugares semelhantes dentro da história da "domesticação" do feminino e da sexualidade no Brasil.

Ao falarmos de sexualidades "naturais", de "comportamentos adequados" e de violações de um e de outro pelas pombagiras, é necessários pôr as estórias das pombagiras em relação com a própria construção cultural de noções diferenciadas de "natureza", do "social" e de suas "violações". A própria história da prostituição no Brasil já aponta para a história de uma construção heterogênea do "feminino", assim como das "regras" e suas "transgressões". Na virada do século XIX para o século XX, o crescente número de prostitutas nos centros urbanos do Rio de Janeiro e de São Paulo fomentou uma verdadeira agonia moral. Entre as várias ocupações de mulheres nas ruas, a prostituição tornou-se, se não numericamente, pelo menos simbolicamente, bastante expressiva. Sobre a prostituta e a prostituição coalesceiam preocupações contemporâneas sobre feminilidade, valores da família e moralidade; discussões sobre a (i)legalidade do comércio do sexo; discursos modernos sobre saúde pública, medicina e controles legais sobre o corpo da mulher; e a própria eficácia de novas formas de governo sobre o corpo social.[15]

A prostituição era, ao mesmo tempo, celebrada por alguns como um símbolo e modo de reforma de uma moral sexual conservadora, e temida, por outros, como uma ameaça à integridade da família

15 Cf. Menezes (1992); Rago (1991); Soares (1991); e Soihet (1989).

brasileira e à moralidade das mulheres.[16] Nessas múltiplas preocupações estavam também refletidas as hierarquias contemporâneas de raça e os conflitantes discursos que impunham sexualidades diferenciadas aos corpos das mulheres brancas e negras. As mulheres brancas estavam representadas nos dois polos do debate sobre a prostituição: de um lado, elas eram as "mulheres" e a "família" a serem protegidas da ameaça moral da prostituição e, do outro, a chegada das chamadas "polacas" e "francesas" que era celebrada como signo de modernização e consumo de uma cultura cosmopolita europeia, um processo de modernização que se queria livre de uma "população negra e pobre que infestava o centro [urbano]" (Menezes, 1992, p.26).

As mulheres negras, por sua vez, testemunharam o deslocamento social e simbólico de seus corpos da então recente sujeição da escravidão – da exploração sexual por seus proprietários e comum emprego como prostitutas para enriquecimento de seus senhores[17] – para a associação com a "sordidez maldita do baixo meretrício" (Rago, 1991, p.242). O "baixo meretrício" estava ali associado "à ideia da animalidade da carne, [e] da bestialidade do sexo..." (Ibid.). Essa representação da prostituição, longe da ambiguidade da prostituição europeia, estava ligada a uma "repulsa obsessiva diante da negritude, [e] da depravação sexual imaginada..." (Ibid., p.243).

Apesar de conjunção de múltiplas temporalidades na encorporação da Pombagira ser o que me leva a trilhar esses possíveis caminhos do imaginário, não é nenhuma "verdade histórica" que busco trazer à tona, mas sim desestabilizar uma suposta univocidade do feminino, mesmo dentro de uma esfera – a prostituição – já localizada nas margens da construção de outra idealização do feminino. Mesmo a conjunção entre raça e os imaginários do feminino é deslocada do comodismo de oposições binárias simplistas entre "mulheres brancas" e "mulheres negras", ou "pretas", pela interrupção provocada pela ambiguidade da figura da "mulata" na sociedade brasileira.

16 Cf. Rago (1991).
17 Cf. Giacomini (1991).

A "mulata", um símbolo da nação que se imagina mestiça e um objeto social do desejo, é carregada de significados opostos. Como nos diz Mariza Corrêa, a mulata pertence ao "universo da pura sensação corporal" (Corrêa, 1996, p.40), ela é representada no imaginário nacional como puro corpo, puro sexo, e é a um só tempo um objeto de desejo e um ser que provoca desordem. Novamente nas palavras de Mariza Corrêa, a mulata é o "feminino" e a "raça" fixados em um lugar de ambiguidade. Ao encarnar esse desejo social, a mulata também revela, mais uma vez, a rejeição à mulher "preta", rejeição que aparece tão marcadamente no ideário do baixo meretrício do início do século XX.

Buscar os poderes das pombagiras é ser *assombrada* por essas múltiplas construções do feminino.[18] Para Paula Montero, embora as pombagiras não sejam descritas como mulheres negras,

> a associação entre Pombagira e a tradição africana, por um lado, e o fato de [...] que ela representa o correspondente feminino de Exu e pertença, como ele, ao mundo subterrâneo das trevas, por outro, fazem que essa entidade seja indiretamente referida à cor negra. (Montero, 1985, p.214)[19]

As pombagiras estão, mesmo que obliquamente, ligadas aos espaços negros e das classes baixas. Mais do que nos apresentar um "outro", as estórias de pombagiras encenam um jogo entre diferenças e similitudes em que o familiar se torna estranho, e "regras" e "morais" se fazem e desfazem. Os significados das diversas referências que *assombram* as estórias das pombagiras dependem sempre da

18 Cf. Butler (1990), p.129-41. Butler nos diz que a "formação de um sujeito exige uma identificação com o fantasma normativo do sexo", a qual ocorre por meio de um repúdio que produz o "espectro ameaçador" que assombra o próprio sujeito e é parte constitutiva da fundação deste. Cf. Butler (2000), p.155.

19 O povo da rua é também conhecido como Exu, apesar desse último termo ter significado mais amplo, já que também faz referência a um dos orixás do candomblé. Apesar de no candomblé Exu ser marcado por elementos femininos e masculinos, em outras práticas religiosas afro-brasileiras o termo Exu frequentemente designa espíritos masculinos.

própria posição do sujeito que com elas interage, do contexto e da constelação de outros significados onde elas se inserem.

São esses múltiplos sentidos que assombram a chegada de Dona Maria Padilha, outra Pombagira que conheci em sessões de consulta em Bangu. Com um grande número de clientes, Dona Maria Padilha estava sempre bem provida de bebidas e cigarros, seu copo sempre cheio quando aparecia nas giras. Não que ela realmente precisasse de bebidas, já que comumente exibia sinais de embriaguez desde o momento de sua chegada.

Como toda Pombagira, Dona Maria Padilha sempre respondia, ou seja, manifestava sua presença, em resposta a um ponto cantado para ela. Enquanto a Pombagira era incorporada por Sandra, uma jovem mulher de escura pele negra e cabelos pretos sempre perfumados por uma profusão de "cremes para cabelos afro", os filhos de santo cantavam:

Se a sua catacumba tem mistério
Ela é Maria Padilha do cemitério
Se a catacumba tem mistério
Ela é Maria Padilha do cemitério
Mas ela é loura
Dos olhos azuis
Maria Padilha, filha de 'seu' Omolu

Eu perguntei um dia a Dona Maria Padilha se ela era uma mulher branca e ela me olhou em desafio, como se me intimasse a tentar descobrir. Apesar de a Pombagira sempre "responder" a esse ponto, os filhos de santo diziam que ela respondia a um ponto que não era o dela, só para não revelar quem ela realmente era. Dona Padilha, como outras pombagiras, insiste em manter um contínuo mistério ao seu redor. Ao mesmo tempo em que se revela, ela se reconstitui enquanto outra. Esse algo além que escapa de nosso conhecimento renova a "tensão entre a identidade e a diferença" (Cardoso, 2007, p.336), recriando a própria possibilidade da presença do inesperado que está no cerne do poder desses espíritos.

Esse prazer em confundir, em provocar a incerteza, é compartilhado pelas outras pombagiras, mesmo se o estranhamento é causado por outras razões. É essa desfamiliarização que outra Padilha[20] provoca nas estórias que conta sobre seu gosto pelo "festejar". Essa outra Padilha oferece consultas ocasionalmente na sala do apartamento onde mora Ana – a mulher que a incorpora. Em uma dessas ocasiões, Padilha me contou que "festas boas eram na casa de 'seu' Antônio", um pai de santo conhecido de Ana:

Lá as festa são boa, dona [...]
E os home adorava quando eu sentava no colo deles
Eu sentada no colo e os peito cheio de dinheiro!
Tem um dia que eu sentei no colo do ogãn
Já meio velhinho ele
E ele fala[va] assim: "Parece até que eu to num puteiro"
"É mesmo?", eu falando
"Então bota dinheiro aqui!"
E ele ia colocando dinheiro
Ele enfiava a mão nos peito, assim
E colocava mais dinheiro...
"Me beija", ele pedia
"Beijar na boca não!"
"E um cheirinho no pescoço?"
"Então põe mais dinheiro!"
Eu acabei a noite com o peito cheio de dinheiro!
Eu dei o dinheiro pro Seu Antônio
Prás caridade dele!
Há! Há!
Ele gastô tudo com os bofe dele!

20 As pombagiras compartilham nomes que designam um grupo ou tipo de pombagira, como Maria Molambo, *Maria Padilha* etc., e são diferenciadas por sua relação com esta ou aquela filha de santo. Fala-se então da *Maria Padilha* da Ana, ou da *Molambo* de José etc.

Padilha divertia-se ao contar como manipulava as expectativas dos homens em relação à sua sexualidade e sua disponibilidade. Manipulando os códigos de objetificação do seu corpo, ela transforma a situação numa paródia de comportamentos sexuais. Seu comportamento é excessivo até mesmo para uma Pombagira, mas o que ela narra não é somente seu comportamento, mas, principalmente, sua habilidade em explorar a situação para seu benefício e também prazer. Nas festas e giras que frequentei, a fala das pombagiras estava sempre carregada de duplos sentidos e alusões, as brincadeiras eram sempre sugestivas e, frequentemente, as piadas, os desafios verbais e mesmo os "conselhos" eram carregados de significados sexuais mais ou menos explícitos –, mas o contato físico que Padilha descreve nunca esteve presente. A conjunção entre "rituais bárbaros" e "noites de luxúria" dos textos históricos era uma possibilidade apenas sussurrada. Mas há sempre as estórias sobre o que aconteceu outro dia, em algum outro lugar. Afinal, como dizem as estórias, tudo é possível quando se fala do povo da rua.

Essa mesma Padilha consome suas bebidas de modo bastante peculiar. Ao seu redor estão sempre vários belos copos, de onde ela bebe cerveja, cachaça e o que mais estiver disponível. Curiosa sobre o significado dessa ritualização do beber, um dia perguntei a ela o porquê dessa profusão de copos e taças. Ela me contou que, antigamente, misturava todas as bebidas que lhe davam em um só copo e consumia todas juntas. Um dia, um cliente lhe disse que mulheres refinadas, mulheres de classe, não misturavam bebidas. "Eu sou puta, mas sou fina", Padilha me garantiu, com um sorriso maroto. Então, desde esse dia Padilha passara a colocar suas bebidas em copos distintos, e, "com muita classe", continuou a beber tudo que lhe ofereciam, um gole após o outro. Ela redefine seu comportamento em uma performance paródica do próprio ordenamento do feminino e delicia-se com a minha risada em reconhecimento de sua manipulação de códigos.

Essa manipulação de códigos, encorporada pelas performances e narrada nas estórias das pombagiras, sugere não uma simples inversão das regras sociais constitutivas do "feminino". Tal inversão confirmaria as regras das próprias definições do que seria "correto" e do que seria "incorreto", ou "imoral", ou "impróprio", reafirmando assim uma suposta homogeneidade do "feminino". A performance de Padilha aponta para o desalinhamento das fronteiras do feminino, desnaturalizando a própria construção cultural de tais fronteiras e limites. De certa maneira, as encenações de Padilha – que certamente poderíamos chamar de exacerbadas ou exageradas – de múltiplos modos de ser do feminino, são uma paródia da própria construção social do feminino. Desestabilizando a "natureza" do feminino, as estórias das pombagiras apontam para sua natureza fabricada. Se o significado das performances e estórias das pombagiras é assombrado pelo entrecruzamento dos vários caminhos do imaginário brasileiro acerca do feminino e da raça, elas, por sua vez, assombram as fronteiras do feminino, dramatizando a persistente possibilidade de sua perturbação e rearticulação.

Entre passes, plantas e garrafadas: a busca da cura

Maria Helena Villas Boas Concone
Eliane Garcia Rezende

Introdução

Este capítulo toma como tema a questão da cura no espaço religioso, principalmente ligado a umbanda, mas, no limite, trata de outras questões ligadas ao tema de modo direto ou não: o uso de estratégias de cura aparentemente diferentes como o uso de plantas medicinais e o uso de recursos simbólicos, como o passe, e as relações entre a umbanda e o espiritismo brasileiro. Nem uma dessas questões é nova, mas queremos crer que não estão esgotadas as possibilidades de discussão abertas por elas.

Quanto ao primeiro ponto, é inegável que passes e uso de plantas estão relacionados de modo contínuo nas práticas e representações de pais, mães de santo e adeptos. As plantas nos sistemas de crenças religiosas estão presentes nas preparações de banhos de purificação, nas bebidas e comidas rituais, nos remédios, nas cremações em incensórios, cachimbos, charutos e cigarros, determinando conforme a crença poder mágico e curativo. Para Camargo (1998), as plantas exercem os "papéis sacral e terapêutico", tanto nas cerimônias religiosas, frequentes nas religiões afro-brasileiras para rituais de transe, como nos processos de cura. Mesmo que o uso de plantas possa mostrar conhecimento fitoterapêutico e, consequentemente, eficácia no que concerne às escolhas das plantas, pelo menos no contexto religioso a eficácia prática e a eficácia simbólica não são coisas separadas. De fato, para que a planta tenha eficácia, ela deve ser tratada segundo procedimentos técnico-simbólicos – a forma ou o horário da coleta são tão importantes quanto a escolha criteriosa do vegetal a ser empregado em cada caso; o preparo da poção ou da garrafada deve ser acompanhado pelos guias chamados em cada caso, visto que cada orixá ou divindade é dono de determinadas espécies de plantas. À força do Preto-Velho soma-se a força curativa da planta; sem a benção do guia o melhor dos vegetais perderia sua eficácia. As plantas utilizadas tanto para a preparação dos remédios como para a "limpeza de corpo" passam por processos e rituais que vão desde a coleta até sua preparação e seu consumo. Já podemos adiantar que no contexto das curas espíritas a eficácia terapêutica dos vegetais é, por assim dizer, garantida pelos guias, na medida em que são estes que orientam o médium quanto a que planta deve ser usada, também em cada caso.

Quanto ao segundo ponto – as relações entre umbanda e espiritismo, não podemos nos esquecer de que a cosmologia umbandista incorpora elementos da cosmologia espírita, e não podemos deixar de considerar, na formação das religiões de matriz africana no Brasil, o sincretismo religioso interafricano e tampouco a incorporação e a ressignificação de elementos de outras realidades religiosas, especialmente a incorporação primeira de elementos cristãos pela via do catolicismo dominante ao tempo da escravidão.

Utilizaremos aqui o conceito de sincretismo, o qual esteve no ostracismo durante um largo período, voltando timidamente a ser utilizado e a ser desafiado nos seus limites epistemológicos (Villas Boas Concone, 2003). Não deixa de ser paradoxal a resistência ao uso do conceito, dado que uma "verdade cristalina" impõe-se no que diz respeito aos fatos da cultura: eles não são "puros", pois "se constroem em um processo longo, cambiante, multifacetado e comunicante". Assim, em vez de buscar novos conceitos que deem conta da construção dessas realidades compostas (e não são todas?), preferimos esclarecer o modo como o conceito de sincretismo é entendido e trabalhado por nós neste artigo.

Ao tomar esse conceito, procuramos colocá-lo no campo das relações de poder e, no que concerne à umbanda, as incorporações e retraduções que se inserem nesse campo a partir da contínua busca de legitimidade social e legitimação religiosa, busca esta sujeita às mudanças no panorama sociopolítico e cultural brasileiro. Desde a adoção da denominação de umbanda, no primeiro quartel do século passado, essa religião transitou entre pressões socioculturais e políticas (o recorte de classe, o preconceito de marca, a desvalorização das origens africanas e Bantus, a condenação de práticas etc.) e seu desenho (sempre aberto a novas influências) foi se fazendo entre os eixos de possibilidades, de desejos e criatividade.[1] Da nossa perspectiva, a própria adoção do nome umbanda para batizar uma macumba vista com desconfiança e preconceito fez parte desse movimento de legitimação. A busca de legitimação social e religiosa parecia especialmente premente na passagem dos séculos XIX e XX, graças aos rearranjos sociais, políticos e culturais no país. Nesse esforço de legitimação, o espiritismo kardecista, presente no país desde meados do XIX, ofereceu um repertório de fácil tradução para a umbanda. Por outro lado, do ponto de vista da aceitação social, queremos apontar que o processo de entrada do kardecismo no Brasil se fez de modo praticamente oposto à entrada das religiões africanas: estas vieram pelas mãos de escravos e de culturas vistas como "primitivas", aquela entrou pelas mãos de homens livres, estudiosos e intelectuais, vinda diretamente da França no continente europeu. Assim, definindo-se como "espiritualista", a umbanda

---

1 Não podemos deixar de reafirmar que, na umbanda, se deve levar em conta também a "ação autoral" de pais e mães de santo (zeladores ou chefes de terreiros e casas) que retraduzem as próprias influências religiosas de origem sob a luz da sua adesão à umbanda. Nessa religião, como regra, não se trabalha com a lógica da exclusão (ou/ou), mas com a lógica da soma (e/e).

forçava uma brecha de aceitação social. Por outro lado, partilhando, ou crendo partilhar, com o kardecismo a mesma crença nos espíritos e na comunicabilidade entre os mundos dos vivos e dos mortos (do visível e do invisível, dos espíritos protetores e dos homens), as traduções e ressignificações se fizeram de modo relativamente fácil para os adeptos da umbanda. O inverso não é verdadeiro, e a identificação não foi imediata ou tranquila por parte da sociedade e dos próprios kardecistas. Notícias de jornais do início do século passado e final do anterior fazem claramente a distinção entre "baixo espiritismo" (macumba/umbanda) e "alto-espiritismo" (kardecismo). Depoimentos de umbandistas egressos do espiritismo dão conta da necessidade de abandonar os centros espíritas para formar casas de umbanda onde seus guias – pretos e caboclos – "pudessem trabalhar". Estas são histórias clássicas.

Complementando essa rápida discussão, recorremos à antropóloga Giglio-Jacquemot (2006, p.83-98), que afirma: "a umbanda testemunha, desde as suas origens, uma propensão e uma capacidade prodigiosa em ingerir e digerir materiais culturais de todo tipo e de toda proveniência".

Essa mesma percepção nos levou em algum momento a dizer que, mesmo sem ter essa intenção, a melhor apreensão da umbanda poderia ser atribuída a Mário de Andrade na apresentação da antropofagia; falando do Brasil, apontava o caminho para estudiosos dessa religião. Um novo Macunaíma, nascido negro, mas algumas vezes branco, algumas vezes mulato, algumas vezes índio e sempre negro.

Giglio-Jacquemot (Ibid.) prefere falar em "síntese", e não em sincretismo, mas destaca que essa religião abriga "elementos oriundos das diferentes expressões religiosas que participaram, em diversos graus, da sua constituição"; e continua: "a síntese inédita que representa é o resultado do processo de incorporação e de reinterpretação até hoje muito vivazes e ativos". Mas, lembra a autora, se a umbanda "absorve a pluralidade que a cerca", sua abertura não se limita aos empréstimos e incorporações propriamente religiosas, está aberta às sugestões que veem "do sagrado e do profano" e, assim, sua capacidade de somar se estende ao espaço da medicina e da cura. Completa dizendo que "a doença e o seu tratamento desempenham um papel central na Umbanda [...]". É ainda Giglio-Jacquemot (Ibid.) que afirma:

> A umbanda faz parte do campo médico brasileiro e seu caráter "polifágico" também se manifesta na sua medicina à constituição da qual colaboram desde o início outras instâncias terapêuticas...,

também estas submetidas aos processos de incorporação, adaptação e reinterpretação.

Concordamos com a autora quando ressalta que, dentre as contribuições religiosas mais comuns e significativas na construção umbandista, estão o "espiritismo kardecista" (no nosso entender, ele mesmo já matizado), "o candomblé e o catolicismo popular" (que preferimos chamar devocional); tudo isso, sempre da nossa perspectiva, em permanente diálogo ativo e sobre um pano de fundo constituído pelos cultos aos ancestrais, típicos do mundo Bantu africano (grande contingente deles encaminhado para a região sudeste brasileira, berço da macumba).

A questão que gostaríamos de acrescentar às palavras da antropóloga amplamente citada anteriormente diz respeito exatamente à relação entre o sagrado e o profano. No nosso modo de entender, a umbanda de fato busca "lá fora", na sociedade inclusiva, elementos tanto do mundo sagrado, quanto do profano, mas no seu interior essa distinção está longe de ser nítida. O que nos remete de volta ao início desta introdução: no mundo religioso e na religião umbandista, eficácias prática e simbólica são uma coisa só e se apoiam na perspectiva cosmológica da umbanda.

Para encerrar, e retomando o conceito de sincretismo, devidamente privado de certo ascetismo, fruto da desvinculação entre o processo e as condições reais em que se dá, na umbanda o processo das sincretizações é plural, longo, amplo e sempre aberto. Neste capítulo, vamos tratar especialmente do diálogo com o espiritismo "à brasileira" (Stoll, 2003), no qual a questão da cura foi sem dúvida fundamental, mas não a única.

Um pouco de história

Segundo alguns, pode-se buscar as práticas "afro-mediúnicas" em civilizações fora da África (como a Índia) e no próprio continente africano (como o Egito). De fato, se vínculos históricos e especialmente "origens" nem sempre são passíveis de comprovação, podemos ao menos reconhecer que o transe, o transe de possessão, a viagem xamânica, o êxtase e a mediunidade (termos que recobrem realidades diversas), enfim, diferentes modos culturais de atribuir sentido à alteração da consciência e do comportamento, marcam amplamente sua presença em culturas e civilizações mundo afora: na África, no extremo oriente – Índia, China, Sibéria, no Oriente Médio – Caldeia, Pérsia, Babilônia, nas Américas – as diversas civilizações e culturas indígenas – na Europa –, Grécia, Gália, Germânia etc. As práticas de transe de possessão nos moldes africanos (o "afro-mediunismo") foram introduzidas no Brasil pelos escravos a partir do estabelecimento do empreendimento colonial português nos séculos XVI e XVII;[2] já o espiritismo kardecista, surgido na França em 1857, veio para o Brasil no século XIX.

No fim do século XIX existiam, no Rio de Janeiro, várias modalidades de culto que denotavam suas origens africanas, embora diferenciadas com relação às crenças originais. O conhecimento dos velhos africanos, transmitido oralmente de geração a geração, já incorporara influências pagãs (formas de "feitiçaria") e cristãs (principalmente devoções) provindas da Península Ibérica, especialmente de Portugal.

A umbanda como um movimento de natureza religiosa e mediúnica, segundo alguns estudiosos, teria sido fundada no Brasil em novembro de 1908 pelo médium Zélio Fernandino de Morais. A adoção do nome umbanda, entretanto, foi atribuída pelo Pai Jaú[3] a

2 Diferença entre médiuns espíritas e umbanda. Disponível em: <http://www.scribd.com/doc/7230022/22-Difere-Aacas-Entre-Mediuns>. Acesso em: 5 jan. 2010.

3 Entrevista realizada na década de 1980, por Marisa Riccitelli Santana, então aluna na PUC-SP, em trabalho de iniciação científica realizado com apoio da

uma sugestão feita por Cavalcanti Bandeira, médico, umbandista, pai de santo e escritor, baiano radicado no Rio de Janeiro; a sugestão foi acolhida pelos presentes em simpósio religioso na segunda década do século passado por reconhecerem em Bandeira "o membro mais culto do grupo". Como sempre, a História permite controvérsias... Já se viu, contudo, que nossa abordagem da história da umbanda é mais processual, e não pontual, e datada como na menção ao papel de Zélio Morais. De todo modo, a umbanda no Brasil deriva de cultos religiosos de raízes africanas e de forte matiz Bantu, fundindo crenças de origem, culto de ancestrais, culto católico, ritos e práticas ameríndias; somam-se a essas contribuições religiosas a influência do ocultismo e do espiritismo de Kardec (autodefinido como ciência e filosofia).

Falando da sociedade escravista, a historiadora Adalgisa Arantes Campos, ancorada em pesquisas bibliográficas e falando do período colonial brasileiro, mostra outro lado dessas fusões. Diz:

> Nesse mundo de precariedade e natureza, desassistido pela medicina, vigorava a presença dos práticos e calundureiros, detentores de um saber mágico que auxiliava na expulsão da doença e prevenção da vida, a partir do uso de uma medicina dos excretos [...]. (Antunes Campos, 1988, p.109-22)

Continua dizendo que esses terapeutas, cuja arte médica era baseada em "conhecimentos muito antigos", eram procurados por senhores de escravos para o próprio tratamento ou para o tratamento de seus escravos, fato "que irritava as autoridades eclesiásticas".

Curandeiros, ervatários e barbeiros eram o recurso comum em uma sociedade em que os médicos formados em escolas europeias eram poucos e para poucos (Montero, 1985).

Podemos apresentar alguns dados que nos permitam ilustrar a presença do curandeiro negro e dos rituais religiosos de cura entre

---

Fapesp. Pai Jaú, como ficou conhecido (Jaú foi o apelido que ganhou quando jogador de futebol), foi um umbandista histórico em São Paulo.

eles, ainda no fim do Segundo Império. Do levantamento de notícias em jornais paulistas, realizado inicialmente na década de 1980 (Villas Boas Concone, 1993) e depois retomado de modo menos sistemático nos anos 1990 (Villas Boas Concone, 2004), vamos recortar as notícias encontradas para as últimas décadas do século XIX, no período imediatamente anterior e posterior à abolição da escravatura entre nós. Nessas notas podemos ver que referências ao uso de folhas são constantes para os cultos afro-brasileiros (inicialmente chamados indiscriminadamente de "feitiçarias"). Alguns exemplos tomados do jornal *A Província de São Paulo* (predecessor de *O Estado de S.Paulo*) são bastante ricos.

Em 1876, uma notícia policial sem título, procedente de Sorocaba, refere-se à prisão de Felisberto Cabinda, apresentado como "um dos sábios propagadores dos segredos do famoso Juca Rosa e que fazia noturnas preleções perante numeroso auditório de escravos em sua residência à rua Supirity". Essa notícia refere-se a objetos de culto apreendidos: "raízes, imagens, facas, garrafas com líquidos diversos, folhas já secas etc." e faz referência a "sessões de cura". Aparentemente foi em uma dessas sessões noturnas que Felisberto foi preso (junto com homens e mulheres livres e três escravas). Felisberto Cabinda é apresentado reiteradamente como "feiticeiro".

Em notícia policial de 1876, proveniente de Tietê, também sem título, fala-se da não efetivação da prisão de um grupo "de chefes propagadores de venenos" em reunião na casa de "Mamã Catarina", em virtude do temor do "inspetor de quarteirão"; essa autoridade é apontada como tendo "medo dos feitiços". A notícia, embora curta, inclui a curiosa referência de que, no local apontado, "fez-se uma experiência em Mamã Catarina como em anima vili de uma droga. Esta enlouqueceu e um dos maiores deu-lhe um antídoto que a fez sarar".

Em exemplar de 1878, também em notícia policial, sem título, proveniente do Rio de Janeiro, fala-se de prisão de "sacerdotes do pai Quilombo" envolvidos na "santíssima indústria da qual foi herói o famoso Juca Rosa". A notícia corresponde ao "misterioso templo" onde foi preso o "crioulo Laurentino Inocêncio dos Santos", chamado pelo jornal de "grande sacerdote da cruz". As pessoas presentes no lugar teriam ido para "buscar lenitivo para seus males" e seriam "parentes e fâmulos" de Laurentino, "além de uma escrava". Noticiando os objetos apreendidos, a notícia refere-se, entre outros, a "moringas, búzios, espíritos (bebidas alcoólicas), ervas e rosários".

Um exemplar de 1879 estampa o comentário proveniente de Bragança, no qual se recomenda uma prisão. Diz a nota: "para o lado das Pedras mora um preto velho tido e havido como tal, sua casa é muito procurada por forros e cativos que vão consultar ou receber lições de bruxaria". A notícia chama o referido homem de "embusteiro", "explorador de magras algibeiras" e salienta que o conhecimento "dos venenos" serve para fazer mal a senhores e desafetos.

Em notícia procedente do Rio de outro exemplar de 1879, fala-se da prisão da mulher chamada "Leopoldina Maria da Conceição ou Leopoldina Jacomo da Costa (negra da nação Mina Jeji)", tratada jocosamente na publicação de "Rainha Mandinga" e, adiante, de "ministra de culto" cujos adeptos a tratavam de "Mãe de Santo ou Gunhodê (em língua Mina)". Essa notícia trata da prisão das suas ajudantes – "que desempenhavam o papel de Vodance, que dizem ser a matadora de animais, cozinheira, preparadora dos ingredientes e quem faz os convites para as festas solenes" – além de outras mulheres. Essa nota, singularmente detalhada, conta que foram encontradas "três neófitas fechadas em um quarto no quintal", das quais uma é apontada como baiana e duas fluminenses; e finalmente fala de um casal idoso que não foi preso "por parecer alheio ao culto".

Em exemplar de 1880, uma notícia procedente de São Roque fala da prisão de Felix (escravo cujo proprietário era de Campinas), conhecido entre "os secretários da feitiçaria", como S. Felix; a notícia faz referência à "sessão de cura". Entre os objetos apreendidos aponta: três cruzes, nove rosários de conta de capim, cinco Santo Antoninhos em um só amplexo, um crucifixo, cinco orações manuscritas, uma garrafa de pós ("cujas virtudes abrangem a totalidade das moléstias"), muitas cabeças de alho grandes e navalha. "Encontrou-se ainda uma oração para mordida de cobra."

De 1883, um exemplar da *Província* noticia um procedente do Rio, relata também a prisão de "duas pretas africanas" que davam consultas de feitiçaria: Guilhermina do Bonfim (conhecida como Princesa) e Maria da Glória de Jesus do Nascimento. No local, foram apreendidas "muitas dessas bugigangas com que as intituladas feiticeiras costumam iludir os incautos".

Em 1889, um ano, portanto, após a abolição e no ano da proclamação da República, uma notícia proveniente de Santos fala da prisão de Benedito do Rosário, que se mostrou "arrogante", identificando-se como "doutor em ervas do mato... curandeiro com o auxílio das almas". Fala em pagamento de cura e ritual para cura usando pólvora; na indefectível lista de objetos apreendidos constam: imagem de Santo Antônio, imagem do Senhor dos Passos, busto (sem cabeça) de D. Pedro I, "tatuagens simbólicas feitas com giz", ervas, latas de pólvora, caixas de velas "com cruzes feitas com giz", moedas de cobre, panos amarrados com muitos nós, trapos sujos, pedaços de carvão "e mais porcarias". Fala ainda dos sons entreouvidos pelo delegado antes de se apresentar: "sons de guizo, gritos agudos, dança semelhante ao galopar desenfreado de quadrúpedes, canções lascivas dirigidas ao deus Donga [...], entre outros materiais relacionados"; segundo o jornal, o deus Donga seria representado "pelo busto decapitado de D. Pedro I". Havia no local uma negra que "se submetia a cura" e que estaria "hipnotizada", além de uma assistência de negros e brancos.

Novamente em 1889, em notícia procedente de Campinas, fala-se da prisão de Cyriaco Manuel Nogueira Padilha (preso em uma fazenda) acusado de realizar "seções (sic) secretas de feitiçaria". Segundo a notícia, Cyriaco teria aprendido sua "arte de outro preto chamado João, que mora agora no Rio". Apreendidos objetos de culto:

> um dente humano, velas, uma lata de pólvora, uma cruz de ferro, um signo de Salomão de chumbo, pedaços de madeira, giz, véu, espelho com cinco pedaços de cera, rosário de côco, imagem de São João e quatro vidros de medicamentos.

Ao ser preso, Cyriaco disse que "não só ele curava, mas também alguns pretos minas, vendedores de quitanda no mercado".

Em 1898, uma notícia policial procedente de Ribeirão Preto fala da prisão "do feiticeiro José Benedito do Amaral Faria"; a polícia apreendeu também "algumas orações curiosas".

Por fim, ainda em 1898, quase no fechar do século e na entrada da República, a notícia policial vinda de Tatuí fala da prisão "de certo Candido Cardoso, que, por questões de feitiçaria, atirou no velho preto Matheus, produzindo-lhe um ferimento nas costas".

Vê-se, pois, a recorrência do uso de plantas e símbolos seja para sessões de cura, seja para outras atividades ou sessões, que as notícias não sabiam definir de modo preciso, mas há uma insistência grande em sessões de cura. A presença de escravos e libertos, de negros e de brancos nesses encontros é também referida desde o século retrasado; por último, já que falamos no início em sincretismo interafricano, não é demais chamar a atenção para os representantes de grupos diferentes, de diferentes lugares do estado e de fora dele.

Buscando paralelismo com o espiritismo, no Brasil, podemos encontrar de fato alguns pontos comuns como a importância do transe mediúnico (alteração de consciência) e o espaço dado ao adoecimento e à cura. Na década de 1960, o religioso Kloppenburg, investido da "sagrada missão" de alertar católicos do perigo representado por doutrinas como o espiritismo e a umbanda, escreve artigos em jornais nos quais ataca não apenas os adeptos dessas doutrinas, como também os católicos que delas se aproximavam, e chega a proclamar a excomunhão destes. De fato, os anos 1960 foram anos de crescimento considerável da umbanda, causando uma real preocupação no interior da Igreja Católica; frei Kloppenburg falou mais de uma vez em nome da Conferência Nacional de Bispos do Brasil (CNBB) e, verdade seja dita, seus escritos passaram de uma fase que chamaríamos guerreira para outra pacificadora, antes de retornar (embora com menor ênfase) à condenação. Para esse crítico ferrenho, o espiritismo, ou a doutrina espírita, desde seus primeiros passos "exerceu práticas de curandeirismo, chamando os doentes por meio da homeopatia, dos passes e das águas fluidificadas ou magnetizadas" (Kloppenburg, 1960). Os mentores ditam aos médiuns o medicamento a ser orientado.

Na história do surgimento do espiritismo, a figura de Hippolyte Léon Denizard Rivail, professor e pedagogo, é imprescindível: nascido em 1804, estudou no instituto do célebre professor Pestalozzi, em Yverdon, Suíça, tornando-se conceituado mestre na França. Além de professor e pedagogo, o discípulo de Pestalozzi realizava estudos sobre magnetismo com Fortier, um pesquisador emérito do magnetismo na França. O fenômeno de mesas girantes e outros fatos divulgados pela imprensa francesa chamavam a atenção do pesquisador, e Rivail dedicou-se à observação mais profunda dos ruidosos fatos, buscando provas de sua veracidade. Em 1854, inicia seus estudos e conclui que "eram efetivamente manifestações inteligentes produzidas pelos espíritos dos homens que deixaram a Terra". Em 1857, já com o pseudônimo de Allan Kardec, o professor e pesquisador começa a publicar os estudos realizados para explicar os fenômenos que envolviam a interferência "de força inteligente exterior", sendo o primeiro livro sobre a doutrina *O livro dos espíritos*. Em abril de 1858, Kardec fundou a primeira sociedade com o nome de "Société Parisienne des Études Spirites" [Sociedade Parisiense de Estudos Espíritas] e no mesmo ano editou a *Revista Espírita*, primeiro órgão espírita na Europa. Em 1861, lança *O livro dos médiuns* e, depois, sucessivamente, *O evangelho segundo o espiritismo* (1864), *O céu e o inferno* (1865) e *A Gênese* (1868).

Fenômenos como das mesas girantes e outros também atraíram o interesse brasileiro; passou-se por um verdadeiro modismo quando "séances" eram realizadas para vivenciar esses fenômenos. As notícias a respeito de fenômenos considerados espíritas já apareciam nos nossos jornais pelo menos desde meados do século XIX. O jornal *Diário de Pernambuco*, em sua publicação de 2 de julho de 1853, informa que a sociedade parisiense, em seus salões, colocava-se em torno de mesas redondas para, em silêncio, evocar o movimento das mesas. O jornal *O Cearense*, de Fortaleza, em 26 de julho desse mesmo ano, descreve experiência de mesas girantes em Fortaleza e relata que: "Não é só na Alemanha, na França, em Pernambuco etc. que se fazem experiências eletromagnéticas das tais mesas dançantes". Nesse mesmo ano de 1853, o *Jornal do Commercio* publica uma série de notícias a respeito da ação magnética no tratamento de moléstias assinados por um Dr. Cesário.

O interesse nacional, evidentemente não se limitou à curiosidade ociosa ou ao aspecto quase lúdico, uma vez que grupos de estudo foram organizados e palestras especificamente sobre o espiritismo de Allan Kardec eram noticiadas nos jornais da época. Os interessados eram convidados a comparecer às exposições sobre a filosofia espírita, realizadas por estudiosos e especialistas. Em 1865, foi fundado, na Bahia, o primeiro "Centro Espírita do Brasil", por Luís Olímpio Telles de Menezes.

Foi em 1873 o primeiro movimento organizado de espiritismo no Rio de Janeiro, que culminou com a fundação da Sociedade de Estudos Espiríticos do Grupo Confúcio. Esse núcleo apresentava como guia espiritual um espírito de nome Ismael, praticava a medicina homeopática e aplicava passes aos doentes. Em janeiro de 1884, foi fundada a Federação Espírita Brasileira, com objetivo de "congregar as forças dispersas dos grupos espíritas" tendo apresentando, como órgão oficial, a revista *O Reformador*.

Como dissemos anteriormente, a segunda metade do século XIX foi bastante marcada pelo interesse, pelos estudos e pela presença de grupos organizados e órgãos próprios para divulgação espírita. A aceitação social da chamada filosofia espírita não rebateu sempre com o mesmo grau de confiança nas suas atividades de cura; sem dúvida, alguns médicos adeptos do espiritismo e conhecidos por sua ação social de assistência aos segmentos pobres da população, foram bem-aceitos e respeitados, como é o caso do Dr. Bezerra de Menezes (radicado no Rio). No campo do espiritismo, assim como no campo da umbanda, as práticas de cura conduzidas especificamente por médiuns foram consideradas práticas de curandeirismo, e os médiuns que realizavam tais atividades sofreram perseguição sob a alegação de exercício médico ilegal. Pode-se dizer que a época de maior controle dessas atividades paralelas de cura coincidiu, em ampla medida, com o período de estabelecimento de fato de um campo de atuação da medicina científica. Os jornais da década de 1940 estampam tanto artigos de condenação de práticas "supersticiosas" ou de "curandeirismo" como notícias de prisão de médiuns espíritas e, também, de umbandistas.

À guisa de ilustração, citamos um artigo saído em 1940 em *A Gazeta,* de São Paulo. Esse artigo entremostra a construção de um campo de atuação da medicina científica, uma verdadeira disputa de clientela e a leitura culta das práticas populares e religiosas; mostra ainda a persistência da condenação da genérica "macumba". Publicado na seção de "Higiene e Puericultura" e assinado por um Dr. Moraes Filho, o artigo em questão é longo e, por isso, faremos um resumo. O médico conta do atendimento já à noite, "quando voltava para casa", que deu a uma criança que, segundo os pais, havia sofrido de ataques. O médico constatou que ela apresentava "febre alta e intenso estado gripal", atribuindo à febre a ocorrência de convulsões (na linguagem da época: "... convulsão em criança espasmófila e produzida por febre alta"). Fez as prescrições que julgou adequadas e pediu o retorno no dia seguinte. No outro dia voltam mãe e criança à presença do médico, tendo a mãe relatado a melhora que "parecia milagre". De fato, o médico retirou da criança um "colar com 20 dentes de alho" que ele descartou dizendo que "essas práticas macumbeiras são uma tolice, alho é tempero"; segundo o Dr. Moraes, a mãe "persignou-se confusa" e contou que toda a vizinhança (as mulheres) a esperava na noite anterior "com rezas, benzeram uma porção de coisas, queimaram as roupas que o menino usava" para evitar outros "ataques". Findo o relato o médico conclui: "diante de tanta estupidez, não tive outra alternativa senão sorrir"; mais além, completa:

daí para cá as sabichonas (as vizinhas) deverão estar convencidas de que o que curou o menino foram os dentes de alho, as rezas, a incineração das vestes, e Deus nos proteja se quisermos convencê-las do contrário.

Outra notícia, esta de 1943 em *A Tribuna*, de Santos, São Paulo, destaca a "prisão de várias pessoas envolvidas na prática de macumba". Conta que "o proprietário de um escritório de despachos alfandegários realizava sessões todas as sextas-feiras". A prisão foi resultado de denúncia do guarda noturno, que "percebeu vozes e incenso saindo do interior do prédio".

Também de 1943 no jornal *A Noite*, de São Paulo, uma reportagem sensacionalista fala do combate movido pela Polícia de Costumes "aos elementos perniciosos que infestam a cidade, ora sob o manto da mandinga, ora sob o disfarce de baixo espiritismo, e quase sempre sob a forma de curandeirismo".

Várias outras notícias de igual teor se seguem a essa última, veiculadas por diferentes jornais. A história do espiritismo no Brasil também coleciona um número significativo de prisões e condenações de médiuns curadores. Em entrevista recente realizada no interior de Minas Gerais, ouvimos do entrevistado, Sr. João,[4] muitos relatos desse teor. O Sr. João (sic) resgata as palavras de José Arigó (José Pedro de Freitas): "Dr. Fritz é que faz a cura e eu é que vou preso". José Arigó foi o médium que incorporava o espírito de Dr. Fritz em Minas Gerais, por volta de 1950, e que, utilizando facas e canivetes, fazia pequenas incisões comparadas a procedimentos médicos cirúrgicos, extraindo quistos e tumores. Ficou famoso também pelas operações de catarata. Durante as intervenções, Arigó ditava receitas para um assistente, que as entregava ao paciente. Arigó responderá a processos jurídicos, o primeiro instaurado em 1956 pela Associação Médica de Minas Gerais, sob a acusação de prática de curandeirismo, tendo sido condenado a quinze meses de prisão (1958). Em

4 Entrevista realizada em 2009 por Eliane Garcia Rezende como parte de investigação de doutorado.

novo processo, este em 1964, foi condenado em 18 de novembro e detido por sete meses em Conselheiro Lafaiete, Minas Gerais, pelo exercício ilegal da medicina. Embora nem sempre noticiadas, há numerosos outros exemplos de busca da cura e de práticas paralelas de cunho religioso. O uso de plantas medicinais e de garrafadas orientadas por mentores espirituais aos seus médiuns é relatado pelo Sr. João, que recorda as atividades de sua mãe, em meados de 1950. Dona Mariana, a mãe, não era alfabetizada e recebia dos espíritos as orientações para a produção de medicamentos – as garrafadas – a partir de plantas medicinais. Como muitas vezes ela não conhecia a planta sugerida na orientação, recebia ajuda de seu filho Antônio – na época com 4 anos e grande sensibilidade mediúnica; conta que o menino caminhava pela fazenda acompanhado do pai e, orientado por espíritos, identificava as plantas indicadas para que a mãe fizesse a garrafada. Essa prática de Dona Mariana somente foi interrompida na década de 1960, por receio de receber condenação à prisão, a exemplo de Zé Arigó.

Outra prática de objetivo curativo do movimento espírita são os passes explicados como de "fluidoterapia", ou seja, a utilização de fluídos com finalidade terapêutica, para o tratamento de indivíduos com enfermidades. Essa utilização encontra referência nos escritos de Kardec (1944a, p.275) onde se lê que

> Os elementos fluídicos do mundo espiritual escapam aos nossos instrumentos de análise e à percepção dos nossos sentidos, feitos para perceber a matéria tangível e não a matéria etérea.

Assim, o uso dos passes nas casas espíritas são atividades rotineiras e passam por um ritual de organização do ambiente para imposição das mãos quando são pensadas a intensidade e a cor das lâmpadas a serem usadas para a iluminação. A eficácia desse tratamento é descrita em *O livro dos médiuns*:

> a força magnética reside, sem dúvida, no homem, mas é aumentada pela ação dos espíritos que ele chama em seu auxílio. Se

> magnetizadas com o propósito de curar, por exemplo, e invocas um bom espírito que se interessa por ti e pelo teu doente, ele aumenta a tua força e a tua vontade, dirige o teu fluido e lhe dá as qualidades necessárias. (Kardec, 1944b, p.218)

Vê-se que eficácia simbólica e eficácia prática estão interligadas e fazem parte de um mesmo valor para a busca da cura, como também ocorre na umbanda.

Cremos que pudemos mostrar os muitos pontos comuns entre a umbanda e o espiritismo brasileiro. Passes e garrafadas não são apanágio de apenas um desses campos, mas de fato os imbrica. Por último, da perspectiva daquele que sofre, provavelmente essas ofertas são variações de um mesmo e grande princípio: almas, espíritos, guias e mentores podem interferir em seu benefício, realizando curas e trazendo alívio ou conforto. Há uma perspectiva totalizadora que permite o trânsito entre campos religiosos, e entre estes e o campo da medicina científica.

Revista Espiritual de Umbanda: representações, mito fundador e diversidade do campo umbandista

André de Oliveira Pinheiro

> Se julgam atrasados esses espíritos dos pretos e dos índios, devo dizer que amanhã estarei em casa desse aparelho, para dar início a um culto em que esses pretos e esses índios poderão dar a sua mensagem e, assim, cumprir a missão que o plano espiritual lhes confiou. Será uma religião que falará aos humildes, simbolizando a igualdade que deve existir entre todos os irmãos, encarnados e desencarnados. E, se querem saber o meu nome, que seja este: Caboclo das Sete Encruzilhadas, porque não haverá caminhos fechados para mim. (Azevedo, 2008, p.19)

A epígrafe deste texto reproduz uma das versões da narrativa em que a entidade espiritual Caboclo das Sete Encruzilhadas, falando por meio do médium Zélio Fernandino de Moraes, teria vindo à Terra para fundar a umbanda, em 15 de novembro de 1908. O episódio é visto por muitos umbandistas como o marco inicial do surgimento dessa religião. Amplamente reproduzida – com diversas variações – entre os adeptos, a manifestação do Caboclo das Sete

Encruzilhadas é o mito fundador da umbanda que conta hoje com a aceitação da maioria de seus praticantes.

O objetivo deste capítulo é discutir o mito fundador que tem como protagonistas Zélio Fernandino de Moraes e o Caboclo das Sete Encruzilhadas. O texto se ocupa também dos diferentes segmentos existentes no interior do próprio campo umbandista, com as diversas formas de compreensão e prática da umbanda. Para isso, tomamos como principal fonte a *Revista Espiritual de Umbanda*, periódico de circulação nacional publicado em São Paulo pela Editora Escala a partir de 2003. Sua publicação prosseguiu até 2008, considerado o ano do centenário da umbanda, de acordo com esse mito fundador.[1]

Não é incomum ouvirmos dizer que o povo brasileiro é formado pela mistura de três valorosas raças: índios, negros e portugueses. E que, por causa da mestiçagem, vivemos em uma "democracia racial" e não temos preconceitos de raça e cor, assim como de credo e classe. Além disso, de acordo com esse mesmo pensamento, a história do Brasil foi escrita sem derramamento de sangue.

A repetição de afirmativas como essas, que expressam uma visão extremamente ufanista sobre o Brasil, demonstra que cada um de nós experimenta, no cotidiano, a forte presença de uma representação homogênea que os brasileiros possuem do país e de si mesmos (Chaui, 2006, p.6-7).

De acordo com Marilena Chaui, essa representação do Brasil é produto – e retira sua força, sempre renovada – do mito fundador do país, que remete ao descobrimento, em 1500. Além do sentido etimológico (do grego *mythos* = narração pública de feitos lendários da comunidade), a autora emprega a palavra "mito" também no sentido antropológico, em que a narrativa pode funcionar como

---

1 O presente capítulo foi escrito a partir da pesquisa desenvolvida para a elaboração da dissertação de Mestrado *Revista Espiritual de Umbanda: mito fundador, tradição e tensões no campo umbandista*, defendida em agosto de 2009 no Programa de Pós-graduação em História da Universidade Federal de Santa Catarina (UFSC).

solução imaginária para conflitos e contradições que não podem ser resolvidos no nível da realidade.

> Se também dizemos mito fundador é porque, à maneira de toda *fundatio*, esse mito impõe um vínculo interno com o passado como origem, isto é, com um passado que não cessa nunca, que se conserva perenemente presente e, por isso mesmo, não permite o trabalho da diferença temporal e da compreensão do presente enquanto tal. Nesse sentido, falamos em mito também na acepção psicanalítica, ou seja, como impulso à repetição de algo imaginário, que cria um bloqueio à percepção da realidade e impede lidar com ela. (Chaui, op. cit., p.9)

Marilena Chaui esclarece ainda que o uso da expressão *mito fundador* deve-se à diferença entre fundação e formação. Enquanto a *formação* envolve a transformação e o processo histórico propriamente dito, incluindo suas representações e ideologias, a *fundação* evoca um momento passado imaginário, visto como instante de origem, que se mantém vivo e presente no curso do tempo. A fundação, portanto, "pretende situar-se além do tempo, fora da história, em um presente que não cessa nunca sob a multiplicidade de formas ou aspectos que pode tomar" (Chaui, op. cit., p.10).

Ainda de acordo com Marilena Chaui, a fundação aparece como algo que emana da sociedade e, simultaneamente, engendra a própria sociedade da qual emana. Por isso, é entendida como mito.

Em seu estudo sobre o papel de Zélio Fernandino como pioneiro umbandista, Emerson Giumbelli afirma que tratar da umbanda frequentemente suscita a questão de suas origens. "Na verdade, trata-se mesmo de uma preocupação central manifestada tanto por lideranças religiosas quanto por estudiosos dos seus cultos" (Giumbelli, 2002, p.183). O autor pontua que, a respeito das origens da umbanda, tão comum quanto a reivindicação da sua imemoriabilidade – situando sua gênese em tempos imemoriais e continentes remotos – é a sua designação como "religião autenticamente brasileira":

> Nesse caso, adquire proeminência a figura de Zélio de Moraes, cuja notoriedade se produz em torno de certo reconhecimento de seu papel de "fundador" ou de "pioneiro da umbanda no Rio de Janeiro e arredores". (Ibid., p.83)

A data da primeira manifestação do Caboclo das Sete Encruzilhadas passou a ser aceita pela maioria dos umbandistas como o marco inicial da nova religião, corroborando a ideia de "mito de origem" (Isaia, 1999, p.103). A narrativa desse mito fundador aparece com destaque na *Revista Espiritual de Umbanda*. Referências a ele aparecem em 14 das vinte edições publicadas. Embora varie o destaque dado a Zélio Fernandino de Moraes, ao Caboclo das Sete Encruzilhadas, à sua filha Zilméia e até mesmo à Tenda Nossa Senhora da Piedade – primeiro templo de umbanda, fundado por Moraes – nessas referências, o certo é que em nenhuma delas é questionado seu papel de fundador da religião.

Bastante conhecida no meio umbandista e entre os estudiosos dessa religião, a narrativa que atribui a Zélio Fernandino de Moraes e ao Caboclo das Sete Encruzilhadas o início da umbanda como culto organizado, no ano de 1908, foi tema de matéria já no primeiro número da Revista, publicado em 2003. Na capa, a chamada para o texto é bastante clara: "Zélio Fernandino de Moraes: a primeira manifestação oficial da umbanda" (*Revista Espiritual de Umbanda*, 2003a, p.1).

No interior da revista, a matéria de cinco páginas, ilustrada com várias fotos, não deixa dúvidas já na abertura do texto:

> No ano de 1908, no município de São Gonçalo, Rio de Janeiro, o jovem Zélio Fernandino de Morais (sic), então com 17 anos, recebeu a primeira manifestação oficial de umbanda. (Ibid., p.17)

A matéria conta todos os episódios, já amplamente conhecidos por umbandistas e pesquisadores, como o jovem Zélio Fernandino de Moraes apresentando alterações de comportamento, seguido de uma estranha paralisia com cura repentina e a manifestação do

Caboclo das Sete Encruzilhadas na Federação Espírita de Niterói, para onde teria sido levado após uma "incorporação involuntária":

> Lá chegando, o Sr. José de Souza, médium vidente, que na época presidia a Federação, perguntou quem era ele, no que a entidade respondeu ser apenas um caboclo brasileiro.
>
> A entidade manifestada também afirmou que os restos das vestimentas que o médium via nele eram de uma existência anterior. Dizia ter sido um padre, Gabriel Malagrida, e que, acusado de bruxaria, fora sacrificado na fogueira da inquisição por haver previsto o terremoto que destruiu Lisboa em 1755, mas que em sua última existência física, Deus concedeu-lhe o privilégio de nascer como um caboclo brasileiro.
>
> Quando o Senhor José de Souza perguntou seu nome, a entidade respondeu que, se fosse preciso que ele tivesse um nome, que lhe chamassem Caboclo Sete Encruzilhadas, pois para ele não existiriam caminhos fechados. (Ibid., p.18)[2]

A reprodução da narrativa prossegue, com o diálogo em que o Caboclo das Sete Encruzilhadas aponta o preconceito dos dirigentes de mesas mediúnicas no espiritismo e reivindica espaço para que se manifestassem também os caboclos e pretos-velhos.

Na sequência, a matéria relata que, no dia 15 de novembro de 1908 – reconhecido, de acordo com a revista, como o dia da fundação oficial da umbanda –, por volta das 20 horas, foram iniciadas as atividades na Tenda Nossa Senhora de Piedade, com a presença dos espíritas envolvidos no episódio da Federação, parentes, amigos e também pessoas desconhecidas.

---

2 *Caminhos fechados/caminhos abertos* – Expressão muito comum na umbanda que significa a situação favorável (caminhos abertos) ou desfavorável (caminhos fechados) espiritualmente. Pode referir-se à possibilidade de conseguir um objetivo específico ou simplesmente à vida da pessoa, de maneira geral. As explicações a respeito dos termos relativos à umbanda são de minha autoria.

Diante do público já presente, Zélio Fernandino de Moraes teria incorporado o Caboclo das Sete Encruzilhadas, que teria iniciado o culto de umbanda com estas palavras:

> Vim para fundar a umbanda no Brasil, aqui se inicia um novo culto, em que os espíritos de pretos-velhos africanos e índios nativos de nossa terra poderão trabalhar em benefício dos seus irmãos encarnados, qualquer que seja a cor, raça, credo ou posição social. A prática da caridade no sentido do amor fraterno será a característica principal desse culto. (Ibid., p.19)

Também não pode passar despercebido o dia em que a fundação do novo culto teria surgido. Estudando a obra dos intelectuais de umbanda na primeira metade do século XX, Artur Cesar Isaia observa como é sintomático que esse marco "coincida"[3] com uma data tão importante para a história do Brasil, em que se comemora a instituição da República. De acordo com ele,

> a afirmação da relação entre a história recente do Brasil e o surgimento da umbanda é constante na obra de intelectuais umbandistas da primeira metade do século, que assumem um caráter claramente evolucionista. (Isaia, op. cit., p.104)

O texto publicado na revista não especifica se a Tenda Nossa Senhora da Piedade era localizada na casa de Zélio Fernandino de Moraes ou se ficava situada em outro lugar. Considerando as diversas variações que sofre a narrativa desse mito fundador, a maioria dos textos conta que a fundação da Tenda se dá no dia seguinte à manifestação do Caboclo na Federação Espírita. Pouco tempo, portanto, para que se conseguisse um local para instalar o templo da nova religião. Sem levar em conta esse detalhe, a matéria prossegue, sem abrir espaços para dúvidas:

---

3 As aspas são minhas.

> Com isso, podemos notar que a umbanda se iniciou com a incorporação do Caboclo Sete Encruzilhadas, patrono da Tenda Nossa Senhora da Piedade, reconhecida como primeira tenda oficial de umbanda, existente até hoje, sob a direção de Zilméia de Moraes, sua filha, hoje com 88 anos e muito ativa em seus trabalhos. (*Revista Espiritual de Umbanda*, op. cit., p.19)

A filha de Zélio Fernandino de Moraes, Zilméia de Moraes, aparecerá com frequência ao longo dos vinte números da publicação, sempre apontada como continuadora da tradição e dos rituais da umbanda fundada pelo pai. As transformações nos rituais instituídos por Zélio Fernandino de Moraes também não são ignoradas no texto sobre a primeira manifestação oficial de umbanda. A matéria, inclusive, se encerra desta maneira:

> Com a introdução dessa nova religião, trazida pelo Caboclo Sete Encruzilhadas, médiuns vindos do kardecismo e do candomblé, se sentiram à vontade na Tenda Nossa Senhora da Piedade, e passaram a frequentá-la.

O ritual umbandista foi enriquecido com o sincretismo dos orixás com os Santos Católicos, oferendas aos Orixás, comidas de santo, atabaques, agogôs e outros instrumentos musicais (Ibid., p.21).

É interessante perceber como o texto situa a umbanda em um ponto intermediário entre o espiritismo – na revista, chamado de kardecismo – e o candomblé, inclusive como um local de confluência, que passou a atrair adeptos dos dois cultos. A posição intermediária da umbanda entre o espiritismo e o candomblé é apontada também por Vagner Gonçalves da Silva, quando este trata das entidades espirituais cultuadas:

> Na umbanda, as entidades situam-se a meio caminho entre a concepção dos deuses africanos do candomblé e os espíritos dos mortos dos kardecistas. Os orixás, por exemplo, são entendidos e cultuados com outras características. (Silva, 2005, p.120)

O mito fundador que tem Zélio Fernandino de Moraes e o Caboclo das Sete Encruzilhadas como iniciadores da umbanda ganha destaque também na edição n.3 da revista. Dessa vez, no entanto, a abordagem se dá a partir de Zilméia de Moraes, filha de Zélio Fernandino de Moraes. Mãe Zilméia, como é chamada, é a principal figura na capa da edição, publicada em 2003. A matéria intitulada "Mãe Zilméia: 88 anos de dedicação e caridade" traz uma entrevista que ocupa seis páginas. Uma das perguntas é se o termo "umbanda" já era utilizado antes ou começou com o Caboclo das Sete Encruzilhadas. Mãe Zilméia responde:

> Foi a partir do Caboclo Sete Encruzilhadas. Lá na Federação, o Senhor José de Souza, que nessa época era presidente, perguntou o nome da entidade e ele deu o nome de Caboclo Sete Encruzilhadas, porque não havia caminho fechado para ele. O termo umbanda eu não lembro de ter sido utilizado naquela época. (*Revista Espiritual de Umbanda*, 2003c, p.6)

O nascimento de Mãe Zilméia, em 1914, aconteceu seis anos após a manifestação do Caboclo das Sete Encruzilhadas por intermédio de Zélio Fernandino de Moraes. No entanto, ela responde à questão como se tivesse participado dos acontecimentos que teriam dado origem à umbanda. É o que demonstra, por exemplo, quando diz: "o termo umbanda eu não lembro de ter sido utilizado naquela época".

Publicado em 2006, o 12º número da *Revista Espiritual de Umbanda* novamente dedicou significativo espaço ao mito fundador, com a participação de Mãe Zilméia, cujo discurso é legitimado pela condição de filha e continuadora da missão de Zélio de Moraes. Em seu relato, que ocupa quatro páginas da revista, ela reafirma o mito fundador da umbanda e fala sobre as suas memórias:

> Meus pais foram Zélio Fernandino de Moraes e Maria Isabel de Moraes; nasci em 21 de setembro de 1914, na casa que hoje ainda está lá, em pé, onde nasceu a tenda Nossa Senhora da Piedade,

segundo o guia Caboclo das Sete Encruzilhadas recomendou. Eu ainda não havia nascido, mas sei da história toda. (*Revista Espiritual de Umbanda*, 2006, p.38)

Mas, voltando à entrevista publicada na terceira edição da Revista, ainda de acordo com Mãe Zilméia, o sincretismo religioso também teria surgido por orientação do Caboclo das Sete Encruzilhadas. Perguntada sobre isso, ela afirma:

Foi orientação dele. A imagem de Xangô, por exemplo, é São Jerônimo; de Iansã é Santa Bárbara; isso foi designado por ele. Tanto é que essa mesa de umbanda que é riscada aqui no chão ninguém tem. O senhor já a viu em algum lugar? (*Revista Espiritual de Umbanda*, 2003c, p.8)

O repórter, então, faz uma pergunta mais específica e obtém a confirmação de Mãe Zilméia:

Então, pelo que a senhora está me dizendo, o sincretismo católico nasceu na Tenda de Nossa Senhora da Piedade?
Mãe Zilméia: Sim, senhor, tenho certeza disso. São Cosme e São Damião foram médicos na Terra, como os jornalistas devem saber, pois é o que escrevem. Há um cruzamento entre eles e os orixás. (Ibid.)

Na mesma entrevista, é perguntado se na época inicial da umbanda o ritual contava com tambores e outros elementos que, com o tempo, foram incorporados ao culto. Na resposta, Zilméia de Moraes mostra um certo descontentamento com algumas práticas:

Nada disso era utilizado. Faço o que aprendi com Pai Antônio e o Caboclo das Sete Encruzilhadas, porque todos os terreiros que tenho frequentado nem parecem terreiro do Caboclo das Sete Encruzilhadas, fazem coisas esquisitas. Mas cada cabeça é uma

> sentença. Vou porque me convidam, agradeço, gosto de ir, mas é bem diferente. Cada um gosta de um jeito. (Ibid., p.6)[4]

O número 8 da *Revista Espiritual de Umbanda*, publicado em 2004, traz uma sequência de onze páginas dedicadas ao mito de origem protagonizado por Zélio Fernandino de Moraes e o Caboclo das Sete Encruzilhadas (*Revista Espiritual de Umbanda*, 2004b).

Um dos textos dessa edição traz um título bastante afirmativo: "umbanda é religião brasileira", e mais uma vez aponta Zélio Fernandino de Moraes como pioneiro da religião. Em cinco páginas, narra de maneira bem mais detalhada o mesmo mito fundador apresentado no primeiro número da revista. Uma das diferenças entre os textos chama a atenção: o texto publicado na primeira edição da revista informa que as atividades da Tenda Nossa Senhora da Piedade forma iniciadas no dia 15 de novembro de 1908 (*Revista Espiritual de Umbanda*, 2003a, p.19), na matéria "Umbanda é religião brasileira", publicada na oitava edição, Zélio Fernandino de Moraes é levado à Federação Espírita no dia 15 de novembro de 1908, e o início do culto acontece no dia seguinte, 16 de novembro (*Revista Espiritual de Umbanda*, 2004a, p.29).

Sem citar a fonte, o texto apresenta um extenso relato atribuído a Zélio Fernandino de Moraes, que, aos 83 anos, teria contado o que se passou na primeira sessão de umbanda. De acordo com esse depoimento, as atividades da Tenda começaram na casa de sua família, na Rua Floriano Peixoto, número 30, em Neves (Rio de Janeiro). A narrativa traz também outros detalhes:

> O Caboclo estabeleceu as regras em que se processaria o culto. Sessões – assim chamariam os períodos de trabalho espiritual – diárias, das 20 às 22h; os participantes estariam uniformizados de branco e o atendimento seria gratuito. Deu também o nome desse

---

4 *Pai Antônio*: considerado o primeiro Preto-velho, teria se manifestado também por intermédio de Zélio Fernandino de Moraes, logo após o Caboclo das Sete Encruzilhadas, na mesma sessão em que teria sido anunciada a umbanda.

> movimento religioso que se iniciava; disse primeiro "Allabanda", mas, considerando que não soava bem a sua vibração, substituiu-se por "Aumbanda", ou seja, umbanda, palavra de origem sânscrita, que se pode traduzir por "Deus ao nosso lado" ou "ao lado de Deus". (Ibid., p.30)

O redator do texto interrompe o relato creditado a Zélio Fernandino de Moraes para fazer um apontamento sobre a palavra umbanda, baseado nos ensinamentos de Ramatís, entidade espiritual a quem são atribuídas diversas obras mediúnicas sobre espiritismo e umbanda e que também possui alguns textos publicados na revista:

> Em uma observação sobre umbanda, Ramatís, no livro *A missão do espiritismo*, diz: "A palavra Aum é de alta significação espiritual, consagrada pelos mestres Bandhã, em sua expressão mística iniciática, significa movimento incessante, força centrípeta emanada do Criador. A palavra Aum-Bandhã, pronunciada na forma de um mantra, aproxima-se melhor da sonorização 'Ombanda', sendo ajustada à doutrina de umbanda, praticada no Brasil". (Ibid.)

A palavra umbanda, vista dessa forma, com significado em sânscrito, dá sustentação aos mitos de origem que situam as suas origens como anteriores ao Brasil, em continentes remotos e épocas distantes. Tal argumento está presente, sobretudo, nas obras de W. W. da Matta e Silva, apontado como criador da umbanda esotérica, e de Rivas Neto, fundador da Ordem Iniciática do Cruzeiro Divino.

No dia 30 de março de 2008, o Caderno *Mais!*, da *Folha de S.Paulo*, publicou um especial intitulado "100 Anos de umbanda no Brasil", em uma clara referência ao mito fundador baseado na manifestação do Caboclo das Sete Encruzilhadas. No conteúdo disponível na internet, foi publicada uma entrevista com o pesquisador Nei Lopes, com o título "Autor de livro critica afastamento da umbanda das raízes africanas". Perguntado sobre o motivo que impede frequentadores de centros de se declararem umbandistas, Lopes é direto:

> Essa ocultação é consequência do racismo brasileiro. A maioria das pessoas tem vergonha de assumir alguma coisa que remeta à África, à escravidão. Cultura negra só se for desafricanizada... é aí que a gente chega a uma coisa interessante. Existe uma vertente da umbanda que inclusive nega a origem africana da religião, buscando suas raízes na Índia.
> Tentam até provar que o nome umbanda (que deriva do quimbundo mbanda, ritualista, curandeiro), vem do sânscrito. Essa umbanda não usa tambores e se pretende esotérica; e é ela que vem se expandindo pela América do Sul e pelo mundo. É como se seus praticantes dissessem: "Essa coisas de tambor, sacrifícios de animais, isso é coisa de selvagens! Nós somos civilizados". Nessa oposição entre "selvagem" e "civilizado" é que está o racismo. Então, a intenção dos espíritos acolhidos pelo médium Zélio Moraes (sic) há cem anos parece que está se frustrando.[5]

E a versão que situa as origens da umbanda no Oriente, em tempos imemoriais, tem no escritor W. W. da Matta e Silva seu maior expoente. Autor de nove livros – entre eles, *Umbanda de todos nós* (1956), citado em diversas matérias da *Revista Espiritual de Umbanda* como um divisor de águas na história da umbanda –, Matta e Silva é respeitado como grande estudioso e pesquisador da religião, fundador da "umbanda esotérica". Nas páginas do periódico, aparece sempre como uma referência e opinião incontestável quando são discutidos os fundamentos da religião umbandista.

Logo na edição n.2 da revista, é publicado um texto sobre a vida e a obra de Matta e Silva, onde se lê que após a disseminação do vocábulo "umbanda" em vários pontos do país, por volta de 1889, e da manifestação do Caboclo das Sete Encruzilhadas, por meio de Zélio Fernandino de Moraes, o terceiro evento marcante do movimento umbandista teria sido a edição da primeira obra de Matta e Silva:

---

5 Disponível em: <http://www.folha.com.br/080863>. Acesso em: 31 mar. 2008.

> Meio século após a fundação da Tenda Nossa Senhora da Piedade, o astral preparava a revelação de reais fundamentos da umbanda que viria em 1956, com a obra *Umbanda de todos nós*, de W. W. da Matta e Silva. (*Revista Espiritual de Umbanda*, 2003b, p.14)

Além disso, a conclusão do texto deixa claro que a umbanda esotérica de W. W. Matta e Silva também era refratária às manifestações mais africanizantes da umbanda dita popular:

> Caro leitor, se você pensa que a umbanda de verdade é essa manifestação ruidosa da massa, que grita, baba, bebe, berra e se contorce de charutão na boca, ao som ensurdecedor dos atabaques (ótimos veículos para estimular o animismo vicioso, quanto mal utilizados), não leia as obras de Matta e Silva, porque a sua decepção será muito grande. Porém, se o seu grau consciencional lhe permite ver adiante e saber que a verdadeira umbanda está acima de tudo isso, chegou o momento de adquirir as obras do "velho e sábio mestre" e começar a levantar os véus da Senhora da Luz Velada.
> Saravá, Avô da Matta! (Ibid., p.17)

Uma entrevista com W. W. da Matta e Silva – recuperada do Jornal Aruanda (1978), segundo o texto de apresentação – aparece no n.15 da *Revista Espiritual de Umbanda*. A entrevista é seguida de outro texto, intitulado "Orientação de W. W. da Matta e Silva: conduta moral espiritual e física dos médiuns dentro da corrente astral de umbanda". Algumas perguntas e respostas da entrevista deixam clara a posição do escritor sobre a origem da umbanda:

> *Qual a origem da umbanda?*
> A umbanda tem dois lados: o esotérico e o exotérico, ou seja, o *interno* (esse que guarda o valor de seus fundamentos, dos ritos secretos e que estuda e ensina sua ancestralidade através das raças etc.) e o *externo*, que é o lado que chamamos de "umbanda popular", cheia de crenças, crendices, superstições e mitos onde misturam tudo, menos a mediunidade de fato. A origem da umbanda popular

> está aqui mesmo no Brasil, e surgiu no grito do Caboclo Curuguçu e no advento do Caboclo das Sete Encruzilhadas e de outras entidades espirituais que, simultaneamente, surgiram em vários terreiros, revelando o termo umbanda como bandeira de um novo movimento, em face da poluição espiritual, moral e da magia negra.

Ao descrever a umbanda que considera popular como "cheia de crenças, crendices, superstições e mitos", Matta e Silva desqualifica suas práticas. Quanto às origens da religião, na resposta à primeira pergunta Matta e Silva não hesita em incluir a umbanda que teria sido fundada pelo Caboclo das Sete Encruzilhadas na classificação "umbanda popular", a mesma que, para ele, seria primitiva e cheia de crenças. A "verdadeira" umbanda, segundo ele, teria raízes milenares, como na resposta a seguir:

> *A umbanda seria uma religião milenar?*
> Sim. A umbanda é uma religião milenar; sua raiz, ou seja, seu verdadeiro sistema está em todos os templos iniciáticos do mundo, desde os da Ásia Oriental, Índia, Egito etc. O sistema religioso e iniciático da umbanda Esotérica é a mesma ciência dos magos de todos os tempos, quer fossem dos santuários da Lhassa, do Agharta e quer fosse praticado pelos essênios do Mar Morto, que o mesmo Tujabaé-Caá de nossos antiquíssimos pajés, que fosse ainda aquele praticado e ensinado pelos antigos Babalaôs.

Matta e Silva demonstra habilidade ao conciliar a condição de "religião genuinamente brasileira" com as "raízes milenares" atribuídas à umbanda. Para isso, qualifica a religião como "preservadora" de antiga cultura e mistérios:

> *A umbanda pode ser intitulada uma religião genericamente nacional? Seria então a preservadora de tão almejada cultura brasileira ou a cultura é uma só?*
> Sim. Ressurgiu aqui com um sistema e um propósito. Preservadora da antiga cultura religiosa e esotérica dos antigos mistérios.

As perguntas dirigidas ao escritor, apresentado no título da entrevista como "sábio e erudito pesquisador da umbanda", dão a oportunidade também para que ele possa manifestar sua opinião a respeito das outras religiões diretamente relacionadas à umbanda, como o espiritismo e o candomblé:

> *A umbanda é espiritismo somente ou é também doutrina espírita? Qual a diferença?*
> A umbanda não é espiritismo e não incorporou nada, diretamente, dessa doutrina, dita kardecista. Reencarnações, reajustamentos (a lei de consequência, o mesmo carma dos orientais) pela dor; pela vivência humana, são pontos de doutrina tão antigos quanto os povos ou raças do mundo. Até entre nossos antiquíssimos pajés, tudo isso era conhecido pela sabedoria dos velhos. O Tujabaé-Caá. A diferença? Da água para o vinho. A umbanda tem iniciação, ciência dos ritos sagrados, magia, metafísica e filosofia inéditas (vide doutrina secreta da umbanda).

Além de colocar a umbanda como uma religião totalmente diferente, com vários elementos "inéditos" ao espiritismo, Matta e Silva despreza também as ligações e semelhanças entre umbanda e candomblé.

> *Qual a ligação da umbanda com o Candomblé?*
> Muito pouco. Somente considerou alguns de seus orixás por serem termos sagrados desde suas origens, pelas leis ou ciência do Vergo, da Cabala original – ário-egípcia, onde os primitivos sacerdotes de alto grau da raça africana aprenderam quando estiveram radicados às margens do Alto Nilo, no Egito. (*Revista Espiritual de Umbanda*, 2007a, p.42-3)[6]

---

6 Os grifos e as aspas são da revista. *Doutrina secreta da umbanda* é o título de um dos livros de W. W. Matta e Silva.

Como é possível constatar, o escritor Matta e Silva, com seu discurso contundente, situa as origens da umbanda nas antigas tradições iniciáticas orientais. No entanto, não exclui o mito fundador protagonizado por Zélio Fernandino de Moraes e o Caboclo das Sete Encruzilhadas. Em vez disso, coloca as origens anteriores e imemoriais da umbanda como um acréscimo à narrativa que dá conta do seu surgimento no Brasil. Para tanto, habilmente demarca a distinção entre a umbanda esotérica, da qual se coloca como defensor e codificador, e a umbanda popular, à qual se refere sempre como algo inferior.

Surpreendente é a postura de Matta e Silva ao negar as ligações da umbanda com o espiritismo e o candomblé, já que o episódio envolvendo Zélio Fernandino de Moraes inclui a passagem do médium pela Federação Espírita. Além disso, o distanciamento das práticas ligadas ao Candomblé está entre as preocupações dos fundadores da Tenda Nossa Senhora da Piedade, que seriam, de acordo com os estudos de Diana Brown, brancos e de classe média (Brown, 1985).

A supressão dos elementos mais africanizantes do ritual, inclusive, aparece mesmo na *Revista Espiritual de Umbanda* como uma das diretrizes determinadas por Zélio Fernandino de Moraes, sob orientação do Caboclo das Sete Encruzilhadas. Se voltarmos ao texto sobre a origem da umbanda incluído no n.8 da publicação, podemos ler:

> O ritual preconizado pelo Caboclo das Sete Encruzilhadas exclui tudo o que de supérfluo nos legaram as seitas africanas. São palavras textuais de Zélio Fernandino de Moraes: "O Caboclo das Sete Encruzilhadas não admitia atabaques e nem mesmo palmas nas sessões. Apenas os cânticos, muito firmes e ritmados, para a incorporação dos Guias e a manutenção da Corrente Vibratória. Capacetes, adornos, vestimentas de cores, rendas e lamês não são aceitos nos tempos que seguem a sua orientação. O uniforme é branco, de tecido simples. As guias usadas são apenas as que determinam a entidade que se manifesta. Não é a quantidade de guias que dá força ao médium. Os banhos de ervas, os amacis, as

concentrações nos ambientes da natureza, a par do ensinamento doutrinário, na base do Evangelho, constituem os principais elementos de preparação do médium". (*Revista Espiritual de Umbanda*, 2004b, p.32)

Na mesma entrevista em que denuncia o racismo e a "desafricanização" daumbanda, Nei Lopes procura contextualizar o papel de Zélio Fernandino de Moraes nas origens da religião, quando o repórter pede uma análise sobre a sua formação:

> O mito de origem da umbanda, na versão que tem como protagonista o médium Zélio de Moraes, é exemplar. Ele evidencia a busca de inserção dos despossuídos da sociedade brasileira no espaço religioso. Todo mito tem um fundo de verdade, que os eruditos chamam de "mitologema"; e, na história da umbanda, esse fundo é o episódio do médium Zélio.
>
> Mas antes já havia, além dos calundus coloniais, que não tinham organização social, comunitária, os candomblés, organizados, como se sabe hoje, desde antes de 1850. Na virada para o século XIX, a ialorixá baiana Mãe Aninha vinha de vez em quando ao Rio, onde inclusive fundou, por volta de 1906, uma filial de sua "roça", o Opô Afonjá, que funciona até hoje em Coelho da Rocha, São João de Meriti [Baixada Fluminense].
>
> E a umbanda, herdeira direta de cultos bantos como o da cabula, cresceu certamente sob a influência desse prestígio do candomblé baiano, incorporando as figuras dos orixás jeje-nagôs e outros elementos.
>
> Mas o que fundamentalmente distingue a umbanda é o culto aos pretos-velhos, que não existem no candomblé. E esses pretos-velhos são representações de espíritos familiares bantos, da área de Angola, Congo e Moçambique (África centro-ocidental e oriental), daí seus nomes: Vovó Conga, Pai Joaquim de Angola, Tia Maria Rebolo, Pai Joaquim de Aruanda. O candomblé vem do Benin, da Nigéria, da África ocidental. (Ibid.)

A versão impressa do já citado especial sobre a umbanda publicado pelo Caderno *Mais!* inclui uma entrevista com a antropóloga estadunidense Diana Brown, que chegou ao Brasil no fim da década de 1960 e é uma das pioneiras nos estudos acadêmicos sobre a umbanda. Com o sugestivo título "Novo Preto Velho", a entrevista traz perguntas sobre a formação dessa religião. A respeito do papel desempenhado por Zélio Fernandino de Moraes nesse processo, Diana Brown afirma:

> Ele e seu grupo conseguiram promover a imagem da umbanda que foi chamada de umbanda branca. Foi um esforço para embranquecer e modernizá-la. O papel dele é simbólico, foi o porta-voz dessa "nova" umbanda. (*Folha de S.Paulo*, 2005, p.5)

Respondendo a uma questão anterior, a antropóloga descreve o contexto do surgimento da umbanda:

> Havia muito preconceito, mas muita gente a praticava. A imagem era de classe baixa e ignorante. O grupo que começou a promover a umbanda branca tinha um *background* kardecista. Eles se achavam, por isso, protegidos e legitimados. (Ibid.)

Adiante, o repórter pergunta se a manifestação do Caboclo das Sete Encruzilhadas por intermédio de Zélio Fernandino de Moraes não teria sido uma ruptura com o kardecismo. Brown tem uma leitura diferente:

> Eu não diria isso. Para ele (Zélio de Moraes) foi uma ruptura, mas era mais uma expressão do ecletismo que já existia. Foi esse caboclo quem falou para o Zélio que ele seria o fundador, mas antes já existiam caboclos e a prática de religiões africanas. (Ibid.)

E em seu estudo "Uma História da umbanda no Rio", publicado na coletânea *Umbanda e política*, Diana Brown situa a fundação dessa religião no Rio de Janeiro, em meados da década de 1920, por um grupo de espíritas que passaram a incorporar tradições afro-brasileiras em suas práticas religiosas (Brown, op. cit.). Levando em conta o fato de que a historiografia da umbanda é extremamente imprecisa, Brown chama a atenção para o fato de que "os sincretismos afro-kardecistas ocorreram com frequência em diversos núcleos urbanos desde o fim do século XIX, e provavelmente também existiam no Rio" (Ibid., p.10). Sobre o mito de origem da umbanda, a antropóloga afirma:

> Não posso estar totalmente certa de que Zélio foi *o* fundador da umbanda, ou mesmo que a umbanda tenha tido um único fundador, muito embora o centro de Zélio e aqueles fundados por seus companheiros tenham sido os primeiros que encontrei em todo o Brasil que se identificavam conscientemente como praticantes de umbanda. (Ibid., p.10)[7]

No livro *Caminhos da alma*, Vagner Gonçalves da Silva também destaca a presença de vários elementos formadores da umbanda no universo religioso popular já no final do século XIX. Mais especificamente sobre a origem da umbanda, ele afirma:

> A umbanda, como culto organizado segundo os padrões atualmente predominantes, teve sua origem por volta das décadas de 1920 e 1930, quando kardecistas de classe média, no Rio de Janeiro, em São Paulo e no Rio Grande do Sul passaram a mesclar com suas práticas elementos das tradições religiosas afro-brasileiras, e a professar e defender publicamente essa "mistura", com o objetivo de torná-la legitimamente aceita, com o *status* de uma nova religião. (Silva, 2002, p.106)

Emerson Giumbelli, no texto "Zélio de Moraes e as origens da umbanda no Rio de Janeiro", faz uma revisão do que há de mais relevante na bibliografia já publicada a respeito do início dessa religião.

7 O grifo é da autora.

A partir desse levantamento, constata que os textos acadêmicos e umbandistas que singularizam a figura de Zélio Fernandino de Moraes são todos posteriores à década de 1960. O autor percebe que o reconhecimento do papel de Moraes na constituição da umbanda encerra uma dupla ironia:

> A maioria das referências é contemporânea ou posterior à morte de Zélio, que ocorreu em 1975, aos 84 anos de idade; e aponta para um interesse pela "fundação" e pela "origem" de "uma religião" exatamente quando a dispersão doutrinária e ritual e a divisão institucional parecem se impor de modo inexorável. (Giumbelli, op. cit., p.189)

No mesmo texto, Giumbelli utiliza o subtítulo "A dupla invenção do pioneiro". Mais à frente, após consultar diversos trabalhos acadêmicos ou confessionais relativos à história da umbanda, afirma que o papel de fundador ou pioneiro principal dessa religião atribuído a Zélio Fernandino de Moraes parece uma "construção tardia" (Ibid., p.196).

A expressão "construção tardia" utilizada por Emerson Giumbelli nos remete ao pensamento de Eric Hobsbawm, para quem "muitas vezes, tradições que parecem ou são consideradas antigas são recentes, quando não são inventadas" (Hobsbawm e Ranger, 2008, p.9). Como demonstra o texto de Giumbelli, o lugar de Zélio Fernandino de Moraes como "pioneiro" ou "fundador" da umbanda, além de "construção tardia", pode ser também compreendido, de certa forma, como uma "tradição inventada". De acordo com Hobsbawm:

> Por "tradição inventada" entende-se um conjunto de práticas, normalmente reguladas por regras tácita ou abertamente aceitas; tais práticas, de natureza ritual ou simbólica, visam inculcar certos valores e normas de comportamento através da repetição, o que implica, automaticamente, uma continuidade em relação ao passado. (Ibid., p.9)

Ainda segundo Eric Hobsbawm, o passado histórico no qual a nova tradição é inserida não precisa ser remoto, perdido nas brumas do tempo. É o que acontece com o mito fundador da umbanda protagonizado por Zélio Fernandino de Moraes e o Caboclo das Sete Encruzilhadas, situado em 1908. Hobsbawm afirma ainda que

> as "tradições inventadas" são reações a situações novas que ou assumem a forma de referência a situações anteriores, ou estabelecem seu próprio passado por meio da repetição quase que obrigatória. (Ibid., p.10)

É possível afirmar que isso acontece com a narrativa construída em torno da figura de Zélio Fernandino de Moraes. Se atentarmos para o que foi observado por Emerson Giumbelli, a afirmação de Moraes como fundador da umbanda, posterior à década de 1960, remetia a uma situação anterior, localizada no tempo em 1908.

Além disso, esse mito fundador passou a estabelecer, construir um passado por meio da repetição, como também observa Hobsbawm. Basta lembrar que, por volta dos anos 1960, essa passou a ser, em detrimentos de outras, a narrativa predominante para explicar a origem da umbanda. Entre as outras versões para a origem da religião, destacamos aquela defendida por Tancredo da Silva Pinto, para quem a umbanda teria surgido a partir do povo Lunda Quiôco, em Angola (Pinto, 1970, p.9-10).

E nesse processo de repetição da "tradição inventada", a *Revista Espiritual de Umbanda* tem um papel importante – ao lado de outros livros e escritos sobre a religião, programas de televisão e rádio, endereços eletrônicos e discursos de lideranças religiosas – no sentido de inculcar valores e normas de comportamento.

Nas páginas da revista, as referências a Zélio Fernandino de Moraes e ao Caboclo das Sete Encruzilhadas como os fundadores da umbanda são sempre positivas. O protagonismo de ambos na origem da religião umbandista em nenhum momento é questionado.

Por outro lado, mesmo quando a origem da umbanda é localizada em tempos imemoriais e lugares remotos – como na versão defendida por W. W. da Matta e Silva –, tal explicação nunca aparece como um contraponto, mas sempre como um acréscimo à narrativa que envolve Zélio Fernandino de Moraes. É importante destacar que, em todos os vinte números da revista, a única alusão a Tancredo da Silva Pinto, que defendeu em seus livros uma origem negra para a umbanda, não menciona seu ponto de vista sobre o assunto (*Revista Espiritual de Umbanda*, 2006, p.53).

Esse tratamento não condiz com a sua importância no debate sobre as origens da umbanda, na metade do século XX, como apontado por Diana Brown (Brown, op. cit., p.23). Discorrendo sobre a divisão entre os umbandistas na década de 1950, Brown relata que Tancredo da Silva Pinto era o líder da Federação Espírita Umbandista, fundada em 1952 e que defendia uma forma de umbanda mais africanizada. Brown descreve Tancredo da Silva Pinto como

> Um líder religioso afro-brasileiro que se tornara um importante porta-voz dos praticantes de umbanda de orientação africana. Tancredo conseguiu também uma coluna semanal no jornal *O Dia*, através de ligações com seu proprietário, Chagas Freitas. Nessa coluna, Tancredo desenvolvia um trabalho de filiação para sua nova federação, e recomendava uma forma africana para o ritual de umbanda. Esses filiados e patrocinadores eram quase todos oriundos do setor inferior, de terreiros de estilo africano, muitos deles localizados nas favelas da cidade. Por ocasião da minha pesquisa em 1966, fiquei surpresa com a sua fama e popularidade nas favelas de toda a cidade. Em cada uma delas que visitei, pelo menos uma pessoa mencionava seu nome, e muitos dos centros localizados nesses arredores já eram há muito tempo filiados à sua federação. (Ibid.)

O silêncio sobre Tancredo da Silva Pinto e a importância dada a W. W. da Matta e Silva, que defende as origens anteriores da umbanda, não como uma negação, mas como um acréscimo ao mito fundador envolvendo Zélio Fernandino de Moraes, além das entrevistas com sua filha Zilméia, deixam claro a posição que a *Revista Espiritual de Umbanda*, a partir da sua linha editorial, defende sobre o assunto.

Mas em nenhum de seus números essa revista evidencia tanto seu endosso ao protagonismo de Zélio Fernandino de Moraes e o Caboclo das Sete Encruzilhadas na fundação da umbanda quanto na 20ª edição. Esse número, que chegou às bancas por volta de novembro de 2008 – portanto, bem na época assinalada como "centenário" da umbanda –, traz na capa, junto ao título da publicação, as indicações "Edição histórica", "Uma religião brasileira centenária" e "Umbanda 100 Anos". Esse último aparece também no interior da revista, identificando as matérias alusivas ao "centenário".

Quanto às matérias publicadas, a maioria absoluta faz referência aos "cem anos da umbanda" e, como não poderia deixar de ser, a origem da umbanda em 15 de novembro de 1908, por intermédio de Zélio Fernandino de Moraes, é novamente relatada, dessa vez ainda de forma mais detalhada que nas oportunidades anteriores.

Mas a defesa mais radical desse mito fundador por parte da *Revista Espiritual de Umbanda* está no editorial do número 20. Logo na abertura, o texto questiona, em tom de cobrança:

> Em cem anos de culto de umbanda branca, após 36.525 dias de anunciada, em 15 de novembro de 1908 sob a roupagem fluídico-espiritual de um caboclo brasileiro, perguntamos:
> Quantos templos seguem o ritual de umbanda branca do Caboclo das Sete Encruzilhadas, que faz 100 anos no dia 15 de novembro de 2008? (Ibid., p.3)

Umbandas

Além da referida expressão "umbanda branca", podemos encontrar algumas outras envolvendo o nome da religião, como "umbanda esotérica", "umbanda iniciática", "umbanda popular" e "umbanda sagrada", cada uma delas significando uma forma de conceber, enxergar e praticar a religião – ou uma das modalidades de *representação*, segundo a conceituação de Roger Chartier.

O conceito de representação do historiador francês pode ser utilizado para analisar de que maneira as estruturas sociais são incorporadas por determinado grupo, e também as formas que esse grupo usa para construir sua identidade.

No texto "O mundo como representação" (Chartier, 2002, p.61-79), Chartier afirma que a noção de representação autoriza a articulação de três modalidades de relação com o mundo social. A primeira delas seria o trabalho de classificação e recorte que produz configurações múltiplas, a partir das quais a realidade é contraditoriamente construída pelos diferentes grupos que compõem uma sociedade. São as diferentes correntes ou escolas umbandistas, em contato umas com as outras, dando forma ao grande grupo que, de maneira geral, é chamado umbanda.

A segunda modalidade compreende as práticas que pretendem fazer reconhecer uma identidade social, exibir uma maneira própria de ser no mundo, significar simbolicamente um estatuto e uma posição. Nesse caso, seriam os traços comuns que permitem que as diferentes tradições umbandistas sejam reconhecidas como pertencentes à religião.

Por fim, a terceira modalidade de relação com o mundo social trata das formas institucionalizadas e objetivas, em virtude das quais "representantes" – instâncias coletivas ou mesmo indivíduos singulares – marcam de modo visível e perpétuo a existência do grupo, comunidade ou classe. São as personagens, grupos e instituições singularizados, destacados no universo umbandista.

Tomando como base, portanto, o conceito formulado por Chartier, é possível analisar a *Revista Espiritual de Umbanda* como produtora de representações dessa própria religião. Essa análise pode ser construída a partir das modalidades de relação com o mundo social descritas pelo autor – a publicação como instrumento de um dos diferentes grupos que, ao lado de outros inseridos em um mesmo contexto, constroem a realidade para determinado segmento.

Patrícia Birman já havia chamado a atenção para toda a diversidade dentro da própria umbanda, inclusive com as diversas tentativas de organização burocrática e unificação doutrinária. A esse respeito, a autora afirma:

> No plano da organização social, a religião umbandista pode ser considerada um agregado de pequenas unidades que não formam um conjunto unitário. [...] Há, portanto, uma multiplicidade de terreiros autônomos, embora estejam unidos na mesma crença, havendo também um esforço permanente por parte dos líderes umbandistas no sentido de promover uma unidade tanto doutrinária quanto na organização. Criam federações, tentam estabelecer formas de relacionamento entre os vários centros decisórios, tentam, enfim, enfrentar a dificuldade de conviver simultaneamente com formas de organização dispersas e tentativas de centralização. (Birman, 1985, p.25-6)

Birman ainda tratou da diversidade de doutrinas e concepções religiosas que podem ser encontradas sob a mesma denominação "umbanda". E, ao abordar essa questão, não deixou de considerar as diferentes religiões que, em sua construção sincrética, forneceram elementos para a formação da umbanda:

> Entre os terreiros são encontradas diferenças sensíveis no modo de se praticar a religião. Tais diferenças, contudo, se dão num nível que não impede a existência de uma crença comum e de alguns princípios respeitados por todos. Há, pois, certa *unidade na diversidade*. [...] Encontramos adeptos de umbanda que praticam a religião em combinação com o candomblé, com o catolicismo, que se dizem também espíritas, absorvendo os ensinamentos de Kardec e, entre estes, as variações continuam: centros que aceitam determinados princípios do candomblé e excluem outros, que se vinculam a uma tradição por muitos ignorada etc. Não há limites na capacidade do umbandista de combinar, modificar, absorver práticas religiosas

existentes, dentro e fora desse campo fluido denominado "afro--brasileiro". (Ibid., p.26-7)[8]

Acreditamos ser possível denominar como campo umbandista esse grande espaço chamado umbanda, que traz em seu interior diferentes formas de pensar ou praticar diferentes "umbandas". A expressão campo umbandista aparece no estudo *Entre a cruz e a encruzilhada: formação do campo umbandista em São Paulo*, de Lísias Nogueira Negrão (1996), e é claramente inspirada no conceito de campo religioso elaborado por Pierre Bourdieu (2005).

O campo umbandista seria, portanto, o espaço onde conviveriam e entrariam em luta as diferentes representações da umbanda, cada uma procurando maior legitimação e captação de capital simbólico entre os filhos de fé umbandistas, em detrimento das demais. São as diferentes "umbandas" disputando entre si para ver qual é mais "pura",[9] a mais verdadeira, a mais autêntica ou até mesmo a que tem mais força espiritual.

A "unidade na diversidade" observada por Patrícia Birman entre os umbandistas torna-se possível porque estes "desenvolveram formas próprias de lidar com essas características da sua religião" (Birman, op. cit., p.27). Ao tratar do espaço que denominamos campo umbandista, a autora chama a atenção para três fatores: *segmentação, dispersão* e *multiplicidade*. Esses elementos, de acordo com Birman, combinam-se, de alguma forma, com a *unidade*, a *doutrina* e a *hierarquia*:

8 O grifo é da autora.

9 *Umbanda pura* – Em várias oportunidades, ao conversar com dirigentes de templos umbandistas que visitei, perguntei qual seria o tipo de umbanda que estes praticavam. Na maioria das vezes, a resposta foi "umbanda pura". Essa definição pode ao mesmo tempo significar pureza em relação a raízes e tradições ou evolução espiritual. Tal resposta pode claramente ser lida como uma tentativa de legitimar os rituais que praticam e, ao mesmo tempo, desqualificar os outros existentes, que seriam menos "puros".

> Essas combinações estão claramente presentes nas formas pelas quais organizam a multiplicidade de santos em um conjunto inteligível e como também conseguem, apesar da segmentação, reunir todos os fiéis numa mesma doutrina. (Ibid., p.27)

Referências a algumas das "umbandas" – variedades de cultos dentro da própria religião – aparecem no texto "Das macumbas cariocas ao movimento umbandista", incluído no número 17 da *Revista Espiritual de Umbanda*. Logo de início, há novamente o endosso ao mito fundador da religião:

> A oficialização da religião de umbanda, com o advento do Caboclo das Sete Encruzilhadas, em 15 de novembro de 1908, deu origem ao Movimento Umbandista. (*Revista Espiritual de Umbanda*, 2007b, p.30)

Em seguida, a afirmação de que a umbanda sempre estivera aberta a variadas influências de cultos já existentes no Rio de Janeiro, "como os candomblés nagô ou bantu, com maior das nações bantos – Congo e Angola" (Ibid., p.30).

Ainda em sua parte inicial, o texto fala das diferentes denominações que a umbanda já recebia logo após o seu surgimento:

> O culto original, ao qual o Caboclo das Sete Encruzilhadas dera o nome de umbanda, alguns anos depois já recebia outras denominações: umbanda *Omoloko* e *umbanda de pretos-velhos* (com a presença maior de elementos das religiões africanas) ou *umbanda branca*, com traços mais fortes da influência do espiritismo, ou, ainda, *umbanda de Caboclos*, com ritos próximos aos da pajelança indígena. Mais adiante, ainda há o surgimento de umaumbanda com influências do esoterismo e da teosofia: *umbanda esotérica* e *umbanda iniciática*. Toda essa mistura de influências gerou muitas correntes, com doutrinas próprias, ritos e preceitos diferenciados de acordo com o fundamento de cada casa e de seu Guia-Chefe. (Ibid., p.30)

Em seu *Dicionário histórico das religiões*, Antonio Carlos do Amaral Azevedo divide a umbanda em duas vertentes:

> *Umbanda popular* – preserva fortes traços das raízes africanas e tem a presença da quimbanda – para esse autor, ritual que trabalha com exus e pombagiras, podendo ser "cruzada" (misturada) com o candomblé Angola; predomina entre seus fiéis a classe média baixa.
> *Umbanda branca ou esotérica* – tende a afastar-se da tradição africana, evitando quaisquer cerimônias que envolvam sacrifícios de animais, adotando ritos mágicos europeus e divulgando um mito de origem ligado à Atlântida e ao antigo Egito, o que a torna mais aberta à presença de brancos e membros de classes mais altas. (Azevedo, 2002, p.357)

Olga Gudolle Cacciatore, no *Dicionário de cultos afro-brasileiros*, também divide a umbanda de forma semelhante. De acordo com a autora, a religião compreende:

> *Umbanda esotérica, iniciática ou cabalística* – com doutrina de difícil compreensão para as massas populares.
> *Umbanda popular* – com teorias mais simples e acessíveis.

Cacciatore, no entanto, conceituou a umbanda branca como algo à parte:

> *Umbanda branca* – só pratica magia branca e extirpou de seus rituais tudo que fosse chocante contra a ordem instituída pela sociedade dos brancos, como iniciação sangrenta, trabalhos de magia negra etc.

A autora aponta ainda outra variedade, que parece guardar algumas semelhanças, mas ser ainda diferente da umbanda branca:

> *Umbanda de branco* – culto umbandista muito próximo do kardecismo e que usa roupa e sapatos brancos, mesa, sobre assoalhos de madeira. Também chamada umbanda de Cáritas, porque abre as

sessões com a Prece de Cáritas, do espiritismo de Kardec, e se preocupa muito em praticar a caridade material e espiritual. (Cacciatore, 1988, p.242-3)

Além dessas divisões, retiradas de dicionários, há ainda outras, que também agregam outros nomes ao substantivo "umbanda" e podem ser encontradas nas páginas dos livros dos próprios escritores umbandistas:

> *Umbanda branca* – trabalha basicamente com as linhas de caboclos e pretos-velhos, unindo seus mistérios, magias e sabedoria. É uma religião pura, extremamente organizada, tratada com seriedade e que obedece a normas sagradas. Empenhada em prestar a caridade. (Forchezatto et al, 1999, p.21)

Em seus livros, o autor umbandista Josef Ronton traz explicações sobre algumas variedades de umbanda. Em *Trabalhos de umbanda-canjerê*, o escritor define:

> *Umbanda-canjerê* – canjerê é uma palavra de origem africana que quer dizer "dançando se faz um trabalho para resolver algo". Mas há quem traduza o canjerê como dança de macumba. Sendo uma ou outra coisa, o que importa é o seu resultado satisfatório. O canjerê estabelece com a roda e a cantiga uma corrente cósmica e de forças sutis da natureza, capaz de resolver problemas de ordem material e espiritual aos quais estamos sujeitos e dos quais queremos nos livrar. (Ronton, 1994, p.9)

Em outra obra, *Sacramentos da umbanda mística*, Ronton conceitua outros tipos de umbanda:

> *Umbanda mística* – tem por base a religião e a fé. Diz o místico que, quando todos os recursos materiais se esgotarem, restará a fé. Em outras palavras: quando toda a sabedoria humana e todos os remédios falharem, a fé faz o milagre.

> *Umbanda esotérica* – estuda as forças sutis da natureza pelas quais Deus, seus anjos, orixás, gênios e espíritos se manifestam. Estuda também a astrologia, a parapsicologia, a grafologia, a quiromancia, as propriedades medicinais e espirituais das plantas, a simbologia que envolve pontos riscados, talismãs, amuletos.
> *Umbanda kardecista* – seus adeptos se limitam a doutrinar espíritos que se encontram perturbando alguém. Para isso, ocupam o médium como receptáculo do sofredor, para que este seja orientado e guiado no caminho da luz. Também chamada de "linha branca de umbanda". (Id., 1989, p.13-4)

O escritor A. G. Anselmo traz a sua definição de linha branca de umbanda:

> *Linha branca de umbanda* – umbanda é uma palavra de sentido oculto. Entretanto, permite-nos a tradução de seu sentido em "Luz de Deus", ou ainda "trabalho de luz que vem de Deus". Umbanda é a sabedoria divina entre os homens. Umbanda é a fusão de todas as religiões do Universo. Umbanda é também chamada, e com razão, "linha branca de umbanda". Linha, com o significado de sistema religioso. Branca, para afirmar o que ela pretende: branco é o oposto do negro; branco é Luz, é o Bem; negro é treva, é o Mal. (Anselmo, 1940)[10]

Giovani Martins, escritor umbandista de Florianópolis, explica o que é a variedade de umbanda chamada Almas e Angola:

10 É importante não deixar passar despercebida a conotação pejorativa do negro ao final desta definição. Apesar de referir-se à cor negra, pode ser estendido – e se fazer presente como causa ou consequência da discriminação racial. Até mesmo porque a umbanda dita branca, como podemos ver em algumas definições, está entre as mais afastadas dos elementos africanos. Além disso, é oportuno lembrar a diferença no tratamento recebido por Zélio Fernandino de Moraes, branco e de classe média, e Tancredo da Silva Pinto, negro e popular nas favelas do Rio de Janeiro, em relação às origens da umbanda.

Almas e Angola – ritual praticado em Santa Catarina e que teve sua origem no Rio de Janeiro. É, na realidade, uma ramificação da umbanda, porém com particularidades que o aproximam muito do candomblé. Em Almas e Angola existem, por exemplo, obrigações internas denominadas feituras de orixá ou camarinhas. Nessas atividades o médium tem sua cabeça raspada, fica recluso no terreiro, deitado numa esteira por sete dias e, como ocorre no candomblé, oferece menga – sangue de animais – aos orixás. Na umbanda tradicional isso não ocorre, pelo menos naquela que segue a linha de Zélio F. de Moraes. (Martins, 2006, p.23)

Em seu livro *Umbanda omolocô*, Caio de Omulu explica:

Umbanda omolocô – intersecção clara entre o que vulgarmente se chama de candomblé e a umbanda. Ressurgiu através de Tancredo da Silva Pinto, na contramão da desafricanização da umbanda. É um amálgama no qual, por um lado, se encontra uma proximidade muito forte com os ritos do candomblé, em relação aos orixás e seus fundamentos; por outro, com a umbanda, no que diz respeito ao seu trabalho com as entidades espirituais (caboclos, pretos-velhos, crianças etc.). Daí se terem usado também as expressões "candomblé de caboclo" e "umbandomblé" para identificá-lo. (Omulu, 2002, p.33)

A curiosa expressão "umbandomblé", por sua vez, aparece como verbete no *Novo dicionário Banto do Brasil*, do pesquisador Nei Lopes, como "Termo pejorativo usado para designar os terreiros pouco ortodoxos da tradição dos orixás. Deumbanda + Candomblé" (Lopes, 2003, p.219).

No editorial de seu 10º número, a *Revista Espiritual de Umbanda* também se posicionou em relação ao umbandomblé. O título não deixa dúvidas quanto ao teor do texto: "umbandomblé – onde está a ética?". E no editorial deste mesmo número, é possível ler:

> Da prática da junção de candomblé e umbanda surge o que chamamos de "umbandomblé". Isso não é sincretismo, é apenas a migração de práticas religiosas que nada tem a ver com o ritual de umbanda, muitas vezes, puro exibicionismo. Aceitar rituais ou filosofias e inseri-las na umbanda tem seu limite no bom-senso de cada sacerdote. (*Revista Espiritual de Umbanda*, 2005, p.3)

Além do umbandomblé, criticado nas páginas da revista, há ainda a "quimbanda", outra palavra que aparece sempre relacionada à umbanda. No meio umbandista, geralmente se atribuem à quimbanda dois significados mais comuns. O primeiro deles refere-se simplesmente aos trabalhos com exus[11] e pombasgiras.[12] Nesse caso, a quimbanda é uma prática que integra o ritual de umbanda. No segundo significado, o termo quimbanda designa um culto autônomo, independente e até mesmo oposto à própria umbanda: é como se fosse um tipo de umbanda que admitisse ou fosse voltada para o mal, para trabalhos de magia negra.

Em relação a esse segundo significado, é exemplar a definição do escritor umbandista Lourenço Braga. A começar pelo título de sua obra *Umbanda (magia branca) e quimbanda (magia negra)*, apresentada como tese no 1º Congresso Brasileiro de Espiritismo de Umbanda, em 1941, e publicada em 1942. Logo na abertura do primeiro capítulo, Lourenço Braga esquematiza a maneira como, de acordo com ele, se divide o *espiritismo*:

---

11 *Exu* – Tipo de espírito transgressor, ligado à marginalidade ou à malandragem. Quando se manifestam, podem ser agressivos ou zombeteiros. Normalmente bebem, fumam, falam palavrões e vestem-se de vermelho e preto. Sincretizado com Santo Antônio ou, nas formas mais populares da umbanda, com o diabo cristão. Mais recentemente, tal correspondência entre Exu e Satanás tem sido rebatida por vários líderes umbandistas.

12 *Pombagira* – Equivalente feminino ao Exu na umbanda. Normalmente associada à vida boêmia, às vezes com a prostituição, é tratada como uma mulher "da noite". Muito procurada por consulentes para resolver problemas amorosos.

> Capítulo I
>
> DIVISÃO do espiritismo
>
> Lei de Kardec:
> – Espiritismo doutrinário, filosófico e científico.
> Lei de umbanda:
> – Espiritismo – magia branca.
> Lei de quimbanda:
> – Espiritismo – magia negra. (Braga, 1942, p.9)

Também escritor umbandista, Altair Pinto, em seu *Dicionário da umbanda*, é outro que define a quimbanda como magia negra. Citado na capa do dicionário como presidente da "Tenda de Umbanda com Jesus no Coração", Pinto não deixa de relacionar a magia negra ao candomblé, provavelmente na tentativa de desqualificá-lo, revelando um indício da tensão existente entre essas duas religiões afro-brasileiras:

> *Quimbanda* – A mesma coisa que magia negra, ou melhor, o candomblé que surgiu, entre nós, primeiramente na Bahia, oriundo de uma mistura de rituais praticados pelos escravos da África. (Pinto, s.d., p.159)

A quimbanda aparece como magia negra – e, dessa vez, mais vinculada às influências africanas – também no *Dicionário de cultos afro-brasileiros* de Olga Cacciatore, que traz uma extensa definição:

> *Quimbanda* – Linha ritual da umbanda que pratica a magia negra. Essa linha é assim chamada pelos umbandistas de "linha branca", pois os praticantes se dizem apenas umbandistas. A quimbanda, influenciada mais diretamente pelos negros bantos – cabindas, benguelas, congos, angolas, moçambiques etc. – chegados dos portos africanos ao Rio de Janeiro, não fugiu ao sincretismo. [...] Mediante encomenda realizam feitiços ou contrafeitiços, visando favorecer ou

> prejudicar determinadas pessoas. [...] As giras de Exu são frequentes, realizadas comumente a partir da meia-noite de sexta-feira. exus e pombagiras diversos "baixam", dançam, fumam charutos ou cigarrilhas, bebem aguardente (marafo), dizem gentilezas ou palavrões aos assistentes e dão consultas sobre saúde ou problemas pessoais. [...] A quimbanda cultua muito Omolu, orixá ligado à terra e à morte, considerando-o "Rei do cemitério". No cemitério é feita uma parte da iniciação de muitos quimbandeiros, devendo o iniciando deitar algumas horas sobre um túmulo, entre velas e cânticos do Pai ou da Mãe de santo e iniciados do terreiro, tendo de cumprir, antes e depois, diversas obrigações. [...] São muito usados os "trabalhos" com pólvora, pós e ervas mágicos, dentes e unhas, cabelos (animais e humanos), galos e galinhas pretos (que são, às vezes, estraçalhados entre os dentes do iniciado incorporado com um Exu [...]. Os despachos são colocados em encruzilhadas em cruz (macho) ou em T (fêmea), com velas, flores e fitas vermelhas, pipocas, milho etc., e animais de duas ou quatro patas, de penas ou pelos pretos ou vermelhos, em alguidares de barro, não sendo, porém, negativos todos os despachos de rua. [...] Os terreiros quase sempre são pobres, localizados em morros ou locais afastados. (Cacciatore et al, op. cit., p.218-9)

O pesquisador Nei Lopes, em seu *Novo Dicionário Banto do Brasil*, traz a seguinte definição de quimbanda:

> *Quimbanda* – (1) Linha ritual da umbanda que trabalha principalmente com exus. (2) Sacerdote de cultos de origem banta – do quimbundo *kimbanda*, sacerdote e médico ritual correspondente ao quicongo *nganga*. [...] Estranhamente, no Brasil, a quimbanda (primeira acepção) é tida como linha de práticas também maléficas. Terá a palavra nessa acepção alguma relação com o quicongo *kimbanda*, víbora? (Lopes, op. cit., p.187)[13]

13 Citados nesta referência, *quimbundo* e *quicongo* são duas línguas bantas, de acordo com o mesmo dicionário de autoria de Nei Lopes.

Exus, magia negra e quimbanda são temas bastante controversos. Normalmente, as manifestações de exus e pombagiras, e práticas como o sacrifício de animais contribuem para uma visão pejorativa a respeito da umbanda e de outras religiões afro-brasileiras. Por isso, tais assuntos são tratados com muito cuidado – muitas vezes, são até mesmo evitados – e geram intensas polêmicas entre os próprios umbandistas. Provavelmente por esse motivo, somente em sua quinta edição, publicada em 2004, a *Revista Espiritual de Umbanda* abriu espaço de forma mais direta para o assunto. Algo bastante compreensível, uma vez que seus editores, ao defenderem uma concepção de umbanda mais próxima à tradição de Zélio Fernandino de Moraes, podem ter experimentado algum receio ou preocupação em abordar o tema e decidido fazê-lo somente após conceituarem ou transmitirem aos leitores as *representações* sobre a umbanda que julgam mais adequadas. Após as quatro edições iniciais, é possível que estivessem seguros quanto a isso.

Em seu quinto número, a revista dedicou 14 páginas ao assunto quimbanda (também grafado *kimbanda*, na publicação). Na capa, a chamada, bastante discreta, anuncia: "Kimbanda na visão dos escritores Decelso, W. W. da Matta e Silva, Aluízio Fontenelli e Osvaldo Omotobatalá". Por outro lado, a mesma capa tem como única ilustração a figura de Jesus, com chamada para a matéria "Entrevista com o sacerdote Juruá: culto umbanda com Jesus – contém *poster* de oxalá" (*Revista Espiritual de Umbanda*, 2004a, p.1).

Oxalá, nesse caso, é o próprio Jesus. E seu *poster* está nas páginas centrais (34 e 35) da revista. Destaque na capa, a entrevista com pai Juruá ocupa quatro páginas (30 a 33), logo antes do *poster*. Antes disso, a publicação traz ainda o texto "Oxalá supremo: Jesus", que ocupa as páginas 16 e 17, exatamente no meio dos textos dedicados à quimbanda.

Assim como a inclusão de um texto sobre Oxalá ou Jesus entre os escritos sobre quimbanda, também chama a atenção a publicação do *poster* e o destaque na capa para a ilustração de Jesus. O espaço na capa, inclusive, pode ser considerado desproporcional, se for comparado o número de páginas destinado a cada um dos temas nesta edição: a entrevista com o sacerdote pai Juruá, o texto "Oxalá supremo: Jesus" e o *poster*, juntos, ocupam oito páginas, bem menos do que as 14 páginas dedicadas aos textos sobre quimbanda.

Em um exercício de interpretação, a desproporção no espaço da capa, a publicação do *poster* e a inserção de um texto sobre Jesus intercalado com o tema quimbanda podem ser percebidos como uma estratégia para desviar o foco e amenizar, de certa forma, a importância e o espaço dedicados à quimbanda neste número. Pode ter havido também, por parte dos editores da revista, a intenção de manter ainda em evidência Oxalá – orixá sincretizado com Jesus –, que, ao contrário da quimbanda, aparece como símbolo maior da tradição umbandista associada a Zélio Fernandino de Moraes, defendida pela publicação.

Além do mito fundador e das origens da umbanda, das diferentes formas de compreensão e prática da religião e de questões polêmicas, como a quimbanda, vários outros assuntos foram publicados, ao longo de vinte edições, nas páginas da *Revista Espiritual de Umbanda*. Mesmo retratando a pluralidade da religião umbandista – da qual tratamos também neste capítulo –, que resulta nas mais distintas formas rituais e nos diferentes nomes atribuídos e agregados à umbanda, a revista acaba assumindo posições ao demonstrar quais seriam as concepções mais adequadas sobre essa religião. Portanto, justamente pela maneira como aborda essa diversidade presente no campo umbandista, a publicação atua como produtora de representações a respeito da umbanda.

"Estado de santo" e Nina Rodrigues: reflexões sobre o estudo das religiões africanas na Bahia do século XIX

Vanda Fortuna Serafim

> "É preciso ter sido testemunha dos tregeitos, das contorsões, dos movimentos desordenados e violentos a que os negros se entregam nas suas dansas sagradas, por horas e horas seguidas, por dias e noites inteiras; é preciso tel-as visto cobertas de suor copisissimo que as companheiras ou prepostas especiaes enxugam de tempos a tempos em grandes toalhas ou panos..." (Nina Rodrigues)

A fim de refletir sobre o estudo realizado por Nina Rodrigues sobre os "estados de santo" nos candomblés baianos em fins do século XIX, traçaremos o seguinte percurso: apresentaremos brevemente a forma como Rodrigues se relacionava com a Psiquiatria e a Psicologia em seus escritos, para discutir em seguida as principais categorias utilizadas por ele para referenciar as práticas religiosas africanas, ou seja, os termos animismo e fetichismo. A partir disso, discutiremos a dubiedade acerca da proposta do autor na definição de um caráter imanente ou transcendente dessas manifestações religiosas e os usos das noções de Teologia e Zoologia. E, por fim, adentraremos ao olhar de Nina Rodrigues sobre a possessão, tendo como base teórica Pierre Bourdieu e seu conceito de "campo cientifico", a fim de entender como Rodrigues estabelece diálogos sobre a histeria, o sonambulismo e a sugestão oral, remetendo-se à Jean-Martin Charcot e Pierre Janet. Tomamos como base as obras *O animismo fetichista dos negros bahianos* e *Os africanos no Brasil*.

É impressionante a fascinação de Raimundo Nina Rodrigues (1862-1906) pela presença da possessão nos candomblés da Bahia em fins do século XIX. Para um pesquisador que sugere antes de iniciar o primeiro capítulo de *O animismo fetichista dos negros bahianos* (Rodrigues, 1935) que seu trabalho será bastante descritivo para demonstrar que o fetichismo africano dominante na Bahia é a expressão genuína do sentimento religioso do negro e da grande maioria dos seus mestiços, e que o uso da descrição seria feito como um fator que por si só comprovaria as teses por ele levantadas, é marcante o abandono ou esquecimento momentâneo do método adotado para afirmar que "é preciso ter sido testemunha" (Rodrigues, op. cit., p.110) dos trejeitos, das contorções e dos movimentos desordenados e violentos aos quais os negros se entregam nas suas danças sagradas, por horas e horas seguidas, por dias e noites inteiras.

Essa leve instabilidade analítica e metodológica se mantém no pensamento de Nina Rodrigues ao falar das práticas religiosas africanas na Bahia, principalmente dos ditos "estados de santo" ou possessões. Nesse caso, Psiquiatria e Psicologia convivem no discurso desse autor, sendo a Psicologia um caminho menos confiável, voltada ao estudo das abstrações que não podem ser confirmadas de modo empírico, fazendo parte de uma concepção mais idealista, em contraposição à Psiquiatria, que, no entendimento do autor, poderia ser considerada uma ciência oficial (Ibid.).

Isso pode ser mais bem compreendido na argumentação feita por Rodrigues de que as exigências da análise psicológica, em matéria de "phreniatria médico-legal", o levaram a experimentar as dificuldades por elas criadas em contraposição às afirmações infundadas da ciência oficial. Rodrigues, que teria estudado por cinco anos a forma e a natureza do sentimento religioso dos negros baianos, revela que nada tiveram em comum com as controvérsias em que se debatem os metafísicos da matéria e os do espírito. Assim, "nos domínios do cognoscível, o sentimento religioso é um dado psychologico positivo que em nada pressupõe as animosidades que se dispensam os deistas e atheitas" (Rodrigues, op. cit., p.15).

A preocupação com a psicologia ganharia maior ênfase em *Os africanos no Brasil* (1982), uma vez que a desconfiança anterior aparece mais neutralizada, partindo dos estudos de Andrew Lang para pensar o estado do selvagem de dois pontos de vista, o psicológico e o social. Nina Rodrigues buscará demonstrar a persistência do estado mental dos selvagens nas concepções fundamentais das mitologias africanas (Rodrigues, 1982, p.173).

Passando a questão da possessão nas análises de Nina Rodrigues, é de comum acordo que ele pensa as religiões em um estágio evolutivo consonante com o desenvolvimento das raças humanas (Rodrigues, 1935). No entanto, antes de visualizarmos a proposta de evolução adotada por esse autor, precisamos entender duas categorias-chave de seu raciocínio: animismo e fetichismo.

Ao analisar as religiões africanas na Bahia, Rodrigues refere-se a elas como animismo e/ou fetichismo. Esses dois termos intitulariam seu primeiro livro sobre a temática relativa às suas pesquisas sobre essas religiões – *O animismo fetichista dos negros bahianos*.

Dessa forma, pensar o uso feito por Nina Rodrigues dos termos "fetichismo" e "animismo" são pressupostos para o entendimento de seu pensamento. Rodrigues não traz definições detalhadas sobre os conceitos que utiliza – o que é comum de se fazer no meio acadêmico com conceitos que atingem certa notoriedade. Assim sendo, uma hipótese sobre a não adoção desses conceitos é de que fossem recorrentes no tempo e espaço em que esse autor escreve. Ao descrever a presença do "fetichismo" dos negros da Bahia e seus mestiços, ele transita entre a não definição do caráter transcendente ou imanente do termo, no que sua utilização recorre às vezes ao primeiro, às vezes ao segundo sentido. Nina Rodrigues explica, em um primeiro momento, que a persistência do fetichismo como expressão do sentimento religioso se dá de maneira exterior ao culto católico aparentemente adotado por eles. Nesse momento, a percepção do fetichismo surge ligada à identificação entre santos e orixás, e a prática de feitiços:

> A persistência do fetichismo africano como expressão do sentimento religioso dos negros bahianos e seus mestiços, é facto que as exterioridades do culto apparentemente adoptados por elles, não conseguiram disfarçar nem as associações hybridas que com esse culto largamente estabeleceu o fetichismo, nem ainda as praticas genuínas da feitiçaria africana, que ao lado do culto christão por ai vegeta exuberante e valida. (Ibid., p.15)

Se na descrição anterior "fetichismo" surge ligado à experiência religiosa e à feitiçaria, em um segundo momento Nina Rodrigues utiliza o termo para se referir aos objetos de culto:

> A cohibição prepotente do poder do senhor que não admitia no negro outra vontade que não fosse a sua, taes foram os verdadeiros motivos por que, mesmo quando se concedeu licença aos negros para se divertir ao som monótono do batuque, os candomblés eram, de continuo, dissolvidos pela violencia, os santuários violados e os fetiches destruídos. (Ibid., p.18)

Nina Rodrigues utiliza diferentes estágios do "animismo"[1] para qualificar o "fetichismo" das religiões africanas na Bahia, dessa maneira, ao falar de "animismo", o termo "fetichismo" assume a acepção de sentimento religioso.

---

1 Sobre animismo ver Durkheim (1996) O autor contemporâneo a Nina Rodrigues explica que a categoria "animismo" tem por objeto os seres espirituais, os espíritos, as almas, gênios, demônios, divindades propriamente ditas; agentes animados e conscientes como o homem, caracterizados por não afetarem os sentidos do mesmo modo, ou seja, normalmente não são perceptíveis aos olhos humanos. Chama-se de "animismo" a religião dos espíritos.

> Curtas como são as citações desse trabalho na obra de Tylor, de onde conheço, apenas puderam me confirmar a informação de negros viajados em África, de que a concepção theologica que predomina na Bahia é a dos Jorubanos. Affirmar dessa concepção que é fetichista é dizer pouco, porque o termo fetichismo, como qualificativo geral das crenças africanas, tem hoje uma accepção por demais comprehensiva que mal se presta a qualificar as nuanças existentes nas modalidades pouco descriminadas do animismo primitivo. (Ibid., p.26-7)

A afirmação acima demonstra o olhar crítico que Nina Rodrigues lança às crenças africanas yorubanas. Utiliza-se do termo "fetichismo" carregado de uma significação pejorativa acerca das práticas religiosas, para afirmar que seu uso significaria enaltecer por demais práticas "animistas", isso nos leva a conjecturar que, no discurso de Nina Rodrigues, esse segundo termo assume um caráter ainda mais pejorativo que o primeiro. Sobre isso, Durkheim (Durkheim, 1996) explica que, nas visões dos teóricos menos otimistas, o "animismo" assume conotação de representações alucinatórias, sem nenhum fundamento objetivo.

Para Nina Rodrigues, o "fetichismo" do africano que vive na Bahia é caracterizado pelo "animismo diffuso", ou seja, diferente do animismo primitivo – que objetiva todas as suas sensações, confundindo sonho com vida real e deuses com objetos de culto, não diferenciando o animado do inanimado – o animismo difuso é caracterizado pela presença do "*double*".

> A fórma por excellencia do fetichismo, isto é, "a atribuição a cada ser e a cada coisa, de um *double*, fantasma, espírito, alma, independente do corpo onde faz sua residência momentânea". Mas é ainda incontestável que para os mais intelligentes, para esses mestiços do espírito sinão do corpo daqui ou já vindos de África, a religiosidade attinge às raias do polytheismo. (Rodrigues, 1935, p.27-8)

Vemos na citação anterior, os termos "fetichismo" e "animismo", associados entre si e ligados à noção de politeísmo e "*double*",[2] contribuindo para uma inconstância na definição do um caráter imanente ou transcendente das ditas práticas fetichista e animistas africanas.

É interessante notar que o primeiro capítulo de *O animismo fetichista dos negros bahianos* foi intitulado "Theologia fetichista dos áfrico-bahianos". No entanto, Arthur Ramos, nos alerta, em nota de rodapé, que, na edição da *Revista Brasileira*, Nina Rodrigues havia escrito "Zoologia fetichista dos áfrico-bahianos". A primeira modificação ocorre na edição francesa de 1900, "Théologie fétichiste des nègres de Bahia".

Há uma transição significativa na modificação do termo inicial, e não podemos precisar exatamente o que Rodrigues pretendia com o uso de cada termo. No entanto, uma hipótese possível é que, à medida que ele desenvolvia sua pesquisa, o interesse pelas ditas práticas religiosas fetichistas foi se intensificando, surgindo a necessidade de pensar as especificidades de uma religião, ainda que primitiva. Não estamos dizendo que Nina Rodrigues já esteja conscientemente propondo um método para o estudo das religiões e das religiosidades em fins do século XIX, mas buscando evidenciar que se sua estratégia de pesquisa parte inicialmente de um olhar médico, ela vai se modificando ao longo de seus estudos, abrindo espaço para o surgimento de outros sujeitos no seu discurso, que não apenas o médico.

O termo Zoologia, proveniente do grego, refere-se à ciência que estuda os animais. Em nosso entendimento, o intuito de Rodrigues não é necessariamente colocar o africano em um estágio de boçalidade animal em contraposição à noção de homem como ser social e cultural, mas conceber o humano como um ser biologicamente cultural e social cuja psicologia se volta para a vida sociocultural, para qual a evolução criou preparações biopsicológicas específicas.[3]

2 Sobre o "*double*", ver Durkheim (1996).

3 Sobre o assunto, ver Carvalho (1998).

Assim, nossa hipótese é a de que o termo "Zoologia" estaria associado à noção de "etologia", no sentido de estudo do comportamento animal. Uma vez que o termo "etologia" remete também à teoria da evolução, ao preocupar-se com a evolução do comportamento através do processo de seleção natural. Os etólogos estudam esses padrões de comportamento específicos das espécies, fazendo-o preferencialmente no ambiente natural, uma vez que acreditam que detalhes importantes do comportamento só podem ser observados durante o contato estreito e continuado com espécies particulares que se encontram livres no seu ambiente. Tal abordagem nos parece similar à proposta de Nina Rodrigues com relação à forma como estudou as ditas práticas fetichistas baianas.

É preciso esclarecer que o tratamento dado por Nina Rodrigues às religiões africanas como espaço de pessoas com predisposição à histeria, sonambulismo, tendenciosas à hipnose e transe por sugestão, precisa ser entendido em uma perspectiva médico-científica. Podemos pensar Nina Rodrigues dentro de determinado campo científico,[4] enquanto especialista, buscando legitimação entre seus pares ao mesmo tempo que é detentor de um discurso cujo teor é aceito e compartilhado pelos leigos. Rodrigues direciona a si mesmo o poder de dizer o que é ciência em virtude de sua autoridade médica, legitimado pelo espaço ocupado pela medicina no Brasil nesse período, e é dessa forma que constitui sua perspectiva médico-científica. Por perspectiva médico-científica não devemos entender um Nina Rodrigues que privilegia um único olhar sobre seu objeto, mas alguém que dialoga com a Antropologia, a Sociologia, a História, a Psicologia, a Psiquiatria e também com sua forma individual de estar no mundo e se relacionar com as pessoas, sua família, seus amigos e suas crenças.

É no capítulo três de *O animismo fetichista dos negros bahianos* que a discussão sobre possessão se faz sentir de forma mais direta: "Feitiço, vaticínio; estado de possessão, oráculos fetichistas". Nina Rodrigues problematiza se seriam o feitiço, o vaticínio, as possessões

4 Sobre a noção de "campo científico" ver Bourdieu (2005) e (2004).

e os oráculos fetichistas meras simulações dentro de representações psicológicas. No entanto, ele defende que a sinceridade dos negros fetichistas é garantida pela manifestação anormal, a incontestável alienação passageira que, por ignorância, atribuem à intervenção sobrenatural do fetiche (Rodrigues, 1935).

Para Nina Rodrigues, os oráculos fetichistas e as possessões de santo são estados de sonambulismo com desdobramento ou substituição de personalidade. Como o iniciado conhece as características do santo, adere à sua personalidade. Ele crê que a natureza de tais fenômenos liga-se ao estado mental da raça negra, a qual teria predisposição à histeria, a ponto de chegar a considerar seus sonhos como visões, sem diferir o real do imaginário. A manifestação do santo fetichista, entendida como "um capitulo de alta curiosidade psychologica".

> Como na possessão demoníaca, como na manifestação espírita, o santo fetichista póde apoderar-se, sob invocação especial, do pai de terreiro, ou ainda de qualquer filho de santo, e por intermédio deles falar e predizer. A pessoa em quem o santo se manifesta, que está ou cai de santo na gíria do candomblé, não tem mais consciência dos seus atos, não sabe o que diz, nem o que faz, porque quem falla e obra é o santo que delle se apoderou. Por este motivo, desde que o santo se manifesta, o indivíduo, que delle é portador, perde sua personalidade terrestre e humana para adquirir, com todas as honras que tem direito, a do deus que nelle se revela. (Ibid., p.99-100)

Rodrigues compara a possessão no candomblé à possessão demoníaca e às manifestações espíritas para, em seguida, descrevê-la como estados de alteração de consciência com desdobramento ou substituição de personalidade. Rodrigues associa o estado de santo ou possessão ao estado mental da raça negra, a qual, segundo Rodrigues, consideraria seus sonhos visões, sem diferir o real do imaginário, o que seria uma característica da predisposição à histeria. Sobre esse ponto, é relevante a reflexão de Paula Montero (2006, p.47-65) sobre as configurações específicas que as formas religiosas assumem em cada sociedade.

Atentando ao Brasil na primeira metade do século XX, Paula Montero (Ibid.) observa que em meio ao debate sobre o estatuto científico do transe distinguiu-se uma forma particular desse fenômeno, a possessão, marcada historicamente pela revolta do negro e relacionada às práticas de feitiçaria. Embora no período colonial a Igreja Católica tenha tolerado os cânticos e as danças dos negros africanos nos dias santos, os transes eram percebidos como formas de possessão demoníaca e associados à bruxaria conforme o modelo europeu, condenada pela Inquisição. Dessa forma, no contexto cientificista da primeira metade do século XX, era mais fácil aceitar como legítima a "mediunidade", concebida como resultante de processos biopsicológicos universais estudados pelas ciências da mente, do que a "possessão". Na história do Ocidente, essa categoria, vinculada ao repertório cristão, opusera as heresias diabólicas ao êxtase místico e, no caso brasileiro, foi associada a sacrifícios de animais, sortilégios e invocações secretas dos negros escravos e libertos. Nesse sentido, a matriz cristã contribuiu para a condenação moral desse tipo deformado e invertido de transe concebido como uma ruptura patológica da individualidade humana.

É evidente no discurso de Nina Rodrigues uma predileção pelo catolicismo, ao retratar o momento da transição da evolução religiosa no Brasil entre os séculos XIX e XX. Rodrigues (1982) toma como exemplo a Bahia para afirmar que a análise psicológica facilmente a decompõe em áreas superpostas: a mais elevada, mas extremamente tênue, está o monoteísmo católico, se por poucos compreendidos, menos ainda praticados. Em segundo lugar viria a idolatria e a mitologia católica dos santos profissionais que abrange a massa da população – brancos, mestiços e negros mais inteligentes. Em seguida, refere-se à mitologia jeje-iorubana, que, por meio da equivalência dos orixás africanos com santos católicos, tem possibilitado a conversão cristã dos negros crioulos. E, finalmente, o fetichismo estreito e inconvertido dos africanos das tribos mais atrasadas, dos índios, negros crioulos e mestiços do mesmo nível intelectual.

É significativa a observação de Ioan Lewis (1977) de que são poucos os trabalhos que, ao tratar da tomada do homem pela divindade, param para considerar como a produção do êxtase religioso pode se relacionar com as circunstâncias sociais que as produzem; mas ao contrário, como é o caso da psiquiatria, suas abordagens são geralmente distorcidas por suposições etnocêntricas sobre a superioridade da sua própria religião. Ainda nessa direção, Rodrigues afirma que "a natureza e a fórma das manifestações são por demais estranhos e anormaes para não impressionarem profundamente espíritos simples, incultos e supersticiosos como os dos negros" (Rodrigues, 1935, p.105-6).

Rodrigues define que a manifestação da possessão ou o estado de santo variam muito de grau ou de intensidade, podendo ir do delírio maníaco, furioso e prolongado, à perturbações delirantes externas a possessão, como seria o caso dos oráculos fetichistas. É significativa aqui a desconfiança de Rodrigues acerca da sinceridade dos pais e mães de santo enquanto intérpretes das ordens e dos desejos do santo. Como é o pai de santo quem se comunica com o orixá, interpretando suas ordens e seus desejos, e isso nem sempre se dá de forma pública, Rodrigues entende haver

> larga porta para todos os abusos. Por uma conveniência pecuniária qualquer, em proveito próprio ou de terceiros que a paguem, muitos pais de terreiro sabem dar às revelações uma interpretação conveniente e adequada aos seus interesses. (Ibid., p.100)

A descrição feita por Nina Rodrigues acerca dos "estados de santo" possui intencionalidades. Ele está dialogando com o trabalho de Jean-Martin Charcot (1825-1893) médico e cientista francês que alcançou fama no terreno da psiquiatria na segunda metade do século XIX. Durante as suas investigações, Charcot concluiu que a hipnose era um método que permitia tratar diversas perturbações psíquicas, em especial a histeria. Embora Nina Rodrigues utilize a hipnose com algumas adeptas do candomblé, ao referir-se à Charcot parece mais preocupado com os métodos utilizados para se alcançar o transe, como as danças e as músicas nos terreiros, além dos

> banhos, fumigações, ingestão de substâncias dotadas de virtudes especiaes, jejuns prolongados, abstinências sexuaes, mortificações diversas etc., são meios de que soccorem sempre os feiticeiros de todos os tempos. (Ibid., p.110)

No entanto é a música que Rodrigues elege como fator determinante.

Rodrigues afirma que "via de regra é a música que provoca o estado de santo" (Ibid., p.111) e exemplifica tal afirmação por ter presenciado negros que vão ao terreiro e, embora não estejam dançando ou sequer tenham a intenção de dançar, ao ouvir a música caem em "estado de santo". E afirma, além disso, que em conversa com os negros, eles são unânimes em afirmar que é a música que os impele à dança e daí para o "estado de santo". É em tom desafiador que Rodrigues afirma que "o tam-tam da Salpetrière não teria maior efficacia para os hystericos de Charcot" (Ibid.). Rodrigues vai além ao afirmar que o batuque nos candomblé é capaz de rivalizar com todos os processos de provocar hipnose pela fadiga da atenção.

Nina Rodrigues, também considera a possibilidade de sugestão oral ou por palavras mágicas e dialoga com Pierre Janet (1859-1947), psicólogo e neurologista francês, considerado discípulo de Charcot, que fez importantes contribuições para o estudo moderno das desordens mentais e emocionais envolvendo ansiedade, fobias e outros comportamentos anormais. Rodrigues recorre a Janet para afirmar que o sonambulismo é, antes de tudo, um estado anormal, durante o qual se desenvolve uma nova forma de existência psicológica com sensações, imagens, lembranças que são próprias da pessoa exposta ao sonambulismo, o qual teria como consequência o desdobramento da personalidade, seguido de amnésia ao despertar.

É partindo dessas discussões com Charcot e Janet que Nina Rodrigues se dispõe a hipnotizar Fausta, uma moça que conhecera no candomblé. Rodrigues consegue, em seu consultório,[5] por meio da hipnose, levá-la mentalmente ao ambiente do terreiro. Ela segue suas ordens ou sugestões, até que a consegue persuadir ao estado de santo. Pelo fato de já conhecer a moça, observa que a fala do santo é exatamente a de Fausta:

> Chamei-a pelo nome, Fausta, e perguntei-lhe o que tinha. Respondeu-me quenão era Fausta e sim Oubatalá, que Fausta era apenas cavalo de Oubatalá. O estado em que se achava, o modo de falar eram tudo a cópia fiel do estado de santo da mãi de terreiro onde eu a tinha conhecido. Quis, porém, obrigal-a a dansar, ao que ella se opoz, ora allegando que não estava com as vestimentas próprias, ora que a musica de Oubatalá já tinha cessado e a ella se tinha seguido a de outro santo, ora finalmente que estávamos em tempo de quaresma e nesse tempo não póde mais haver dansa de santo [...] Sempre a insistir para que a deixasse ir embora, Oubatalá deu-me ainda explicações sobre a mythologia de Jorubá, as suas relações com o culto cathólico, de accôrdo coma s ideias acanhadas de Fausta que eu já conhecia bem. Por fim perguntei o que era preciso fazer para que elle pudesse ir embora, respondeu-me que dar um pouca dágua ao seu cavalo. (Rodrigues, 1935, p.120-1)

Rodrigues conclui que, na primeira fase do sonambulismo, há aceitação das sugestões do médico; já na segunda fase, há possibilidade de resistência. Era evidente à Nina Rodrigues (1935) que o sonambulismo provocado por suas sugestões verbais no estado de hipnose havia substituído o sonambulismo provocado pela alucinação da música sacra. Dessa forma, ele concorda com o princípio estabelecido por Janet de que a divisão de personalidade que se manifesta no sonâmbulo e no médium é precisamente a histeria, porque se encontra em todos os fenômenos que se consideram histéricos (Ibid.). O intuito de Rodrigues é argumentar que o "estado de santo"

5 Nesse episódio, Rodrigues contou com auxílio de Alfredo Britto.

nem sempre seria histérico, mas seria sempre sugestivo, podendo ser reconstruído em diferentes locais por meio de diferentes métodos.

Ao trazer a questão da histeria como um fator relacionado ao "estado de santo" entre os negros, Nina Rodrigues polemiza com a visão de João Baptista Lacerda (1846-1915) cientista brasileiro que atuava no Rio de Janeiro como subdiretor da seção de Antropologia, Zoologia e Paleontologia do Museu Nacional. Para Lacerda, a histeria se manifestaria apenas nas mulheres brancas. Ao defender a possibilidade da histeria se manifestar em mulheres negras, Rodrigues instiga Lacerda a vir até a Bahia, caso quisesse provas da histeria na "raça" negra. Criando uma igualdade entre ambas, Nina Rodrigues trazia também a mulher negra para o âmbito do saber médico.[6]

Considerando que o que define a estrutura do "campo científico"[7] em dado momento é a estrutura da distribuição do capital científico entre os diferentes agentes engajados nesse campo, percebemos a atuação de Nina Rodrigues enquanto agente do campo médico baiano que busca legitimar sua atuação por meio do diálogo com cientistas franceses – Charcot e Janet – não apenas endossando suas ideias, mas buscando evidenciar até que ponto elas permitem pensar as especificidades brasileiras, podendo ser inclusive superadas. Ainda na luta pelo "capital científico",[8] Rodrigues busca o reconhecimento de um prestígio pessoal, pelas instituições e pelo reconhecimento dos pares, enfatizando a primazia baiana à frente dos estudos da histeria, contrapondo-se aos estudos do Rio de Janeiro, evidenciados na figura de João Lacerda.

Finalizando, nossa proposta foi refletir sobre o estudo realizado por Nina Rodrigues sobre os "estados de santo" nos candomblés baianos em fins do século XIX, e foi nesse sentido que apresentamos brevemente a forma como esse autor se relacionava com a Psiquiatria e a Psicologia em seus escritos e usos feitos dos termos animismo,

6 Ver Corrêa (2001).

7 Sobre a noção de "campo científico", ver Bourdieu (2005) e (2004).

8 Sobre a noção de "capital científico", ver Bourdieu (2005) e (2004).

fetichismo, Teologia e Zoologia para referenciar as práticas religiosas africanas, evidenciando a dubiedade acerca da proposta do autor na definição de um caráter imanente ou transcendente dessas manifestações religiosas. Adentramos também ao olhar de Nina Rodrigues sobre a possessão, buscando apresentar o diálogo estabelecido por Rodrigues sobre a histeria, o sonambulismo e a sugestão oral, em referência a Jean-Martin Charcot e Pierre Janet.

Ciência ou fé? Religiões afro-brasileiras e práticas de saúde popular

Cristiana Tramonte

A rede das religiões afro-brasileiras em Santa Catarina, ao mesmo tempo discreta e poderosa, é resultado de uma complexa teia de relações elaborada desde meados do século XIX até os dias atuais e que tem como nascedouro em Desterro, atual Florianópolis, as "benzedeiras, rezadeiras, feiticeiros e os curandeiros" que se espalhavam por toda a cidade, em geral "fazendo a caridade" dando consultas, atendendo e receitando chás e ervas, como aprofundaremos mais tarde. Se o nascedouro deu-se a partir da prática individualizada de alguns, já os terreiros, institucionalizados e públicos, vão se estabelecer discretamente nas periferias da cidade somente na década de 1940, na área continental de Florianópolis e nos municípios circunvizinhos, em áreas então praticamente rurais, para depois ampliar seu leque de influência sobre as mais variadas classes sociais e origens culturais e religiosas da população local.

As curas populares na origem das religiões afro-brasileiras locais

Os primeiros registros sobre a origem da história das religiões afro-brasileiras na Grande Florianópolis remontam a meados do século XIX. A exemplo do que ocorreu no restante do país, seus adeptos não podiam revelar-se ou organizar-se abertamente, diante da violência física e simbólica que pairava sobre estes. A violência era oriunda dos preconceitos e consequente perseguição advindos da condição de marginalização e exclusão social de seus primeiros criadores: os negros africanos em situação de escravidão. Portanto, para compreender seus primórdios, é preciso descobrir, nas entrelinhas de documentos históricos escritos e nos relatos orais, os possíveis embriões de seu surgimento como tal.

Os estudos iniciais de que se tem conhecimento indicam a ligação das religiões afro-brasileiras com seu aspecto terapêutico tanto no sentido físico quanto psicológico, e seu aspecto prático ressaltará imediatamente quando examinamos as explicações de seu surgimento. Somente mais tarde será possível entender sua relevância espiritual e sua lógica religiosa e filosófica.

Pode-se afirmar que, na antiga Vila de Nossa Senhora do Desterro, atual Florianópolis, as práticas alternativas de saúde estão na raiz das práticas religiosas afro-brasileiras. A cura procurada e exercida pelos pobres que não podiam arcar com os custos da medicina alopata será o principal motor pelo qual surgem, afirmam-se e crescem as práticas religiosas que, mais tarde, se afigurarão com sua feição abertamente afro-brasileira. Estas têm, em seus primórdios, as benzedeiras, em geral mulheres das classes baixas e médio-baixas da população, que possuíam grande prestígio pelo poder a elas atribuído de cura espiritual e física, com o auxílio de rezas e ervas, em uma clara mistura de terapêutica corporal e espiritual. Os primeiros intelectuais que se destacaram nas pesquisas nesse campo eram, muitos deles, médicos, e entre estes estão os notáveis Nina Rodrigues e Arthur Ramos em nível nacional, e, em âmbito local, Oswaldo Rodrigues Cabral. Não por acaso os profissionais da medicina interessaram-se pelo tema. Nos debates acadêmicos que ocorreram em todo o Brasil, posições antagônicas resultavam em tratamentos diferenciados a respeito da questão.

Benzedeiras, curandeiros, feiticeiras: práticas alternativas de saúde e a medicina oficial

Os primeiros argumentos abertamente contrários às práticas da benzedura associam-nas sempre ao charlatanismo e à ignorância. É bastante escassa a documentação histórica sobre o período em que preponderaram as benzeduras como práticas embrionárias das religiões afro-brasileiras na Grande Florianópolis e essenciais para entender sua formação, por isso nos deteremos um pouco mais detalhadamente nas contribuições do médico, historiador e folclorista catarinense Oswaldo Cabral, que foi o primeiro a interessar-se profundamente pelo estudo das práticas alternativas exercidas na Vila de Desterro do século XIX. Sua obra[1] representa um marco nesse campo, porque, além de pioneira, é fruto de extensiva pesquisa desenvolvida há meio século quando, certamente, suas contribuições serviram de ponto de partida para registro, sistematização e inserção do tema da cultura médica e religiosa popular local no meio acadêmico.[2]

Curandeiros, feiticeiros e benzedeiras, e todos aqueles envolvidos com alternativas populares de saúde eram alcunhados com o rótulo indiscriminado de "charlatães"[3] e rejeitados como praticantes de

---

1 Trata-se de *Medicina, médicos e charlatães do passado*, de 1942.

2 Atualmente, os estudos nesta área avançaram no sentido de reconhecer as limitações da lógica cartesiana neste campo. Duarte (1994) demonstra que estudos recentes têm incorporado o termo "psicossocial" para suprir a insatisfação com a categorização das representações sobre o humano na cultura ocidental moderna que fragmenta corpo e mente. Ele aponta que, ao longo do século XX, e, mais especificamente a partir da Segunda Guerra Mundial, vem se consolidando uma reação ao que denomina um "reducionismo biomédico".

3 Maggie (1992) demonstra que o Código Penal de 1985 (artigo 283) mantém inalterada a classificação de charlatanismo como "*inculcar ou anunciar cura*

"curandeirismo indígena" e "falsa medicina". Em contrapartida, a redenção para os males da ignorância e ingenuidade populares seria a "verdadeira medicina" praticada na Academia, hegemônica, calcada no cientificismo racionalista ocidental,[4] formadora das concepções da elite médica.

Homeopatas e alopatas: uma questão de poder

Analisando a existência do núcleo profissional médico na Desterro do século XIX, nem mesmo os homeopatas são poupados, pois o código de Posturas de 10 de maio de 1845 já previa multas ao "Boticário que vender drogas suspeitas e venenosas a escravos ou a pessoas desconhecidas".[5] Cabral aponta, já em 1860, a existência da homeopatia em Desterro. Uma década depois, outro surgiria, e os primeiros embates públicos, inclusive por intermédio dos jornais, entre alopatas e homeopatas, com os primeiros acusando abertamente os segundos de usurpar-lhes os clientes. O confronto demonstra que uma medicina baseada em ervas e plantas já contrariava os interesses dominantes, notadamente das elites que exerciam

por meio secreto ou infalível", deixando aberta a brecha para a interpretação das práticas religiosas afro-brasileiras como "charlatanismo" (p.47).

4 A questão já foi amplamente estudada e cabe-nos aqui recuperar apenas os aspectos que nos interessam para entender como essa concepção de ciência combate a atuação das formas embrionárias das religiões afro-brasileiras na Grande Florianópolis. Na Idade Moderna, o conhecimento humano passa por transformações estruturais em relação à Idade Média, as quais determinam um lugar privilegiado para a racionalidade, baseado na supremacia do ser humano e da ciência criada por este de apropriar-se de suas descobertas e possibilidades, para o processo de dominação do mundo e suas múltiplas variantes – dos elementos naturais aos sociais. Segundo essa concepção, as formas de conhecimento que não se originam nesse pressuposto não são legitimadas como "verdade científica". Atualmente, essa visão passa por inúmeros questionamentos, os quais partem da necessidade de reintegrar o ser humano na totalidade, levando em conta suas dimensões filosóficas e espirituais que vão além da racionalidade cientificista. O debate é amplo e cumpre-nos apenas situar a problemática.

5 Lei n.222,em Mortari (1995).

a hegemonia nessa área científica e que temiam ver-se na iminência de disputar espaço profissional com outras concepções de medicina e perder credibilidade, poder, influência e clientes para estas. Entretanto, se entre a medicina oficial não havia espaço para a homeopatia, era grande sua penetração no âmbito dos "chefes de famílias numerosas e escravaria grande... só chamando médico quando as aplicações falhavam" (Cabral, 1942, p.183), indicando claramente o profundo enraizamento e a aceitação dessas práticas de saúde com relação à população.

Ora, tal contrariedade se fazia ainda mais notória quando os princípios de cura começavam a ser exercido pelas classes populares, aí então duramente perseguidos como feiticeiros, charlatães, curandeiros e toda uma terminologia destinada a marginalizar e criminalizar qualquer prática de saúde alternativa à Medicina alopata consagrada na Academia.

Benzedeiras, curandeiros, feiticeiros e preconceito

Entre os profissionais da medicina oficial da época que estamos analisando, era corrente a associação de médicos falsificadores de diplomas com os praticantes de uma medicina popular de base religiosa. Embora não haja uma referência explícita à sua identificação, indícios levam-nos a crer que se tratasse de práticas tradicionais de origem africana trazidas pelos negros escravos, como atesta este trecho de um discurso de Ribeiro de Almeida à Junta de Higiene Pública: "qualquer preta velha sem meios de ganhar a vida improvisa-se parteira... quando não lança mão de remédios mais ou menos nocivos". (Cabral, 1942, p.260). E prossegue: "não há somente benzedores, tiradores de quebranto, levantadores de espinhela cahida (sic); há cousas revoltantes".

A referência explícita à etnia da curandeira e as práticas citadas deixam claro que o orador referia-se especificamente às sessões de benzedura, que, no século seguinte, darão origem à umbanda na Grande Florianópolis.

No século XIX, sob a denominação de "crendices e superstições", há indícios da presença de vários elementos de forte significação ritual para os praticantes das religiões afro-brasileiras que permanecem até a atualidade: galhinhos de arruda para proteção;

> benzedeiras brancas e de cor, nos bairros pobres, que saíam de seus afazeres... que benziam para mal de bichas ou de empingens, tosses compridas ou sapinho... rezavam pela frente e costas do doente, murmurando palavras e fazendo gestos adequados... e queimavam ervas e repetiam frases sem nexo. (Cabral, 1942, p.12)

Essa descrição corresponde exatamente aos relatos colhidos em entrevistas na atualidade com mães e pais de santo da umbanda sobre esse período, como atesta este depoimento de Aléxis Teódolo da Silva, o Pai Leco, sobre sua mãe, a tradicional benzedeira e umbandista Mãe Lídia:

> Aí minha mãe incorporou a Vó Estefânia e começou a fazer consultas e rezas, tornou-se benzedeira. Minha mãe atendia num quartinho, e a comunidade participava porque tudo elas benziam; espinhela caída, olho gordo, mau olhado, cobreiro, torção de pé, embruxado, zipra.

São ações cotidianas entre os umbandistas, até mesmo nos dias atuais, sair de casa, ou, mais comumente, "atender" em suas próprias residências "fazendo a caridade", benzendo contra todo tipo de doenças de origem física ou psicossocial, utilizando a defumação com ervas acompanhadas de rezas.

Assim, embora a denominação umbanda não fosse sequer cogitada na Desterro do século XIX, os relatos indicam a incontestável existência de práticas similares no período, existindo até mesmo a bipolaridade entre magia branca (para o bem) e magia negra (para o mal). A magia negra, também denominada "feitiçaria", é, desde tempos imemoriais, associada à população de origem africana:

> Foi uso antigo apelar para os africanos, conhecedores de secretas forças e misteriosas composições. Alguns desmanchavam coisas feitas por outrem; e não raro atendiam ao apelo de fazer... feitiço por vingança... (Cabral, 1942, p.16)

Na Desterro do século XIX, a repressão contra os "feiticeiros" era acionada sempre que se constatava sua existência, uma vez que prática era desautorizada e sobrevivia na clandestinidade, pois as Posturas puniam os adeptos. Em 1831, um decreto da Câmara Municipal de Desterro indicava que

> Todo indivíduo branco ou preto forro que em sua caza fizer ajuntamento de pretos, que dizem feitiçarias ou Bangalez... encorrerá na pena de 15 dias de prizão. (Cabral, 1942, p.268)

O Decreto 222 de 1845 especifica:

> Todo o que a titulo de curar feitiços, ou de adivinhar se introduzir em qualquer casa, ou receber na sua algum para fazer semelhantes curas por meios supersticiosos, bebidas desconhecidas, ou para fazer adivinhações e outros embustes será multado... ou 15 dias de cadêa, e sendo captivo será punido corporalmente. (Cabral, 1942, p.19)

Como se vê, a repressão estende-se até mesmo ao âmbito mais íntimo da vida privada, como o direito de ir e vir e receber em sua casa. Há uma referência ainda de Posturas de 1848, Decreto n.251, da Câmara de Laguna prevendo repressão para a prática exercida nos cemitérios de recolher fragmentos de ossos para fazer "feitiçarias". A existência de manipulação de cadáveres é citada como ainda existente em 1999 pela pesquisadora Vanessa Lehmkuhl Pedro, em estudo sobre o ritual afro-brasileiro *Almas e Angol*a em Florianópolis.Cabral menciona ainda, em meados do século XIX, o "uso de terra dos cemitérios para determinados casos, galinhas e outras aves, sacrificadas para que as suas penas passassem aos atingidos" (p.269), em uma clara referência às práticas das religiões afro-brasileiras. Embora não haja, entre os adeptos atuais, um consenso sobre a necessidade de tais práticas na manutenção do sagrado e das tradições – e algumas delas são bastante polêmicas entre estes, como veremos na análise das entrevistas –, tais ações sobreviveram até os dias atuais.

Em fins do século XIX, é incontestável a existência de traços das religiões de origem africana entre os moradores de Desterro:

> Os presos Manoel Secretario e Domingos Gama, denunciados como feiticeiros, residentes no Saco dos Limões... esses dois africanos já velhos se empregavão no exercício do fetichismo, pretendendo fazer curativos por meios supersticiosos, iludindo. (p.269)

O texto prossegue, indicando outra característica que permanecerá até os dias atuais:

> Parte da população daquelle lugar e mesmo, (o que nos causa admiração e espanto) algumas pessoas da capital que julgávamos um pouco civilisadas, acreditavam nos taes feiticeiros, mandando como consta ter-se visto bilhetes que acompanhavão seus escravos para serem curados. (*A Regeneração*, 14 dez. 1879, em Cabral, 1942)[6]

Além da surpresa do jornalista da época – meados do século XIX – diante da participação de pessoas "civilizadas" – leia-se de classe social superior à dos "feiticeiros" – o relato indica outra componente da participação dos extratos sociais mais abastados: a tentativa de permanecerem incógnitos e manterem no anonimato

6 Pelo valor de registro antropológico vale mencionar os objetos do culto apreendidos: "uma grande boneca de pano denominada Vorota-Hervas que, no dizer dos feiticeiros, transmitia-lhes o conhecimento; outra... de prenome Sentinella; um caramujo com uma cabeça de cera; diversos pedaços de vella, enfeitadas; raízes, fructas, figas, objectos de metal, 2 grandes borlas de pennas que serviam para adivinhar e que chamavam gongá, além de um sem número de objectos que costumão amontoar esta casta de pretos nocivos à sociedade". O termo "gongá", que surge no texto, permanece até hoje largamente utilizado".

suas crenças religiosas, quando estas estão próximas aos cultos afro-brasileiros, tendência que permanecerá até a virada do século XX.

O perfil social dos praticantes das religiões afro-brasileiras não estará restrito às classes populares desde seus primórdios, embora haja concentração de lideranças e participantes desse extrato social nessa fase. Parcelas das classes médias e altas integrarão o "povo-de-santo", ora somente como consulentes dos "serviços espirituais", como no passado, ora como adeptos e praticantes regulares como atualmente. Haverá variação ao longo do tempo na concentração numérica: nos primórdios, até os anos 1940, as classes médias e altas recorrerão às religiões afro-brasileiras somente como consulentes; a partir de então, será possível visualizá-las como integrantes regulares dos terreiros.

Racionalidade ou espiritualismo? As doenças e suas causas

O pensamento médico hegemônico da época priorizava a análise técnica, objetiva e racionalista da doença. "Charlatães" era a denominação indiscriminadamente dada aos curandeiros, médicos falsificadores de atestados de saúde e benzedeiras. O cientificismo acadêmico desprezava a possibilidade de considerar as causas psicossomáticas das doenças, sobre as quais as pesquisas eram ainda incipientes. Recentemente, as causas de origem emocional e psíquica são amplamente admitidas entre os profissionais da saúde como origem de doenças orgânicas e correspondem à maior porcentagem dos indivíduos que procuram a umbanda. Além do benefício psíquico e emocional que esta traz para muitos de seus adeptos, é notória a importância e eficácia das ervas e remédios caseiros utilizados, embora todas essas alternativas fosse desprezadas pelo cientificismo hegemônico na época. Um caso extraído do jornal *Argos* de 11 de março de 1859 retrata fielmente a incorporação na umbanda, o momento em que a entidade desce ao corpo do médium para manifestar-se:

> uma crioula de sua propriedade... que lhe dava um ataque derribando a cabeça da parte das costas, arcando admiravelmente a columna vertebral e assim ficava amortecida...

Cabral (1945, p.274) reconhece a permanência no tempo das práticas de curas descritas como resultado da ação de

> entidades mórbidas que ainda constituem um verdadeiro problema para a medicina contemporânea, apesar do grande adianto que marcou o avanço da ciência e das artes médicas, daquele tempo para os nossos dias.
>
> Ele chega a referir-se a um caso que denomina como o "Crioulo dos Bobos": "um certo capitão foi consultar-se com um preto que foi receitando quanta erva e raízes medicinais conhecia, embora nada pesque de *Pathologia*".

Relata que, após a cura bem-sucedida do capitão, seu prestígio cresce mais e mais até que a Câmara multa a todos os envolvidos e proíbe as consultas. Embora não haja qualquer indício de charlatanismo na prática do "curandeiro" citado, o capitão que lhe deu apoio é descrito incredulamente como um "velho octogenário e hemiplégico, além do mais convicto das virtudes do preto... não sabemos quanto tempo durou o prestigio desse pobre negro dos Bobos" (Cabral, 1942, p.270).

Tal ceticismo tem sua base teórica situada no positivismo hegemônico da ciência ocidental da época. Este, incapaz de considerar contribuições de outras origens epistemológicas, nega claramente a contribuição das tradições culturais populares dos diversos grupos populacionais constituintes do povo brasileiro – como os indígenas e negros – e proclama a supremacia absoluta da "nova" verdade médica, aquela elaborada nas Academias, oriunda da chamada Ciência Moderna Ocidental.

A medicina teológica e as benzeduras: trégua às práticas alternativas

Contraditoriamente, as práticas de cura exercida por padres católicos são mais aceitas, desde que "nas paróquias do interior, longe de recursos médicos" (Cabral, 1942, p.261) vistas como "dever de humanidade nada reprovável", estudadas mais tarde como Medicina teológica. Em um segundo trabalho, fruto de exaustiva pesquisa em Santa Catarina, Cabral passa a distinguir claramente o benzedor, curandeiro e o charlatão, insistindo em que não devam ser confundidos:

> Sob a denominação geral de curandeirismo têm sido agrupadas as mais diversas formas de medicina heterodoxa e, sob a de curandeiros, reunidos os exercitadores de práticas medicas que diferem profundamente no sistema, no *modus faciendi* e principalmente na origem das respectivas práticas. (Cabral, 1942, p.48)

Invocando Arthur Ramos, destaca a diferença entre curandeirismo e charlatanismo, admitindo que persista certa confusão entre o feiticeiro, o benzedor e o curandeiro.[7]

As religiões de origem africana no Brasil tiveram, ao longo da história, uma companhia constante: a repressão policial embasada em lei, que é um dos principais embates que o povo de santo enfrentará desde os tempos mais remotos até a década de 1970 do

7 Baseando-se na interpretação que faz da história da medicina, detecta duas concepções antagônicas: a que aceitava a existência de causas sobrenaturais no aparecimento e cura de doenças, e a que repeliu essa crença, admitindo apenas as causas naturais. Dentro da primeira, aponta dois estágios, a medicina mágica e a teológica. Os agentes da primeira teriam sido os magos, feiticeiros tribais e os conhecedores de encantos, fórmulas mágicas das palavras propiciatórias. Foi cultivada pelos povos primitivos e, acredita ele, ainda subsistem a civilizações que se encontram em "estado selvagem". Entretanto, adverte ele, essas práticas ainda ocorrem em povos mais avançados, como detectou Nina Rodrigues na Bahia, e ele próprio em Santa Catarina, nos fins do século XIX, na obra que analisamos anteriormente.

século XX, quando então a violência física será refreada, resultado de uma luta vitoriosa dos integrantes das religiões afro-brasileiras pela sua inclusão constitucional, fator que analisaremos mais tarde. Cabral afirma que a feitiçaria ainda é praticada na época em que esta segunda obra foi escrita (1958), mas é perseguida pela polícia, sendo facilmente constatável sua existência.[8] O feiticeiro ainda tem clientela que varia das camadas mais baixas às mais altas e é visto como alguém que invoca espíritos do mal, não se limitando a curar doenças, mas em provocá-las:

> sua ação vai das doenças aos casos de amor, das práticas para recuperar a saúde aos despachos para atrair a morte, dos processos para consertar as incertezas da vida aos que empregam para a satisfação dos recalques do ódio em vinganças desejadas. (p.70)

Os processos são secretos, múltiplos, variados, de exclusivo conhecimento dos iniciados, alguns repugnantes, outros macabros.

A medicina teológica tem seus fundamentos profundamente modificados pelo cristianismo. Encontra-se sob a forma de exorcismos e bênçãos, exercidos pelos sacerdotes em consonância com o ritual da Igreja Católica. Segundo Cabral, as benzeduras seriam um desvio, uma modalidade popular dentro desse processo heterodoxo.

---

8 Maggie (op. cit.) informa que, desde fins do século XIX, a existência legal dos centros ficou condicionada a alvará e licença da polícia. Em 1941, o chefe da Polícia do Estado Novo de Getúlio Vargas, Filinto Müller, passou a existir, além do registro na Delegacia Distrital e na Especializada, o registro na de Segurança Pública, onde constariam antecedentes político-sociais, e na de Investigações, informando os antecedentes criminais. Para o centro espírita obter licença para funcionamento, o registro passaria pelo gabinete do chefe da polícia, que despacharia a favor ou contra. Nítida está a preocupação do governo ditatorial em manter o controle sobre as atividades religiosas. O mesmo ocorrerá em Florianópolis, porém, veremos que, como a cidade não possuía, evidentemente, a importância estratégica da capital carioca, a fiscalização legal sobre os terreiros será menos burocratizada, não implicando, porém, maior condescendência para seu funcionamento.

Negros e brancos, feiticeiros e benzedores: quem ameaça a medicina?

Observando-se, na obra de Cabral, a cuidadosa separação entre benzedor, feiticeiro e curandeiro, em favor do primeiro, claro está que aquele é redimido por sua ligação clara com os preceitos do catolicismo. Suas benzeduras são compiladas cuidadosamente, diferindo em muito do generalismo com que são tratadas as "feitiçarias". As primeiras são exercidas principalmente por grupos de origem étnica europeia, sendo vagamente mencionadas algumas praticadas por caboclos, e as condenáveis "feitiçarias" são vinculadas diretamente à população negra.[9] As benzeduras são, assim, tratadas como curiosidades culturais populares e folclóricas que nenhum dano causam à sociedade; as "feitiçarias", ao contrário, são apresentadas como séria ameaça, passíveis de punição policial.[10]

Outra preocupação dos agentes da Medicina Oficial com as denominadas "feitiçarias" é a ministração de remédios sem o controle por parte daquela. As benzeduras não demandam maior preocupação porque, em geral, não envolvem ministração de substâncias medicamentosas, sejam de qual natureza forem, industrializadas ou em estado natural, mas apenas rezas e "simpatias". O que preocupa de fato os agentes e instituições da Medicina oficial são as práticas religiosas que aliam a recomendação de substâncias medicinais para cura à terapêutica espiritual, o que indica, como já vimos,

9 Conforme pesquisa de Cabral (1958).

10 Essa perspectiva fica clara desde a apresentação da obra de Cabral (1958), feita por Walter Spalding: "É preciso notar-se – e é o que Oswaldo Cabral frisa ainda em suas brilhantes conclusões – que são pessoas distintas o BENZEDOR, o curandeiro e o charlatão. Não devem por isso ser confundidos. O primeiro tem suas raízes na velha medicina teológica, e suas rezas e gestos, se bem não fazem, mal não podem fazer, afora os casos em quem retardando a intervenção do médico, se tornam fatais. Os dois outros são perigosos e perniciosos. Aplicando uma medicina não raro imunda, tornam-se até criminosos. Por isso as benzeduras e simpatias pertencem ao populário enquanto os "medicamentos" ministrados pelos segundos de modo geral pertencem ao grupo das "cousas proibidas pela moral e higiene constituindo destarte casos de polícia" (p.11).

que a competição no mercado de bens e serviços e a disputa pelos "clientes e consumidores" dos serviços de saúde é um dos motores dessa oposição ferrenha às formas embrionárias das religiões afro-brasileiras em Santa Catarina. É importante frisar ainda que, à época, a benzedura aceita é a originada da "medicina teológica" do catolicismo, aquela praticada, em Santa Catarina por descendentes de europeus, sendo analisadas detidamente as de origem lusa, teuto e italiana, mas, apesar da condescendência em relação a estas, permanece, em geral, uma visão folclorizada das práticas alternativas de saúde ligadas à espiritualidade.

O bem e o mal: uma questão de etnia

Nas pesquisas produzidas à época, os grupos negros estão excluídos da classificação que engloba os praticantes de "benzeduras". Daí pode-se deduzir, pelo exposto, que estes, quando a realizam, são denominados "feiticeiros" ou "curandeiros", já que nenhuma outra diferença, além da medicação fitoterápica ministrada por estes, é apontada para justificar a segmentação. Além disso, há ainda o julgamento moral que considera a benzedura destinada "ao bem" e a feitiçaria, "ao mal". Os benzedores seriam assim,

> gente inofensiva, crédula, e simples. Dão-se a essa prática exclusivamente por espírito filantrópico, aceitando pequenas ofertas... sem exigir mais. Não conhecem qualquer processo de provocar o mal. Não desejam ser confundidos com feiticeiros e macumbeiros... Não temem a ação policial, uma vez que nada administram ao paciente... Não entram em conflito com o clero, nem com a medicina oficial, seus mais declarados inimigos... É de assinalar que os benzedores procuram ser bons cristãos. (Cabral, 1958, p.14)

Claro está que os benzedores, tais como se apresentam, não representam ameaça alguma a instituições estabelecidas, como a Igreja e a Medicina oficial. Não receitando chás, ervas ou qualquer substância para cura, não desviam os potenciais consumidores das emergentes indústrias farmacêuticas de então nem ameaçam a supremacia da autoridade do saber médico. Invocando os Santos, Jesus Cristo e Deus não enfrentam diretamente o poder espiritual da Igreja, antes o reforçam. Além disso, são portadores de uma origem étnica não discriminada e, por todos esses elementos, podem ser mais bem-aceitos. Entretanto, se a benzedura é mais aceita pelos estudiosos, porque pode ser tratada como folclore, a mesma condescendência não ocorre por parte da Igreja, cuja insatisfação desautoriza as práticas da benzedura por "heterodoxas, inócuas e exdrúxulas, uma vez que representam uma deturpação da medicina sacerdotal". A medicina oficial reforça o combate: "escarnece, ridiculariza o processo, uma vez que não aceita a participação do sobrenatural" (Ibid.).

Os benzedores: inclusão social e saúde popular

Além de bons cristãos, os benzedores são também clientes da medicina oficial. Não se organizam à margem dos valores instituídos; não representam um grupo deslocado do estabelecido socialmente.

> Não se dizem portadores de poderes sobrenaturais, não se creem iluminados ou predestinados, não acreditam no poder dos seus olhos nem no de sua vontade, mas unicamente na onipotência divina, nos milagres da fé, no poder miraculoso das palavras que atraem a benevolência dos santos e a piedade do Criador. (Ibid.)

Os benzedores são vistos com simpatia e benevolência, retratados como integrantes de variadas camadas sociais dos centros urbanos,[11] adeptos de uma prática conciliadora que evita conflitos com a medicina oficial:

11 Vale reproduzir a poética descrição de sua ação: "da gente humilde que crê, àqueles que não dispõem de recursos pecuniários para atender as despesas de médico e farmácia; dos que foram desenganados, aos que desesperaram em ser atendidos pelos Institutos de Aposentadoria; dos casos banais, que se curariam

> Se o mal se agrava e o recurso científico é solicitado, não se agastam... quase sempre o recomendam, embora muitas vezes a confiança do paciente nas benzeduras... façam perder a ciência precioso tempo. (1958, p.75)

Desse modo, não ameaçando os campos de domínio e poder material e sobrenatural, podem sobreviver como grupo atuante, mas, mesmo assim, são considerados por Cabral como "filhos ilegítimos da medicina teológica e da ignorância do povo", embora se reconheça sua ação no que concerne ao apoio espiritual e moral:

> Se não é socorro, ao menos é uma assistência; se não consegue curar, ao menos consegue consolar; senão alivia as dores, ao menos mantém a esperança e fortalece a fé. E muita gente há que não disporá senão pouco mais do que isso... (Ibid.)

A simbiose das práticas religiosas de cura

Igual condescendência e incipiente reconhecimento não são creditados aos denominados "feiticeiros e curandeiros", geralmente oriundos do grupo negro, como apontamos anteriormente. Entretanto, examinando as práticas de benzedores, feiticeiros e curandeiros, veremos que é por demais tênue, duvidosa e móvel a fronteira traçada pelo autor entre esses três grupos. Elementos apontados entre os utilizados por benzedores durante as rezas – água, azeite doce, cinza, saliva, galho de arruda, alecrim ou funcho, brasas, imagens de santo, penas de galinha, dentes de alho, tinta, cinzas, lã, algodão etc. – são também amplamente utilizados nas religiões afro-brasileiras desde seus primórdios, consideradas então

---

pela própria ação medicatriz da natureza, aos casos desesperados para os quais não encontra a medicina oficial recursos terapêutico" Cabral (Ibid.) reconhece ainda sua importância social: "nas zonas rurais e praianas longe dos centros urbanos, nos lugares onde não há médicos nem farmácias, são, em geral o primeiro socorro das populações...".

feitiçaria ou curandeirismo. E mesmo a invocação de santos católicos é uma constante na prática da umbanda desde seu surgimento até nossos dias. Até mesmo as doenças benzidas na época aqui analisada assemelham-se muito às relatadas pelos umbandistas nas entrevistas feitas na atualidade: espinhela caída e quebranto, e o hábito de benzer animais domésticos[12] estão entre as mais citadas. O encaminhamento ao auxílio médico também é comum entre umbandistas. Não por acaso a benzedura de animais foi localizada em Curitibanos, região do Planalto Catarinense, que tem grande incidência de população "cabocla". A presença indígena pode estar na explicação dessa simbiose que aproxima as benzeduras das religiões afro-brasileiras, que também apresentam sua feição indígena nos rituais da umbanda e no "candomblé de caboclo".

A fronteira entre os três grupos – benzedores, feiticeiros e curandeiros – é tão fugaz de fato, mesmo na conduta cotidiana, que estes chegam mesmo a confundir-se, mesclarem-se e influenciarem-se mutuamente desde seus primórdios. O próprio Cabral relata as dificuldades que teve para recolher o material de pesquisa, uma vez que os benzedores temiam as autoridades sanitárias e policiais, e a consequente perseguição às suas práticas, estigma similar vivido pelos descendentes de escravos em geral denominados "curandeiros" e "feiticeiros". Mesmo aqueles que atenderam ao pedido do estudioso, solicitaram que seus nomes não fossem divulgados, pois temiam as zombarias dos colegas. E há ainda aqueles que simplesmente recusaram-se a participar da pesquisa alegando que perderiam o "poder" e a "força".

Claro está que a separação e delimitação entre uns e outros feita por Cabral – de um lado benzedores "bem-intencionados" e, de outro, feiticeiros e curandeiros, "mal-intencionados" – não existia na realidade, pois, para a polícia e sanitaristas, como vimos pelo temor

12 Basta lembrar a clássica cena da obra *O pagador de promessas*, de Dias Gomes, na qual um agricultor pede a cura de seu jumento, fazendo promessa à Iansã no candomblé para cumpri-la em Santa Bárbara, sua correspondente no sincretismo católico.

dos entrevistados por Cabral, todas essas práticas alternativas de saúde eram consideradas passíveis de medidas repressivas.

Ciência e fé: ultrapassando as fronteiras

Os vários casos de aparentes curas pelas benzeduras eram interpretados do ponto de vista da medicina oficial, eivado cá e lá de explicações "científicas e, portanto, verídicas" demolindo qualquer mérito que a ação pudesse ter tido. Exemplos; um caso de "bicheira" que sarou após ter sido "rezada", cuja explicação médica afirma que havia expirado o tempo regulamentar para que a larva secasse e caísse. Outro exemplo é o de rezas para cura de envenenamento ofídico, justificada pela inexistência ou pequena inoculação da peçonha. Outra cura foi no estancamento da hemorragia após uma reza, creditado pelos profissionais médicos ao cumprimento do prazo de coagulação e assim por diante. Permeando todas essas restrições e preocupações em demonstrar a falibilidade da benzedura, está sempre presente a comparação com a medicina oficial:

> Todos os benzedores tem seus sucessos... eles se ufanam das suas vitórias sobre as doenças. Dos seus insucessos, está visto, não falam. Parece que ainda são os médicos os únicos que não escondem os seus fracassos, narrando-os nas sociedades, relatando-os nas revistas, para que da sua experiência aproveite o colega, a ciência. (Cabral, 1958, p.82)

Ora, bem sabemos que a Medicina oficial quase sempre representou um campo de exercício do poder das elites por meio da ciência, que formou sua corporação e defendeu seus interesses, em alguns casos à revelia da verdade científica; tal autocrítica, transparência e democratização do conhecimento nem sempre foram sua tônica. Até há pouco tempo, os leigos não possuíam direitos mínimos às informações sobre seu corpo e suas doenças, e apenas recentemente alguns passos foram dados no sentido de garantia do direito de cidadania de doentes e não doentes. Ainda há, atualmente, casos de chamados "erros médicos", que nem sempre são enfrentados com rigor pelas entidades jurídicas vinculadas a essas corporações. Assim, parece que esconder os fracassos não é prática exclusiva dos benzedores.

Nas primeiras décadas do século XX, o pensamento hegemônico dos profissionais da saúde acreditava que o avanço da Medicina oficial exterminaria as diversas práticas alternativas de saúde analisadas anteriormente, mas o que se vê atualmente, na passagem do século, é a associação cada vez mais estreita entre fé, religiosidade e ciência, tanto por parte de indivíduos leigos como de profissionais da saúde. Atualmente, vários entre esses utilizam as próprias crenças religiosas no trabalho cotidiano em uma "nova tendência, que está colocando por terra a impressão equivocada de que medicina e ceticismo andam juntos".[13] São profissionais médicos que, no próprio receituário, indicam, além dos remédios da ciência oficial, os sugeridos por suas religiões. "E isso inclui desde passes receitados por médicos espíritas, até ir para o confessionário." (Ibid.) Grupos de profissionais estão se unindo e formando associações que têm a religião como denominador comum. Em Joinville, o médico psiquiatra Rui Arsego propõe o debate em torno dos "novos paradigmas da medicina".[14] Criticando a ciência praticada majoritariamente no Ocidente, aponta a importância das forças energéticas do universo, a necessidade da busca do equilíbrio dinâmico com o meio e do respeito e inclusão das terapias alternativas.[15]

A partir desses relatos, é possível admitir que atualmente, ao considerar as energias espirituais e vitais do universo, longe da

13 "Médicos de fé", em *Isto É*, 14 jul. 1999.

14 Publicado em *A Notícia*, Joinville, 17 fev. 2000, Seção Opinião.

15 A ciência médica, em sua concepção, carece de uma revolução que leve em consideração a vitalidade, negada no Ocidente e conhecida no Oriente como *prana*, uma força universal ativa em todos os seres vivos. O ser humano para ele é um aglomerado de energia, em constante integração com o meio e deve ser tratado como um todo integral físico, emocional e energético.

ciência ter-se afastado da religião, esses campos de conhecimento aproximam-se, em uma perspectiva mais integral que reúne corpo e espírito, aproveitando as potencialidades de que cada um é portador. A esse respeito, afirma a antropóloga Rabello (1994, p.47):

> A importância dos cultos religiosos na interpretação e tratamento da doença tem sido amplamente reconhecida... Em vez das explicações reducionistas da medicina, os sistemas religiosos de cura oferecem uma explicação à doença que a insere no contexto sociocultural mais amplo do sofredor.

Mais do que atribuir uma causa objetiva a estados confusos e desordenados, aponta a autora, a interpretação religiosa reorganiza esses estados em um todo coerente. Ela aponta a despersonalização causada pelo tratamento médico tradicional, ao passo que o tratamento religioso preocupa-se com a totalidade do indivíduo, reinserindo-o como sujeito de seus relacionamentos no mundo.

As reflexões aqui desenvolvidas, a partir das considerações sobre a relação entre práticas alternativas de saúde e religião, confrontadas com a concepção hegemônica de ciência, compõem uma tentativa de compreender as origens, evolução e afirmação das religiões afro-brasileiras na Grande Florianópolis. Passado meio século, é primordial incorporar a evolução do conhecimento nesse campo e perceber que as práticas de benzedores, feiticeiros e curandeiros – seja qual for a denominação – pertencem ao rico caldo da cultura brasileira e, mais especificamente aqui examinadas, à cultura catarinense da Vila de Nossa Senhora do Desterro do século XIX, região da Grande Florianópolis do século XX. A dicotomia entre os três grupos é, assim, superada pela compreensão destes como formadores e integrantes do mesmo cenário cultural, no qual se desenvolverão e permanecerão em constante movimento e mutação as diversas formas religiosas de tratar a saúde e a doença. Do conjunto dessas inúmeras e variadas formas emergirão as derivadas do catolicismo popular e o campo das religiões afro-brasileiras locais.

As entidades "brasileiras" da umbanda

Sulivan Charles Barros

Introdução

Quem já teve a oportunidade de assistir a uma "gira" de um terreiro umbandista pode perceber, no ritual e no ambiente, a presença de elementos de várias religiões. No altar principal, chamado "congá", encontram-se imagens de Jesus Cristo, Nossa Senhora, santos como São Lázaro, São Jorge, Cosme e Damião, orixás, ao lado de estatuetas de Buda, Iemanjá, índios, ciganos, pretos-velhos e, mais dissimuladas, representações que sugerem a figura do diabo (representando os exus e as pombagiras). Encontram-se, também, nesses "congas", objetos próprios do rito umbandista ("pembas", "guias", "patuás" etc.), bem como velas brancas, flores e, por vezes, ícones cívicos, como a bandeira nacional.

Ali, no espaço sagrado do terreiro, rezam-se padre-nossos, ave-marias e invocam-se os orixás e as "entidades" da umbanda; os espíritos "descem" nos iniciados por meio do transe, provocado pelo toque dos atabaques, cantigas ("pontos cantados") e sinais cabalísticos desenhados no chão ("pontos riscados"). A sessão começa com a defumação da sala; durante a cerimônia, os médiuns, tomados por seus "guias", dançam, fumam charutos ou cachimbos, dão passes e conversam com o público presente. A cor das roupas é predominantemente branca, mas não faltam colares de todas as cores, chapéus de couro, de palha, entre outros acessórios rituais.

O culto é composto por músicas e danças sagradas. Os atabaques marcam o ritmo, os médiuns cantam o "ponto" sob a liderança da mãe ou do pai de santo, dançam em roda e recebem suas "entidades" espirituais, funcionando como seus "cavalos" e "aparelhos". Além de se expressarem dançando sua energia vital (segundo a concepção dessas comunidades religiosas), como ocorre com os orixás do candomblé, os "guias" da umbanda, ao contrário daqueles, apresentam-se para dar conselhos aos fiéis que deles se aproximam, orientando-os e purificando-os por meio de "passes", protegendo-os de possíveis ataques místicos de que são ou poderão se tornar vítimas.

A primeira impressão que se tem é a de uma mistura indigesta de elementos religiosos e profanos de origens europeias, africanas e indígenas. Existe até um termo para designar essa junção, em um mesmo culto, de fragmentos de procedências tão diversas: "sincretismo". Tal denominação contém elementos da religião católica e do espiritismo kardecista, de cultos trazidos para o Brasil pelos escravos, além de alguns de duvidosa inspiração indígena.

Os terreiros de umbanda tornam-se, assim, centros de avaliação e de resolução de uma infinidade de pequenos conflitos que afligem as pessoas em seu cotidiano profano (Barros, 2004). São especialistas na identificação das causas dos infortúnios e profundos conhecedores da psicologia social local. Ajudam-na a conformá-la, inclusive, emprestando-lhes um sentido maior. As competições e os conflitos do cotidiano, cujos resultados desiguais semeiam a inveja, o ódio e o ressentimento, resultam na produção de feitiços, ou mesmo na simples geração de negatividades que fazem o mal. O povo da umbanda (dir-se-ia o povo brasileiro, em larga escala) leva a sério os termos "feitiço", "carrego" e "olho grande".

O universo simbólico da umbanda

Na umbanda, as "entidades" situam-se a meio caminho entre a concepção dos deuses africanos do candomblé e os espíritos dos mortos dos kardecistas. O transe na umbanda não é nem estritamente individual (como no kardecismo) nem propriamente representação mítica (como no caso do candomblé), mas atualizações de fragmentos de uma história mais recente por meio de personagens tais como foram conservados na memória popular brasileira. Sua língua ritual é o português falado no Brasil.

Suas "entidades" espirituais cultuadas[1] são espíritos de mortos que constituem categorias mais genéricas, em que a referência à vida pessoal é substituída por um estereótipo. Isto é, não é a evocação deste ou daquele indivíduo em particular, mas a representação de modelos sociais expressos em seus "cavalos" que realizam a passagem dessas "entidades" de seu mundo sagrado para o mundo profano dos homens.

Para muitos, o grande trunfo dessa religião estaria no fato de que, por meio do seu universo mágico/religioso, expressaria uma inversão simbólica no que diz respeito às relações de poder. Tal como exposto por Maggie:

> Esses modelos sociais expressos nos exus, pretos-velhos, pombagiras e caboclos, figuras desprestigiadas pela sociedade mais ampla, transformam-se, no ritual, não só em figuras de prestígio, mas em deuses, e entre eles os que mais atuam. Ou seja, o inverso do que seriam na vida cotidiana, não sagrada. (Maggie, 2001, p.118)

Esse "mecanismo de inversão simbólica", em que figuras desprestigiadas pela sociedade mais ampla (ex-escravos, índios, crianças, marginais, prostitutas, estrangeiros) passam à categoria de deuses, poderosos e atuantes, na qual o homem "branco" – "imagem

1 Vale ressaltar que nas "giras" de umbanda também se homenageiam os orixás do candomblé.

ideal colocada no topo da ordem evolutiva, não tem os poderes que possuem seus subalternos" (Birman, 1985, p.46). Eis, portanto, a dependência destes em relação aos seus "deuses" na resolução de problemas quer sejam de ordem financeira, de saúde, quer seja sexual ou amorosa.

Na umbanda, são numerosas as personagens possíveis que transitam por sua mitologia e cerimonial. Isso permite demonstrar que essa religião possui um caráter de abertura contida nos limites de uma progressão geométrica e, por isso mesmo, humanamente infinitos.

Essa possibilidade, contudo, tem seus limites estabelecidos por alguns tipos de personagens retirados da realidade nacional: caboclos, pretos-velhos, exus, pombagiras, crianças, boiadeiros, marinheiros, sereias, ciganos, soldados ("linha" dos oguns), estrangeiros ("linha" dos orientais), os meninos de rua (exus-mirins) e outras categorias que, embora não tenham "linhas" específicas, agregam-se a outras, como é o caso dos judeus e dos homossexuais.

Cada "guia" representa, para o campo e a temática de trabalho umbandista, um tipo de virtude que deve ser desenvolvida pelo ser humano a fim de que este possa chegar a graus superiores de evolução espiritual.

Retornando ao pensamento umbandista, é dessa forma que as "entidades" *crianças* passam a representar o ideal de pureza, de inocência; os *caboclos*, a simplicidade, a altivez e a arrogância; os *pretos-velhos*, a humildade, a compaixão.

No caso dos *baianos*, eles representam o ideal da crença; os *boiadeiros*, a determinação, a obstinação; os *marinheiros*, o equilíbrio, a virilidade; as *sereias*, a descoberta do inconsciente, a sedução.

Já os *ciganos* são o ideal de liberdade; os *soldados* (oguns), a lealdade; os *estrangeiros* ("linha" do oriente), a sabedoria; os *judeus*, a fé; os *meninos de rua*, a esperança; os *homossexuais*, a tolerância; os *exus*, a vitalidade, a revolta, o escárnio; os *malandros*, a descontração; e as *pombagiras*, a sensualidade desenfreada, o desejo.

As associações dessas "entidades" com uns e com outros são frequentemente explicadas em termos de suas experiências históricas comuns como povos e personagens subalternos.

É aqui que o imaginário umbandista alimenta-se, exatamente, no fato de mergulhar tão profundamente na realidade brasileira, de buscar a partir daí sua fonte de inspiração, transformando em símbolos figuras do nosso cotidiano popular que sofreram (e ainda sofrem) as formas mais desprezíveis de preconceito, mas que, apesar de tudo, possuem as qualidades e os atributos necessários para ajudar aqueles indivíduos que os procuram todos os dias nos terreiros.

Transe e possessão na umbanda

Apesar dos distanciamentos teóricos e metodológicos que possam existir entre os estudiosos da umbanda, um elemento se torna denominador comum entre eles para expressar as especificidades desta religião: é na possessão que todo o edifício umbandista adquire sentido. É por meio do fenômeno da possessão que as "entidades" espirituais dessa religião se manifestam perante os homens; é a instância ritual que permite que seu "trabalho" seja feito, que as divindades colaborem com as necessidades humanas e que sejam recompensados por isso.

O fato de a possessão desempenhar um papel tão relevante no imaginário umbandista não implica, no entanto, que este seja um acontecimento extraordinário. Ao contrário, é um ato rotineiro e até banal desde que seja realizado na atmosfera permissiva e incentivadora da livre expressão das "giras".

A possessão deve começar e terminar em hora fixa, desenvolvendo-se segundo um cenário dado. A cada sessão em que o indivíduo for "possuído", estará sob os cuidados e sob a orientação do chefe espiritual do ritual. Inicialmente, os transes serão intensos, desordenados e agitados, mas, com o tempo, ficarão mais controlados e o indivíduo, agora denominado "cavalo", passa a ter relativo controle sobre ele, fazendo seus transes somente nos terreiros, em locais apropriados e nas ocasiões solenes do culto.

Existem as sessões de desenvolvimento, em que os médiuns aprendem gradativamente a "domesticar" seu estado de possessão pelos espíritos, controlando o transe desordenado do início das primeiras manifestações e adquirindo, de forma gradativa, um linguajar e uma postura corporal características de seus "guias", a fim de que estes cumpram o seu papel.

Os indivíduos agora, alçados à condição de médiuns de incorporação, tornam-se personalidades importantes para a comunidade e são valorizados por esta. De simples indivíduos, eles se tornam médiuns desenvolvidos, "cavalos dos santos" e prestam serviços àquela comunidade. Desensibilizados e controlados, eles voltam suas energias para um significado maior em suas vidas, que, segundo a concepção umbandista, seria a de ajudar ao próximo.

Os "trabalhos" de cura, de assistência social ("caridade"), desobsessão ou mesmo aqueles de "demanda" e "contrademanda", desenvolvidos pelos terreiros umbandistas, por intermédio de suas "entidades" espirituais manifestadas em seus "cavalos", prestam serviços mágicos à comunidade desassistida, tendo um alcance inevitavelmente muito mais amplo que outras instâncias sociais.

A cada dia milhares de pessoas são "incorporadas" por todo tipo de "entidades" espirituais com os mais variados propósitos. Um único médium pode ser habitado cada semana por três, quatro, meia dúzia ou mais de "guias". Agentes e clientes estão tão acostumados com tais acontecimentos que estes tem para eles o mesmo grau de cotidianidade que a consagração da hóstia para o fiel católico.

Na umbanda, como foi visto em ocasião anterior, o transe não é nem estritamente individual nem propriamente representação mítica, mas a atualização de fragmentos de uma história mais recente por meio de personagens tais como foram conservados no imaginário popular brasileiro: caboclos, pretos-velhos, exus, pombagiras, malandros, marinheiros, sereias, ciganos, baianos etc.

Quando "descem" em seus "cavalos", não são evocação deste ou daquele indivíduo reconhecido pela história de suas vidas passadas, mas a representação de índios brasileiros, escravos africanos, crianças, marginais, alcoólatras, prostitutas, malandros, estrangeiros perseguidos pelas suas crenças e tradições ou, ainda, daqueles indivíduos desqualificados quer sejam pela sua condição social e/

ou pela sua conduta moralmente condenável segundo os valores da sociedade mais ampla. Enfim, todo e qualquer tipo de minoria desassistida pela sociedade brasileira.

Suas manifestações no corpo de seus médiuns são feitas por meio da lembrança inconsciente de alguns traços que permanecem como suas características diferenciadoras: altivez e arrogância dos caboclos; humildade e compaixão dos pretos-velhos; inocência das crianças; revolta e escárnio dos exus; sensualidade desenfreada das pombagiras; alegria do povo cigano etc.

Este relativo distanciamento do "real", por meio do imaginário, dá margem a uma constante recriação e explica as variações que se verificam nos terreiros umbandistas mais populares: enquanto nas outras religiões possam existir maior exigência de fidelidade aos modelos (mítico em um caso, e pessoal, no outro), na umbanda, apesar do transe e das representações serem também regulados, há maior possibilidade de acréscimos e reinterpretações.

Esse tipo de imaginário religioso não se regula pela cronologia e, curiosamente, a umbanda, que aparentemente é uma das religiões que mais consagra o profano (sendo por vezes difícil diferenciar a vida comum das pessoas das lendas dos seus deuses e discernir onde acaba uma roda de samba e começa uma "gira"), apresenta um senso do tempo imaginal e uma proximidade com o sagrado menos intelectualizado, mais espontâneo, mas bastante genuíno e fiel ao modo próprio do seu acontecer (talvez por não ter sido objeto de racionalizações sociopolíticas, nem vítima de interpretações fundamentalistas, aliás, incompatíveis com o *ethos* dessa espiritualidade).

Por se considerar a religião nacional do Brasil, a umbanda utiliza o fenômeno da possessão para "falar" da sociedade brasileira, em uma espécie de continuidade com o plano social. As entidades "brasileiras" da umbanda que "descem" em seus terreiros fazem parte da mitologia e do sistema de representações do povo brasileiro subalterno e acabam por definir um tipo de vínculo específico com seus "cavalos", fazendo parte da história biográfica de cada um deles, possuindo uma relação de continuidade com as marcas sociais que integram essa história, geralmente histórias de indivíduos explorados, oprimidos, subalternos, marginalizados potenciais.

A umbanda empresta um sentido particular à essa vivência cotidiana da realidade brasileira. A construção religiosa de si própria e desse cotidiano se faz, contudo, em um universo simbólico, um código de sentido mítico. Consequentemente, pode-se considerar a umbanda negação de campos estanques e a construção articulada da mediação ser humano/matéria/vida/divindades/espírito/morte: enfim, metáforas ritualizadas e dramatizadas da realidade social, econômica, política e cultural do país.

Os "guias" da umbanda

São numerosas as personagens possíveis que transitam pela mitologia e cerimonial umbandista o que permite afirmar que essa religião possui um caráter de abertura contida nos limites de uma progressão geométrica e, por isso mesmo, humanamente infinitos.

Essa possibilidade, contudo, tem seus limites estabelecidos por alguns tipos de personagens retirados da realidade nacional: caboclos, pretos-velhos, exus, pombagiras, crianças, boiadeiros, marinheiros, sereias, ciganos, soldados ("linha" dos oguns), estrangeiros ("linha" dos orientais), os meninos de rua (exus-mirins) e outras categorias que, embora não tenham "linhas" específicas, agregam-se a outras, como é o caso dos judeus e dos homossexuais.

Cada "guia" representa, para o campo e para a temática de trabalho umbandista, um tipo de virtude que deve ser desenvolvida pelo ser humano a fim de que este possa chegar a graus superiores de evolução espiritual.

Na construção das diferentes representações que as comunidades religiosas umbandistas fazem de suas "entidades", bem como das relações que se instauram entre fiéis, médiuns e "guias", percebe-se que estas são construídas mediante uma tradição (nesse caso específico, religiosa) assumindo a categoria de uma narração de experiência transmitida, herdada e fundando relações entre o passado e o presente simultaneamente, aproximando-se do conceito de *alegoria* de Benjamin. Aqui, essas mesmas "entidades" passam a designar diferentes significados (para as comunidades umbandistas) de uma mesma coisa: apresentam-se como símbolos de virtudes ou de vícios, possibilitando diferentes representações.

Suas associações com uns e com outros são frequentemente explicadas em termos de suas experiências históricas comuns como povos e personagens subalternos. É aqui que o imaginário umbandista se alimenta, exatamente no fato de mergulhar tão profundamente na realidade brasileira, de buscar a partir daí sua fonte de inspiração, transformando em símbolos figuras do nosso cotidiano popular que sofreram (e ainda sofrem) as formas mais desprezíveis de preconceito, mas que, apesar de tudo, possuem as qualidades e os atributos necessários para ajudar aqueles indivíduos que os procuram todos os dias nos terreiros.

Os relatos míticos sobre os "guias" da umbanda são raríssimos, sobretudo em comparação com os dos orixás, recuperados pelos candomblés. Em geral, o que se encontra são atributos, considerados de forma generalizada, por grupos de "entidades" que fazem parte de determinada "linha" ritual.

Caboclos

Os caboclos são geralmente considerados pelos umbandistas espíritos das primeiras civilizações que viveram durante o Brasil colonial e o período escravo, e que possuíram uma sociedade totalmente organizada, em que tudo era feito por eles, desde o plantio e colheita dos alimentos até as suas moradias. Eles conhecem tudo o que se relaciona com a terra.

Apresentam-se como caçadores, guerreiros e profundos conhecedores da mata, e são considerados pelos umbandistas "entidades" fortes e cheias de vigor físico. Durante a "incorporação", soltam "brados" fortes que funcionam como verdadeiros "códigos", os quais fazem parte de uma linguagem comum entre eles, que se cumprimentam e se despedem por meio desses sons.

Alguns caboclos, quando "incorporados", manifestam-se falando "enrolado", como se estivessem falando em "tupi" (segundo a visão de mundo de meus interlocutores), considerado pelo povo da umbanda a língua "oficial" de comunicação entre os diversos caboclos que habitam as aldeias do além.

A valorização do índio brasileiro na cultura brasileira, tanto erudita quanto popular, chega ao seu ápice: o caboclo não é apenas o bom selvagem, nobre, majestoso, corajoso, livre, forte, mas também ele é sábio, sério, justo e "cristão". Não se trata de "bugres selvagens", mas de "entidades" "de luz", de "almas simples", afeitos a prestar seus serviços a todos os que lhe pedem por socorro.

A par dessas características dos caboclos, construiu-se a imagem do índio, que, se de um lado espelha, assimila e reproduz valores ditos oficiais, do outro, reelabora esses valores, dando-lhes uma feição própria: o indígena deixa de ser aquele que não se deixou dominar no processo histórico brasileiro para representar, na sua gama de significados, o verdadeiro "senhor da terra".

Desse modo, a umbanda recria, a partir de elementos próprios, um índio que a sociedade brasileira espera e imagina conhecer, ou seja, a ideia de um índio remoto, seja no tempo, seja no espaço: o primeiro habitante do país metamorfoseado em ícone ancestral que deu suor e sangue para fertilizar o que viria a ser o nascimento da nação brasileira.

Pretos-velhos

Os pretos velhos são as "entidades" mais carismáticas que povoam os terreiros de umbanda, são reconhecidos nacionalmente como espíritos de ex-escravos africanos nos anos de escravatura e, sobretudo, após a abolição.

A mística do preto-velho é fruto de condições e circunstâncias únicas em terras brasileiras. A sofrida vida dos escravos trazidos da

África fazia que os indivíduos, em função do penoso e extenuante trabalho, somado aos maus-tratos a que eram submetidos, vivessem em média sete anos no máximo após a sua chegada ao Brasil.

Com as mudanças no panorama econômico brasileiro, com a decadência do ciclo da cana de açúcar e a redução da atividade mineradora, houve uma grande leva de escravos que foram migrados para os centros urbanos e, dessa forma, estes puderam levar uma vida mais amena, conseguindo ter uma expectativa de vida mais longa. Mesmo assim, as condições de salubridade naquela época não favoreciam a longevidade.

Então surge nessa época a figura daquele escravo que, apesar das suas condições de vida, alcança idade avançada, personificando o patriarca da raça, cuja sapiência parece lhe ser conferida pelo peso da idade: aquele que deve ser ouvido e cujos conselhos devem ser seguidos.

Dessa forma, os pretos velhos, enquanto representações mais amplas, são marcados pela tolerância, pela rústica simplicidade e por um profundo sentimento de caridade. Somente aqueles que sofreram na carne as desventuras da vida podem de fato entender ou se aproximar da compreensão do sofrimento alheio, porque é possível responder a toda violência sofrida com amor, sem nenhum sentimento revanchista ou de vingança.

Os pretos-velhos se apresentam nos terreiros de umbanda por meio dos médiuns como personagens muito idosos, curvados pelos anos, às vezes apoiados em uma bengala. Falam sempre com uma voz meiga, algo paternal, que atrai a confiança e a simpatia de quem os ouve. Possuem um modo peculiar de falar, com erros de gramática e concordância, e com expressões "roceiras", que demonstram a falta de instrução formal.

A imagem idealizada dos pretos-velhos é calcada em valores-símbolos da sociedade escravocrata, como obediência, humildade, resignação e tolerância. Assim, o preto-velho torna-se o emblema do "bom escravo", do "negro bom". Ele representa aquele que, afora suas origens, foi capaz de absorver os valores culturais do branco; aquele que respeita a instituição que o escravizou; sendo o símbolo maior das qualidades positivas atribuídas à sua raça – afetividade e passividade, estabelecendo com seus senhores uma relação de lealdade, como humildes servidores da casa-grande, ou, como diria o preconceito: "é o negro que sabe o seu devido lugar".

Crianças

Esses "guias" apresentam-se como personagens infantis alegres e brincalhões, sempre denotando infantilidade em suas ações. Costumam usar chupetas, comer bolos, balas, doces e chocolates, bebem bastante refrigerantes, normalmente guaraná, e gostam também de tomar água misturada com açúcar.

Por oposição aos adultos, as "entidades" crianças, segundo meus interlocutores, não possuem nem senso de moral nem de responsabilidade, por isso, fazem "brincadeiras", nem sempre inocentes, mas que se explicam pelo fato de que "ainda não cresceram" e que não fazem suas travessuras por maldade.

Nas "giras", essas "entidades" infantis costumam brincar entre si e também com as crianças "da terra" presentes nos terreiros, sempre rolando pelo chão. Jogam doces nos outros, brigam entre eles e sempre estão sendo advertidos pelos adultos. Em alguns terreiros dão passes e consultas entre as brincadeiras e sempre se dirigem aos seus clientes da seguinte maneira: "Meu tio", "Minha tia", "Do pai", "Da mãe".

É possível também perceber nas "giras" rituais essas entidades são consideradas "pequenos selvagens" no interior do domínio civilizado. Pouco evoluídas em comparação aos adultos, não são, contudo, humildes como se exige dos pretos-velhos. Em sua maioria são brancas e, no futuro, serão os que "irão mandar", por isso primam pela irreverência, além de serem exigentes e mandonas, chegando, às vezes, a serem quase hostis.

São personagens que, segundo os umbandistas, iluminam a história e constroem o presente, rompendo as tradicionais cadeias de socialização na qual os laços de obediência, de respeito e de dependência do mundo adulto acabaram sendo trocados por uma barulhenta autonomia.

Exus

Difícil falar de exu sem comentar a controvertida face do mal que se formou no imaginário popular. Não há quem ignore a força e o perigo potencial atribuído na umbanda aos exus. Eles representam, antes de tudo, o "outro lado" da civilização, o lado marginal, caótico e ambíguo, aquele que deve ser eliminado, esquecido.

Eles são vistos como perigosos e maus, são os representantes potenciais da "esquerda". Outros, entretanto, demonstram que os exus devem ser vistos como a "polícia de choque" da umbanda, isto é, são eles os responsáveis por "cobrar o que tem de ser cobrado", não havendo nenhuma ligação dos exus com a figura do demônio.

Os exus também são vistos como a própria representação daqueles que já padeceram dos mesmos sofrimentos pelos quais os homens comuns padecem, talvez daí venha a sua grande "força" e popularidade. Essas entidades, que estão mais próximas do homem, são, nesse sentido, "entidades" mais "humanas". Contudo, essa proximidade maior para com as fraquezas humanas é o que os colocam numa situação de espíritos "inferiores", que devem ser submetidos, antes de tudo, à doutrinação.

Na versão dos exus prevalece a imagem do subalterno bárbaro, demônio e sanguinário, aqueles que não são confiáveis e, portanto, devem ser evitados.

Pombagiras

As pombagiras são vistas pelos umbandistas como a "mulher de Exu", ou "Exu fêmea". Elas se referem, antes de tudo, segundo os umbandistas, aos espíritos de prostitutas, cortesãs, cafetinas, mulheres sem família e sem "honra". Além de possuírem as mesmas características que seus "parceiros", essas "entidades" carregam consigo toda a ambiguidade dos exus aliada a uma imagem feminina fortemente sexualizada.

As pombagiras carregam consigo toda a ideia de ambiguidade e parecem representar, no contexto umbandista, uma imagem invertida da concepção que situa o espaço doméstico como o espaço feminino por excelência e onde os recursos femininos estão definidos complementarmente aos personagens masculinos. As pombagiras, ao contrário, são percebidas como uma ameaça a esse espaço doméstico e às relações aí legitimadas.

Sendo a imagem modelar da liberdade, da não padronização de costumes, posturas, atitudes e da livre realização do desejo, a Pombagira coloca-se como a "mascarada", a "antiesposa", a negação da "mãe de família" na medida em que sua imagem é definida na forma não complementar aos homens. Sua sexualidade, por exemplo, não está a serviço da reprodução, uma vez que ela a utiliza em benefício próprio. Os poderes e os perigos de sua imagem estão certamente associados a essa liminaridade. Em outras palavras, a imagem da Pombagira seria a contraface de outra: aquela da mulher associada à casa, à família, às esferas mais controladas socialmente.

Malandros

Chefiados pela "entidade" Seu Zé Pelintra, os malandros costumam "descer" nos terreiros de umbanda nas "giras" de exu e são geralmente confundidos com estes. Alguns terreiros afirmam que os malandros são um tipo de exu, outros, entretanto, dizem que os "malandros" não devem ser confundidos com estes, vistos que eles possuem características próprias.

Essas "entidades", quando manifestadas nos corpos de seus médiuns, possuem as características típicas do malandro brasileiro, aqueles que viveram em início do século XX, nos bairros pobres e nas favelas. São considerados, no imaginário umbandista, gigolôs, amantes da noite, das mulheres, da bebida, dos vícios, dos jogos, do samba e também das brigas. São considerados também os protetores das pessoas que andam pelo "mau caminho", roubando, prostituindo-se etc. Sua missão principal seria, segundo meus interlocutores, a de guiar esses indivíduos para que se convertam em pessoas honestas.

Os malandros são comumente vinculados à ideia de vadiagem e referem-se aos tipos sociais que se entregaram ao ócio, voltando as costas para o trabalho: "sempre descansando", "perambulando na rua", "não querendo procurar o que fazer". Por outro lado, são também vistos como sujeitos espertos, "descolados", que conseguem se sair bem em qualquer situação.

É o tipo de papel social que está à disposição para ser vivido no momento em que os indivíduos acharem que a lei pode ser esquecida ou até mesmo burlada com certo "jeitinho". São personagens caracterizadas pelo fato de não fazerem nada de muito errado, mas também nada de muito certo. Eles não renunciam completamente à ordem, mas também não ficam na plena marginalidade.

Boiadeiros

Os boiadeiros representam "entidades" que se apresentam como trabalhadores da zona rural: vaqueiros, laçadores, peões de boiada, posseiros, capatazes, cangaceiros e violeiros. São também conhecidos como "caboclos sertanejos" ou "caboclos de couro".

São considerados os autênticos mestiços brasileiros, sendo a síntese de toda a mistura de raças, da miscigenação desse povo, com seus costumes, superstições, crendices e fé. Para os umbandistas, o "guia" boiadeiro simboliza a natureza empreendedora dos homens, mas também sua simplicidade, persistência e determinação, mostrando o jeito de ser e a história do típico homem do sertão.

Suas "giras" são consideradas bastante animadas. Quando "descem" em seus "cavalos", apresentam-se como se estivessem laçando o gado, sempre dançando e gritando muito: "Eh, boi!". Segundo os umbandistas, esse tipo de "incorporação" cria um ambiente de trabalho e vibração, pois os boiadeiros, ao "estalarem" e movimentarem seus chicotes e laços, estão quebrando energias negativas e descarregando os médiuns e a "assistência", sempre buscando o fortalecimento da mediunidade e abrindo os caminhos para outros "guias".

Eles se apresentam nas "giras" tal qual se espera do homem rude do sertão: Durante o dia eles trabalham de sol a sol, na labuta diária do campo, e à noite regressam do campo e compartilham com os amigos uma boa festa, sempre acompanhados de "boas" companhias.

Na sacralização do sertão como lugar privilegiado de construção da identidade nacional, criou-se, no plano do imaginário, a crença formalizada nas representações de um sertão pacífico e pitoresco, de que o sertanejo é sempre dócil e puro, e, antes de tudo, "um forte".

Marinheiros

Os marinheiros ou marujos representam os homens do mar: aquelas personagens que, dia após dia, aventuram-se sobre o mais perigoso e profundo dos abismos, o fundo do mar. Segundo os umbandistas, esses "guias" são responsáveis pelos "descarregos", pelas consultas, pelos passes e pelo desenvolvimento dos médiuns, bem como por outros "trabalhos" que possam envolver "demandas". Em muito, seu "trabalho" é parecido com o dos exus, os quais também podem "trabalhar nessa linha".

Eles têm a fama de ser alcoólatras, mulherengos e machistas. Geralmente nas "giras", os marinheiros se dirigem às mulheres com galanteios pouco sutis. Não obstante a fama de alcoólatras e mulherengos, eles são considerados pelo povo da umbanda bons "mensageiros". Geralmente quando "descem" nos terreiros, falam em união, amor, fé e equilíbrio.

A contradição inicial dos marinheiros entre serem alcoólatras e mulherengos de um lado, e de serem bons "mensageiros" que falam em união, amor, fé e equilíbrio do outro, demonstra, segundo meus interlocutores, a própria característica oscilante, incerta das águas do mar. Se em determinados momentos estas são serenas e disciplinadas, em outras ocasiões elas são intempestivas.

Evidentemente, as representações que os adeptos umbandistas elaboram acerca da figura do marinheiro são os valores já enraizados na sociedade abrangente. Suas características de alcoólatras, mulherengos, aliada ao atributo de serem cordiais e "bons mensageiros", retraduzem no âmbito do imaginário a posição social imputada na sociedade mais ampla, à figura do marujo, havendo, desse modo, uma complementação de valores.

Sereias

As sereias representam, para os umbandistas, os espíritos envoltos em mistérios, raramente falam e apenas emitem cantos tristes. São seres mitológicos, fantásticos, metade mulheres, metade peixes, e há histórias de sereias em todos os mares.

Na umbanda, as "entidades" sereias, aparecem como criações do inconsciente, nas quais se esboçam as pulsões obscuras e primitivas do indivíduo. De certa forma, elas lembram uma espécie de "viagem inconsciente", o pensamento de uma última viagem e, no contexto brasileiro, aquela que deu origem à formação do Brasil.

Na busca de novas terras, de domínios e de territórios, o mar sempre foi o grande enigma a ser decifrado. Não era raro, nos relatos dos grandes navegadores, a presença de sereias que em princípio representavam os perigos da navegação marítima, do desconhecido e da própria morte, e tal fato não deve ter sido uma exceção para os navegadores que vieram a "descobrir" o Brasil.

As sereias se colocam entre o lado doce e maternal da mãe e o lado terrível da mulher devoradora, ou seja, são a expressão em seu aspecto mais doloroso, dos perigos de uma sedução que leva à autodestruição, devendo manter sob controle, visto que seu corpo anormal não pode satisfazer os anseios que seu canto e a beleza de sua face e de seu busto despertam.

Por outro lado, a magia exercida pela sereia, cujo canto atordoa a quem o escuta para provocar-lhe a queda no oceano (das águas inferiores e das formas nascentes) da vida pululante das multidões, realçam também a necessidade de se buscar "respostas" às intuições psíquicas. As energias da criação e do nascimento, assim como a premonição e imaginação criativa, segundo os umbandistas, pertencem ao domínio dessas "entidades".

Ciganos(as)

Os ciganos da umbanda representam o povo andarilho, que vivia em grupos e não tinha destino nem caminho certo. São caracterizados na umbanda como espíritos livres, alegres, festeiros, que gostam de danças, músicas e de receber presentes, e suas origens são as mais diversas: Índia, Espanha, Portugal, Hungria, Marrocos etc.

Os ciganos são espíritos pouco chamados nos terreiros, mas sua presença é mais marcante fora das "giras" onde "trabalham", principalmente na área de cartomancia, quiromancia, astrologia, runas e outras artes divinatórias.

As ciganas aparecem mais do que os ciganos. Essas "entidades" quando "incorporadas", vestem-se com saias rodadas, lenços coloridos, com muitas pulseiras, colares, utilizando pandeiros enfeitados com fitas e castanholas. Os ciganos, por sua vez, apresentam-se também com roupas coloridas, argolas na orelha e punhais na cintura, comunicam-se em "portunhol", intercalando palavras em português e em suposto espanhol.

Geralmente são confundidos com os exus e pombagiras e, como estes, os ciganos podem tanto fazer o bem quanto fazer o mal. Geralmente eles sofrem os mesmos preconceitos que são dirigidos aos exus e às pombagiras. Para outros, entretanto, os ciganos são preconcebidos frequentemente como vadios, ladrões, desordeiros.

Essas "entidades" não possuem "assentamentos" ou ferramentas para centralização da força espiritual. São cultuados com imagens bem simples, com taças de vinho, doces finos e cigarrilhas doces.

"Trabalham" também, segundo um terreiro de tradição esotérica, com as "energias" do oriente, com cristais, pedras energéticas e com os quatro sagrados elementos da natureza: água, ar, terra e fogo.

Os ciganos agregam a categoria da marginalização histórica: andarilhos, nômades, estrangeiros, estranhos, hereges, errantes, malditos, embusteiros, ociosos, bárbaros... e, paradoxalmente, são também vistos como bons músicos, dançarinos, bons amantes, mestres das artes da adivinhação, alegres e, principalmente, senhores da própria liberdade...

Baianos(as)

Os baianos da umbanda são espíritos ligados ao Nordeste do país, que viveram ou passaram parte de sua vida em estados dessa região. Segundo os umbandistas, a grande maioria dos baianos em vida foram nordestinos pobres, brigões, alguns cangaceiros, outros pais e mães de santo, macumbeiros, mestres do catimbó e da pajelança.

No imaginário umbandista, o baiano representa o povo nordestino, aquele que imigrou para as grandes metrópoles brasileiras à procura de melhores condições de vida. Refere-se também ao tipo social "inferior" e "atrasado", e, por isso, objeto de preconceito e ridicularização, mas também de admiração, pois igualmente representa aquele que resiste bravamente diante das adversidades.

Nas "giras" de umbanda, eles se apresentam no corpo de seus médiuns como espíritos alegres, brincalhões e descontraídos. Sempre com seus chapéus típicos de "cangaceiro", provocam as mulheres presentes nas "giras" e gostam de beber batida de coco. Falam com sotaque e gírias nordestinas, especialmente as de origem baiana, bastante conhecidas das populações periféricas, tais como: "oxente", "bichim", "porreta", "aperreado", "cabra da peste", "seu menino", entre outras.

Foi nos terreiros de umbanda paulistanos que os baianos da umbanda conseguiram alcançar maior popularidade. Souza (2001), ao estudar o crescimento do culto dos baianos na umbanda paulista, faz referência às próprias mudanças sociais ocorridas em São Paulo nas décadas de 1950 e 1960 do século passado. Ao mesmo tempo que a umbanda se firmava nesse período histórico no Estado, via-se crescer o fluxo migratório do Nordeste.

Popularmente, na cidade de São Paulo os nordestinos sempre foram associados ao trabalho duro, à pobreza e ao analfabetismo, restando a eles os bairros mais periféricos e as regiões mais precárias para morar. Com todos os problemas decorrentes do alto crescimento populacional, sempre se buscou um "culpado", todos se voltaram contra o "intruso", o "cabeça chata", o ignorante nordestino. Assim como todo oriental em São Paulo é rotulado de "japonês", todo nordestino é pejorativamente chamado de "baiano", com todo o caráter negativo que se tornou inerente a essa expressão.

Como a umbanda sempre se caracterizou por abrigar espíritos de diversas correntes que representam os subalternos da sociedade brasileira mais ampla, essas "entidades" nordestinas também foram acolhidas em seu panteão religioso. O caráter de luta e irreverência do nordestino migrante parece ter sido o fator mais importante para a sua aceitação nos terreiros.

O baiano constitui um importante componente de síntese da umbanda para que ela se afirme na sociedade contemporânea. Representam tipos sociais subalternos da metrópole que aprenderam na "escola da vida" e, portanto, podem ajudar.

Oguns

Ogum é um dos orixás mais populares do Brasil. É conhecido pelas comunidades de umbanda e de candomblé como o deus da guerra, vencedor de "demandas", do embate físico, das disputas materiais e espirituais, do aço, do ferro, do fogo, da espada e das armas bélicas.

Nos terreiros de umbanda, a "linha" de Ogum retrata os soldados romanos, de armadura, capacete e capa vermelha (a proteção necessária, segundo meus interlocutores, para atuar em ambientes considerados inferiores), também podendo ser africanos e brasileiros, e são considerados sobretudo "entidades" sérias e enérgicas.

No panteão umbandista, são as "entidades" quem carregam aspectos da força guerreira, e suas "incorporações" são estatutárias, rígidas e concentradas. Eles fumam charutos e tomam cerveja, e alguns usam espadas e, às vezes, lanças.

Quando "incorporados", geralmente não falam, apenas produzem sons graves, com voz entrecortada, revelando extrema dificuldade de articulação e fluência, complementando com gestos de mão.

Os "pontos cantados" dedicados aos oguns revelam, além da simplicidade de seus versos, um sentido alegórico mais amplo, que remete às aventuras e atributos bélicos (lança, espada, capa, capacete), além do aspecto guerreiro dessas "entidades".

Essa "linha" representa, para o povo da umbanda, os soldados que lutam pela fé, contra as aflições, protegendo seus fiéis em qualquer situação perigosa. Suas histórias imaginárias correspondem a este modelo: lidaram com armas, podendo muitos terem sido generais. Mas são vistos, antes de tudo, como soldados leais.

O Povo do Oriente

O Povo do Oriente representa, para os umbandistas, espíritos que tiveram vida corpórea nas regiões orientais do globo terrestre. São considerados, segundo meus interlocutores, espíritos de elevado senso espiritual e moral, e, na maioria das vezes, apresentam-se nos terreiros sob a roupagem de pretos-velhos, caboclos ou até mesmo crianças. Outros, ainda, "descem" na "linha" de médicos ou mestres de cura.

A posição da "linha" do Oriente é determinada, essencialmente, no imaginário umbandista, pelo fato de não terem pertencido a ele desde o começo e, principalmente, por terem introduzido qualidades que não se originaram nem poderiam se originar no próprio grupo.

Torna-se mais comuns em terreiros de umbanda que se autodenominam esotéricos a presença de "entidades" que se definem como provenientes do Oriente. Se os ciganos, enquanto "entidades", são considerados os estrangeiros no sentido negativo do termo, as "entidades" da "linha" oriental são posicionadas de modo inverso. Contudo, são personagens que passam a designar, no imaginário umbandista, a unidade peculiar de suas posições, pois são, antes de tudo, concebidos como estranhos.

O símbolo maior do Povo do Oriente, segundo meus interlocutores, é o Sol, astro-rei, cujo nascer acontece no Oriente ou ponto cardeal leste. Para os umbandistas, em especial os de tradição esotérica, a imensa legião de espíritos ligados à essa corrente espiritual representa personagens estrangeiras/estranhas que têm como principais características a sabedoria e a elevação espiritual.

Outras personagens foram incluídos no panteão da umbanda porque se sabe que eram perseguidas, como é o caso dos judeus, outros porque foram (e são) considerados delinquentes, como é o caso dos meninos de rua e de outros, que constituem as principais vítimas do preconceito e da discriminação dentro da sociedade, como é o caso dos homossexuais.

Dentre essas personagens, somente os meninos de rua possuem uma categoria que lhes é própria, a dos "exus-mirins". Judeus e homossexuais não possuem categorias próprias, sendo mais uma "característica" pessoal da "entidade" do que da "linha" da qual eles possam fazer parte. É possível encontrar: "caboclos judeus", "exus judeus", "marinheiros judeus", "exus homossexuais", "pombagiras lésbicas", "ciganos homossexuais" etc.

Judeus

Em visita a terreiros de Mina no Maranhão, encontrei referências à presença de caboclos judeus, como é o caso da "entidade" Jaguarema, um dos filhos do Rei da Turquia mais resistentes ao cristianismo.

Seu Jaguarema, como é mais conhecido nos terreiros maranhenses, é visto como um dos turcos mais avessos ao cristianismo e como judeu. É descrito como forte, valente e, às vezes, duro, violento, "meio doido" e cruel. Outros afirmam que Jaguarema é dos turcos mais travessos, mais populares e mais queridos do Tambor de Mina, pois, além de ser um grande protetor, é visto como um grande amigo. Acredita-se que ele "nasceu" (enquanto "entidade" espiritual) em Codó, nos terreiros de terecô daquela cidade.

No mundo de pombagiras e exus, pode-se constatar também a presença daqueles que se intitulam "polacos" e "judeus". No Brasil, a expressão "polaco", na linguagem popular, apresenta um estereótipo negativo, que caracteriza também as ligações raciais socialmente definidas tanto do imigrante da primeira, como das outras gerações.

No imaginário umbandista, a expressão "polaco" denota o indivíduo proveniente da Polônia, que teria como religião o judaísmo. Acredita-se que algumas das "entidades" pombagiras que "trabalham" nos terreiros de umbanda teriam sido, em vida, "polacas" e "judias", e muitas delas vieram para o Brasil com propostas de casamento e aqui se tornaram prostitutas. Ao morrerem, aquelas que viveram no baixo meretrício transformaram-se em deusas, passando a ser cultuadas em terreiros dessa religião.

Acredita-se também na existência de exus "polacos" e "judeus" que, em vida, eram dados à bebida alcoólica (estereótipo do polonês) e que se casaram com negras. Talvez resida aí a explicação de que a avaliação social do polonês, do judeu e do negro não permanecia no campo dos aspectos gerais. Eles acabariam também sendo identificados como iguais socialmente, pelo menos no nível da ideologia racial.

Meninos de rua (exus-mirins)

Os exus-mirins são considerados, pelos umbandistas, espíritos infantis que fazem parte da "linha" dos exus. Em todos os relatos colhidos, tais "entidades" são vistas como crianças perversas, delinquentes e más, e que, por isso, apesar da pouca idade deles, são considerados exus crianças.

Acredita-se que esses espíritos infantis viveram nas ruas, afastaram-se das relações familiares já em idade tenra e foram expostos às mais perversas formas de discriminação social, além dos riscos de violência das grandes cidades. Carregam dentro de si a mágoa contra uma sociedade que os colocou nessa condição e, apesar de serem espíritos infantis, são considerados espíritos de muita força.

Homossexuais

Na sociedade mais ampla, os homossexuais constituem a única "minoria" que se faz presente em todas as demais "minorias" sociais. São tão fortes o preconceito, a opressão e a discriminação contra esse grupo que a quase totalidade de gays e lésbicas, introjetaram a homofobia dominante como parte de suas ideologias, tornando-se homossexuais egodistônicos, "não assumidos".

É interessante notar que, na umbanda, não existe nenhuma categoria específica que abarcará essas personagens discriminadas, vítimas dos preconceitos e, tal como na sociedade mais ampla, torna-se possível ver a presença de "entidades" espirituais que tenham esse tipo de identidade integrando as mais variadas "linhas" da umbanda.

Não dispondo de nenhuma "linha" espiritual específica, os homossexuais, segundo a fala do Exu M., encontram-se principalmente sob a roupagem dos exus e pombagiras, embora existam outros que façam parte também de outras "linhas", como a de ciganos, baianos, marinheiros etc.

Percebe-se que aqui, em termos dessa religião, tal como na sociedade mais ampla, as próprias "entidades" que possuem a homossexualidade como símbolo de sua identidade e tratam-na como coisa íntima, de foro pessoal, tal como os indivíduos reais da sociedade mais ampla.

Mesmo havendo "entidades" que se definem homossexuais, não como categoria positiva, mas como condição de identidade, a homossexualidade é ainda um tema bastante "delicado" e sujeito aos mais diversos tipos de preconceitos, inclusive a própria condenação, o que acaba por perpetuar, para muitos indivíduos, a vergonha da própria história de vida, preferindo a condição de "silêncio".

Dessa forma, abrindo o caminho na religação deste mundo profano ao mundo eterno dos caboclos, mestres e encantados, inúmeros outros personagens estão por aparecer. A própria sociedade se encarregará de fabricar outros marginais de que necessita.

A produção desses deuses no imaginário umbandista segue, assim, o discurso de um real estabelecido pelas interpretações religiosas sobre a diversidade "sem censura" que expressa a diferença incomensurável da sociedade brasileira.

Considerações finais

Caracterizados como possuidores de atitudes, hábitos e modalidades de comportamento estabelecidas conforme as diferentes origens geográficas e sociais, e do pertencimento a categorias sociais marginalizadas, as entidades "brasileiras" da umbanda, enquanto representações coletivas, constituem fatores sociais projetados e vividos pelos homens comuns. Na unidade de construção dessas figuras míticas e no entendimento de suas narrativas, formuladas em seus próprios termos e proferidas pela boca de seus "cavalos", superpõem-se as diversidades indicadoras de sentimentos, aspirações e atitudes individuais de suas experiências sociais, revelando o sentimento comum e individualizado que os próprios médiuns e fiéis possuem da sociedade.

No plano ideológico, essas "entidades" são codificadas, conceituadas e hierarquizadas dentro de um universo cósmico como projeção e projeto do universo social. A própria hierarquia dos espíritos corresponde à estratificação hierárquica das classes, dos tipos étnicos, raciais e sociais da sociedade brasileira mais ampla.

Aí está composto todo o campo e a temática de trabalho umbandista. Calcado sobre os médiuns e "cavalos" que se identificam como espíritos abnegados (no momento em que são "possuídos" por estes) e de suas narrativas de dor e sofrimento, é possível mergulhar tão profundamente na realidade brasileira, de buscar aí sua fonte de inspiração, transformando em símbolos emblemáticos figuras do cotidiano popular e buscando a sua maneira e seu significado mais profundo.

A possessão permite perceber o encontro do coletivo com o individual, pois ela valoriza a participação individual do médium no ritual. Esse fenômeno deve ser visto, antes de tudo, como coletivo, já que é um processo socialmente aceito, no qual as "entidades" que "incorporam" no médium fazem parte da mitologia e do sistema de representação do grupo. Mas ela é, ao mesmo tempo, a individualização desse coletivo, pois cada médium personifica uma ou várias dessas "entidades", dando a elas uma elaboração pessoal.

Assim, a valentia de um caboclo, a humildade de um preto-velho, a inocência de uma criança, a agressividade de um exu, a alegria do povo cigano ou as atitudes sedutoras de uma pombagira são tidas como normais e, mais que isso, essas ações são vistas como necessárias para o convencimento da plateia, garantindo a liberdade desses atos.

Talvez venha daí, segundo os umbandistas, a fonte maior dos poderes dessas "entidades" espirituais. Tal condição implica perigo e poder, conforme assinala Mary Douglas: "ter estado nas margens é ter estado em contato com o perigo e ter ido à fonte de poder" (Douglas, 1976). As margens são, assim, perpetuamente o santuário dos conflitos sociais e, também, o "lugar do trânsito". É evidente que essas duas lógicas se cruzam, interpenetram-se, chocam-se.

Contudo, viver na marginalidade é bastante precário, uma vez que o marginal não pode cortar todos os laços com a sociedade dominante. Ele está permanentemente sob seu olhar, que cedo ou tarde o conduz à exclusão total ou a uma possível reinserção, desde que os valores da sociedade dominante sejam absorvidos por esses grupos marginais.

Dessa forma, a umbanda se torna uma excelente oportunidade para refletir e questionar formas sociais de cognição e alternativas de resistência étnica e cultural. Eminentemente performance, o culto conjuga saber popular, práticas de cura de feridas históricas e de mazelas da memória, e uma ética crítica implícita às suas "magias".

Referências bibliográficas

ABBAGNANO, N. *Dicionário de filosofia*. São Paulo: Mestre Jou, 1982.

AKONI, E. *La voz de Orunla*: el cordón del Orilé. Nova York: Studium Corp., 1975.

ANJOS, L. dos. *Para entender Roustaing*. Bragança Paulista: Lachâtre, 2005.

ANSELMO, A. G. *Catecismo espiritualista da linha branca de umbanda*. Rio de Janeiro: Jornal do Commercio, 1940.

ANTUNES CAMPOS, A. Notas sobre os rituais da morte na sociedade escravista. Escravismo. *Revista do Departamento de História*, FAFICH/UFMG, n. esp., 1988. p.109-22.

ARANTES, H. M. C. *Notáveis reportagens com Chico Xavier*. Araras: IDE, 2002.

ARAÚJO, S.; CARDOSO, A. *Jornalismo e militância operária*. Curitiba: UFPR, 1993.

ARGAN, G. C. *História da arte como história da cidade*. 3.ed. São Paulo: Martins Fontes, 1995.

ARRUDA, M. A. N. *Mitologia da mineiridade*: o imaginário mineiro na vida política e cultural do Brasil. São Paulo: Brasiliense, 1990.

AUBRÉE, M.; LAPLANTINE, F. *La table, le livre et les esprits*. Paris: J. C. Lattès, 1990.

AUGRAS, M. De Iyá Mi a Pomba-Gira: transformações e Símbolos da Libido. In: MOURA, C. E. M. de (Org.). *Candomblé*. Religião de corpo e alma. Tipos psicológicos nas religiões afro-brasileiras. Rio de Janeiro: Pallas, 2000.

AUGRAS, M. Zé Pilintra, patrono da malandragem. *Negro. Brasileiro. Negro. Revista do Patrimônio Histórico e Artístico Nacional*, n.25, 1997. p.42-9.

AZEVEDO, A. C. do A. *Dicionário histórico de religiões*. Rio de Janeiro: Nova Fronteira, 2002. p.357.

AZEVEDO, J. *Tudo o que você precisa saber sobre umbanda*. v.1. Universo dos Livros: São Paulo, 2008. p.19.

AZEVEDO, T. de. *A guerra aos párocos*: episódios anticlericais na Bahia. Salvador: EGBA, 1991.

BALHANA, C. A. de F. *Ideias em confronto*. Curitiba: Grafipar, 1981.

BARBOSA, E. *No mundo de Chico Xavier*. São Paulo: Calvário, 1968.

BARROS, S. C. *Brasil imaginário*: umbanda, poder, marginalidade social e possessão. Brasília, 2004. Tese (doutorado) – Universidade de Brasília, Departamento de Sociologia.

BARTZ, F. D. Abílio de Nequete: Os Múltiplos Caminhos de uma militância operária. *História Social*, Campinas, n.14-15, 2008. p. 157-73.

BASTIAN, J. P. *Protestantes, Liberales y Francmasones*: sociedades de ideas y modernidad em América Latina, siglo XIX. México: Cehila/Fondo de Cultura Económica, 1990.

BELLAMY, E. *Daqui a cem anos*: revendo o futuro. Rio de Janeiro: Record, 1960.

BENEDETTI, M. D. H. ¡Hasta los baños te curan! Remedios caseros y mucho más de Puerto Rico: Editorial Cultural, 1992.

BENJAMIN, W. The Storyteller. In: ARENDT, H. (Org.). *Illuminations*. Nova York: Schoken Books, 1968.

BENOIST, J. Métissage, syncrétisme, créolisation: métaphores et dérives. Études créoles: culture, langue, société, Aix-en-Provence, v.19, n.1, 1996. p.47-60.

BERGER, Peter L. *O dossel sagrado*: elementos para uma teoria sociológica da religião. São Paulo: Paulus, 2004.

BEZERRA DE MENEZES, A. *A loucura sob novo prisma*. São Paulo: Edições Feesp, 1977.

______. *Os carneiros de Panúrgio*. São Paulo: Edições Feesp, 1992.

BIAS FORTES, J. F. *Vocação de Minas (Discursos)*. Belo Horizonte: Imprensa Oficial, 1960.

BIRMAN, P. A noite da rainha: etnografia de uma festa umbandista. *Comunicações do Iser*, ano 2, n.7, dez. 1983.

______. *O que é umbanda*. São Paulo: Abril Cultural/Brasiliense, 1985.

BOMENY, H. *Guardiães da razão*: modernistas mineiros. Rio de Janeiro: UFRJ, 1994.

BORDIEU, P. *A economia das trocas linguísticas*. São Paulo: Edusp, 1996.

______. A economia das trocas simbólicas. São Paulo: Perspectiva, 1999.

______. *O poder simbólico*. Lisboa: Difel, 1989.

______. *A economia das trocas simbólicas*. São Paulo: Perspectiva, 2003.

______. *A economia das trocas simbólicas*. 6.ed. São Paulo: Perspectiva, 2005.

______. *Os usos sociais da ciência*: por uma sociologia clínica do campo científico. São Paulo: Editora Unesp, 2004.

______. *Razões práticas*: sobre a teoria da ação. São Paulo: Papirus, 1996.

BRAGA, L. *Umbanda (magia branca) e quimbanda (magia negra)*. Rio de Janeiro: Edições Spiker, 1942.

BRANDON, G. E. *Santería from Africa to the New World*: The Dead Sell Memories. Bloomington: Indiana University Press, 1993.

BROWN, D. Uma história da umbanda no Rio. In: ______. et al. *Umbanda e política*. Rio de Janeiro: Marco Zero, 1985.

______. Uma história da umbanda no Rio. *Cadernos do Iser*, Rio de Janeiro, n.18, Editora Marco Zero, 1985.

BUTLER, J. Bodily inscriptions, performative subversions. In: ______. *Gender Trouble*: Feminism and the Subversion of Identity. Nova York: Routledge, 1990.

______. Corpos que pesam: sobre os limites discursivos do "sexo". In: LOURO, G. L. (Org). *O corpo educado*. Belo Horizonte: Autêntica, 2000.

CABRAL, O. R. *A medicina teológica e as benzeduras*. Prefeitura Municipal de São Paulo/Departamento de Cultura: São Paulo, 1958.

CABRAL, O. R. *Medicina, médicos e charlatães do passado*. IBGE, Departamento Estadual de Estatística, Estado de Santa Catarina, Imprensa Oficial, publicação n.25, 1942.

CACCIATORE, O. G. *Dicionário de cultos afro-brasileiros*. Rio de Janeiro: Forense Universitária, 1988.

CAMARGO, M. T. L. de A. *Plantas medicinais e de rituais afro-brasileiros II*: estudo etnofarmacobotânico. São Paulo: Ícone, 1998.

CAMPOS, N. de. *Laicato católico*: o papel dos intelectuais no processo de organização do projeto formativo da Igreja católica no Paraná: 1926-1938. Curitiba, 2002. Dissertação (mestrado em Educação) – Universidade Federal do Paraná.

CANETTI, E. *Massa e poder*. São Paulo: Melhoramentos, 1983.

CANIZARES, R. *Walking with the Night: The Afro-Cuban World of Santería*. Rochester: Destiny Books, 1993.

CAPELLARI, M. A. *Sob o olhar da razão*: as religiões não católicas e as ciências humanas no Brasil, 1900-2000. São Paulo, 2001. Dissertação (mestrado em História) – Universidade de São Paulo.

CAPONE, S. *A busca da África no Candomblé*. Rio de Janeiro: Pallas Editora: Contracapa, 2004.

CARDOSO, V. Z. Narrar o mundo: estórias do "povo da rua" e a narração do imprevisível. *Mana*, v.13, n.2, 2007. p.317-45.

______. *Working with Spirits*: Enigmatic Signs of Black Sociality. Dissertação (Ph. D.), University of Texas at Austin, 2004.

CARNEIRO Jr., S. Sociedade Espírita Francisco de Assis de Apoio aos necessitados: fé e caridade. In: CHAVES, N. B. (Org.). *Visões de Ponta Grossa*: cidade e instituições. v.3. Ponta Grossa: Universidade Estadual de Ponta Grossa, 2004. p. 56-8.

CARNEIRO, V. R. *ABC do Espiritismo*. Curitiba: FEP, 1996.

CARTA PASTORAL. Dom Antônio Mazzarotto. *A Doutrina Christã*. Curitiba: Officinas Graficas A Cruzada, 23 fev. 1931.

______. *A Magia Espirítica*. Curitiba: Officinas Graficas A Cruzada, 23 fev. 1932.

______. *Admirabile sertum*. Ponta Grossa: Gráfica Montes & Pereira, 1953.

______. *Males gravíssimos*. Ponta Grossa: Montes & Pereira, 23 fev. 1941.

______. *O Reino de Christo*. Roma: Tip. Consorzio Nazionale di Emigrazione e Lavoro, 23 fev. 1930.

______. *Obras da palavra e do silêncio*. Ponta Grossa: Tipografia Brasil, 23 fev. 1965.

______. *Carta pastoral quando arcebispo de Olinda, saudando seus diocesanos – 1916*. Petrópolis: Vozes, 1938.

CARVALHO, A. M. A. Etologia e Comportamento Social. In: SOUZA, L.; FREITAS, M. F. Q.; RODRIGUES, M. M. P. (Orgs.). *Psicologia – reflexões (im)pertinentes*. São Paulo: Casa do Psicólogo, 1998.

CARVALHO, J. M. de. *A formação das almas. O imaginário da República no Brasil*. São Paulo: Companhia das Letras, 1993.

______. *Os bestializados. O Rio de Janeiro e a república que não houve*. São Paulo: Companhia das Letras, 1987.

______. *A formação das almas*: o imaginário da república no Brasil. São Paulo: Companhia das Letras, 1990.

CATROGA, F. Os caminhos polêmicos da "geração nova". In: MATTOSO, J. (Org.). *História de Portugal*: o Liberalismo (1807-1890). v.5. Lisboa: Estampa, 1993.

CHARTIER, R. À beira da falésia: a história entre certezas e inquietude. Porto Alegre: Editora da UFRGS, 2002.

______. *A História Ccltural*: entre práticas e representações. Rio de Janeiro: Bertrand, 1990.

______. *A História Cultural*: entre práticas e representações. Lisboa: Difel, 1988.

CHAUI, M. *Brasil*: mito fundador e sociedade autoritária. São Paulo: Fundação Persel Abramo, 2004.

______. *Brasil*: mito fundador e sociedade autoritária. São Paulo: Fundação Perseu Abramo, 2006.

CHAVES, N. B. *A cidade civilizada*: discursos e representações sociais no jornal *Diário dos Campos* na década de 1930. Curitiba: Aos Quatro Ventos, 2001.

CONTIER, A. *Imprensa e ideologia em São Paulo*: matizes do vocabulário político e social. Campinas: Editora Unicamp, Vozes, 1979.

CONTINS, M.; GOLDMAN, M. "O caso da Pombagira": Religião e Violência. Uma análise do jogo discursivo entre umbanda e sociedade. *Religião e Sociedade*, v.11, n.1, 1985. p.104-32.

CONTINS, M. *O Caso da Pombagira*: reflexões sobre crime, possessão e imagem feminina. Rio de Janeiro, 1983. Dissertação (mestrado) – Programa de Pós-Graduação em Antropologia Social (PPGAS), Museu Nacional, UFRJ.

CORRÊA, M. *As ilusões da liberdade*: a Escola Nina Rodrigues e a antropologia no Brasil. 2.ed. Bragança Paulista: Edusf, 2001.

______. Sobre a invenção da mulata. *Cadernos Pagu*, v.6-7, 1996. p.40.

COUSIN, V. *Du vrai, du beau e du bien*. Paris: Didier, 1854.

CUNHA, P. V. *A história da União Espírita Mineira*. Belo Horizonte: UEM, 2001.

DAMAZIO, S. *Da elite ao povo: advento e expansão do espiritismo no Rio de Janeiro*. Rio de Janeiro: Bertrand Brasil, 1994.

DELUMEAU, J. *História do medo no Ocidente*: 1300-1800, uma cidade sitiada. São Paulo: Companhia das Letras, 1989.

______. *O que sobrou do paraíso?* São Paulo: Companhia das Letras, 2003.

______. *Mil anos de felicidade*: uma história do paraíso. São Paulo: Companhia das Letras, 1997.

DIAS, F. C. *A imagem de Minas*: ensaios de uma sociologia regional. Belo Horizonte: Imprensa Oficial, 1971.

______. Mineiridade. Belo Horizonte: UFMG, 1986. (mimeo)

DÍAZ-SOLER, L. M. *Rosendo Matienzo Cintrón. Tomo I*. Río Piedras: Ediciones del Instituto de Literatura Puertorriqueña, 1960.

DÍAZ-STEVENS, A. M. Aspects of Puerto Rican Religious Experience: A Sociohistorical Overview. In: *Latinos in New York*: Communities in Transition. London: University of Notre Dame Press, 1996. p.147-86.

DITZEL, C. de H. M. *Manifestações autoritárias*: o integralismo nos Campos Gerais (1932-1955). Florianópolis, 2004. Tese (doutorado) – Universidade Federal de Santa Catarina.

DOUGLAS, M. *Pureza e perigo*. São Paulo: Perspectiva, 1976.

DUANY, J. Ethnicity in the Spanish Caribbean: Notes on the Consolidation of creole Identity in Cuba and Puerto Rico, 1762-1868. *Ethnic Groups*: An International Periodical of Ethnic Studies, 1985.

______. Making Indians out of Blacks: the Revitalization of Taino Identity in Contemporary Puerto Rico. In: *Taino Revival: Critical Perseptcives on Puerto Rican Identity*. Nova York: Hunter College/Centro de Estudios Puertorriqueños, 1999.

DUARTE, L. F. D. A outra saúde: mental, psicossocial, físico-moral. In: ALVES, P. C.; MINAYO, M. C. S. (Orgs.). *Revista Saúde e Doença*: um olhar antropológico, Rio de Janeiro, Fiocruz, 1994.

DULCI, O. S. As elites mineiras e a conciliação: a mineiridade como ideologia. *Ciências Sociais Hoje*. São Paulo: Cortez, 1984.

DURKHEIM, É. *As formas elementares da vida religiosa*: o sistema totêmico na Austrália. São Paulo: Martins Fontes, 1996.

FEDALTO, P. *A arquidiocese de Curitiba na sua história*. Curitiba, [s. n.], 1958.

FEDERACIÓN DE LOS ESPIRITISTAS DE PUERTO RICO. *Constitución y estatutos de la Federación de los Espiritistas de Puerto Rico, organizada en 18 y 19 de Abril de 1913*. San Juan: Tip. Negron Flores, 1913.

FREYRE, G. *Casa Grande & Senzala*. Rio de Janeiro: Recorde, 2000.

FOLHA DE SÃO PAULO. Novo Preto Velho. *Caderno Mais!*, São Paulo, 30 mar. 2005. p.5.

FORCHEZATTO, D.; GIANNONI, M. A.; SANTOS, M. E. dos. *Umbanda branca e cristã*. Campinas: R. Vieira, 1999.

FRANCO JUNIOR, H. *As utopias medievais*. São Paulo: Brasiliense, 1992.

FRAVRET-SAADA, J. Ser afetado. *Cadernos de Campo*, n.13, 2005. p.155-61.

FRY, P. *Para inglês ver*. Rio de Janeiro: Zahar Editora, 1982.

GAMA, R. *Lindos casos de Chico*. São Paulo: Lake, 1995.

GARCÍA CANCLINI, N. *Culturas híbridas*: estrategias para entrar y salir de la modernidad. Mexico: Grijalbo, 1990.

______. *Noticias recientes sobre la hibridación*. [Manuscrito.]

GARRIDO, P. *Esoteria y Fervor Populares de Puerto Rico*: Contribución al Estudio y Análisis de la Conducta Mística del Pueblo en sus Aspectos Intuitivos, Tradicionales y Vulgares, con una Selección de Testimonias y Experiencias que Comprende más de 500 Fichas o Datos, 16 Ilustraciones, 32 Melodías y una Mapa Esquemático de Puerto Rico. Madrid: Ediciones Cultura Hispanica, 1952.

GIACOMINI, S. M. *Mulher e escrava*. Petrópolis: Vozes, 1988;

GIGLIO-JACQUEMOT, A. Médicos do Astral e Médicos da Terra. As relações da Umbanda com a Biomedicina. *Mediações: Revista de Ciências Sociais*, UEL, Antropologia e Saúde, v.11, n.2., jul.-dez. 2006. p.83-98.

GIUMBELLI, E. O cuidado dos mortos: uma história da condenação e legitimação do espiritismo. Rio de Janeiro: Arquivo Nacional, 1997.

______. Zélio de Moraes e as origens da umbanda no Rio de Janeiro. In:

GOLDSTEIN, D. M. *Laughter Out of Place*: Race, Class, Violence, and Sexuality in a Rio Shantytown. Berkeley: California University Press, 2003.

Haslip-Viera, G. The Evolution of the Latino Community in New York City: Early Nineteenth Century to the Present. In: *Latinos in New York: Communities in Transition*, Notre Dame/London: Univ. of Notre Dame Press, 1996.

HARWOOD, A. *Rx*: Spiritist as Needed: A Study of a Puerto Rican Community Mental Health Resource. Nova York: John Wiley & Sons, 1977.

HESS, D. *Spirits and Scientists*: Ideology, Spiritism and Brazilian Culture. University Park: The Pennsylvania State University Press, 1991.

HOBSBAWM, E. *A invenção das tradições*. Rio de Janeiro: Paz e Terra, 1984.

______.; RANGER, T. *A invenção das tradições*. Rio de Janeiro: Paz e Terra, 2008.

HOLZMANN, E. *Cinco histórias convergentes*. Curitiba: Requião, 1966.

HUAIXAN, J. Q. T. *Como implantar a Reforma*. Disponível em: <http://www.novavoz.org.br/estudos-13.htm>. Acesso em: 26 nov. 2007.

HYGIENE MORAL. *Reformador*, v.21, n.22, nov. 1903. p.337.

IMBACH, R. Tomás de Aquino. In: CORBIN, A. (Org.). *História do cristianismo*. São Paulo: Martins Fontes, 2009.

ISAIA, A. C. Hierarquia católica e religiões mediúnicas no Brasil na primeira metade do século XX. *Revista de Ciências Humanas*, Florianópolis, Universidade Federal de Santa Catarina, n.30, out. 2001. p.69.

______. Espiritismo, conservadorismo e utopia. In: PINTO, E. A.; ALMEIDA, I. A. *Religiões, tolerância e igualdade no espaço da diversidade (exclusão e inclusão social)*. São Paulo: Falapreta, 2004.

______. Ordenar progredindo: a obra dos intelectuais de Umbanda no Brasil da primeira metade do século XX. *Anos Noventa*, Porto Alegre, Universidade Federal do Rio Grande do Sul, n.11, 1999. p.97-120.

______. Espiritismo, república e progresso no Brasil. In: HOMEM, A. C; SILVA, A. M e ISAIA, A. C. *Progresso e religião*. A República no Brasil e em Portugal. Coimbra: Imprensa da Universidade de Coimbra; Uberlândia: Edufu, 2007.

______. Ordenar progredindo: a obra dos intelectuais de umbanda no Brasil da primeira metade do século XX. *Anos 90*, Porto Alegre, n.11, jul. 1999.

______. A hierarquia católica brasileira e o passado português. In: SZESZ, C. M. et al. (Orgs.). *Portugal-Brasil no século XX*: sociedade, cultura e ideologia. Bauru: Edusc, 2003.

______. Espiritismo, utopia e conciliação social. *Cadernos do CEOM*, Chapecó, v.4, n.13, 2001. p.183-214.

______. O Espiritismo diante da ideia republicana no Brasil. *Fragmentos de Cultura*, Goiânia, v.15, n.10, 2005. p.1541-42.

KARDEC, A. *A gênese*: os milagres e as predições segundo o espiritismo. 36.ed. Rio de Janeiro: FEB, 1944a.

______. *O livro dos* médiuns. 62.ed. Rio de Janeiro: FEB, 1944b.

______. *Le livre des esprits*. Paris: Dervy, 1996.

______. *A gênese*. Rio de Janeiro: FEB, 1990.

______. *O evangelho segundo o espiritismo*. São Paulo: Feesp, 1998.

______. *O livro dos espíritos*. Rio de Janeiro: FEB, 1986.

______. *O livro dos espíritos*. Rio de Janeiro: FEB, 1989.

______. *Obras póstumas*. Rio de Janeiro: FEB, 1987.

______. *Oevres posthumes*. Paris: Dervy, 1978.

______. *Revista Espírita*: Jornal de Estudos Psicológicos, Araras, IDE, ano 9, n.1866, 2001.

______. *Voyage spirite en 1862*. Paris: Vermet, 1988.

KLOPPENBURG, B. *O espiritismo no Brasil*: orientação para os católicos. Petrópolis: Vozes, 1960.

______. Campanha Nacional contra a Heresia Espírita. *Revista Eclesiástica Brasileira*, v.13, fasc.4, dez. 1953a. p.839-52.

______. As heresias do espiritismo brasileiro. *Revista Eclesiástica Brasileira*, v.13, fasc.2, jun. 1953b. p.396-412.

KOSS, J. El porque de los cultos religiosas: el caso del espiritismo en Puerto Rico. *Revista de Ciencias Sociales*, vol. XVI, n.1, 1972. p.61-72.

______. Religion and Science Divinely Related: A Case History el Spiritism in Puerto Rico. *Caribbean Studies*, vol. XVI, n.1, 1977. p.22-43.

KRAUSS, H. *O Paraíso*: de Adão e Eva às utopias contemporâneas. São Paulo: Globo, 2006.

KUHNL, R. O modelo liberal de exercício do poder. In: CARDOSO, C. E. (Org.). *Política e sociedade*. São Paulo: Nacional, 1983.

LEVITT, P. Two Nations under God? Latino religious Life in the United States. In: *Latinos, Remaking America*. Berkeley: University of California Press, 2002. p.150-64.

LEWGOY, B. A transnacionalização do espiritismo kardecista brasileiro: uma discussão inicial. *Religião e Sociedade*, Rio de Janeiro, v.28, n.1, 2008. p.84-104.

______. *O grande mediador*: Chico Xavier e a cultura brasileira. Bauru: Edusc, 2004.

______. *Os espíritas e as letras*: um estudo antropológico sobre a cultura escrita e oralidade no espiritismo kardecista. São Paulo, 2000. Tese (doutorado em Antropologia Social) – Universidade de São Paulo.

LEWIS, I. M. Êxtase religioso: um estudo antropológico da possessão por espírito e do xamanismo. São Paulo: Perspectiva, 1977.

LOPES, M. A. Uma história da ideia de utopia: o real e o imaginário no pensamento político de Thomas Morus. *História: Questões & Debates*, Curitiba, n.40, p.146, 2004. Disponível em: <http://calvados.c3sl.ufpr.br/ojs2/index.php/historia/article/view/2740/2277>. Acesso em: 2 jan. 2007.

LOPES, N. *Novo Dicionário Banto do Brasil*. Rio de Janeiro: Pallas, 2003.

LOUZADA, M. Painel do Leitor. *Folha de S.Paulo*, 2 abr. 2008. p.A3

MACHADO, U. *Chico Xavier*: uma vida de amor. Araras: IDE, 1998.

______. *Os intelectuais e o espiritismo – de Castro Alves a Machado de Assis*. Niterói: Lachâtre, 1996.

MAGGIE, Y. *Guerra de orixá*: um estudo do ritual e do conflito. Rio de Janeiro: Zahar Editor, 2001.

______. *Medo do feitiço*: relações entre poder e magia no Brasil. Rio de Janeiro: Arquivo Nacional, 1992.

MANOEL, I. A. A Ação Católica Brasileira: notas para estudo. *Acta Scientiarum*, Maringá, Eduem, v.21, n.1, 1999.

MARQUETTE, T. D. *Corvos nos galhos das acácias*: o movimento anticlerical em Curitiba (1896-1912). Curitiba: Aos Quatro Ventos, 1999.

MARTINS, G. *Ritual de Almas e Angola em Santa Catarina*. Florianópolis: Edição do Autor, 2006.

MATTOS, D. *Chico Xavier em Pedro Leopoldo*. Votuporanga: Editora Espírita Pierre-Paul Didier, 2000.

MENEZES, L. M. de. *Os estrangeiros e o comércio de prazer nas ruas do Rio de Janeiro, 1890-1930*. Rio de Janeiro: Arquivo Nacional, 1992.

MEYER, M. *Caminhos do imaginário no Brasil*. São Paulo: Edusp, 1993a.

______. *Maria Padilha e toda a sua quadrilha*: de amante de um rei de Castela a pomba-gira de umbanda. São Paulo: Livraria Duas Cidades, 1993b.

MICELI, S. *A elite eclesiástica brasileira*. São Paulo: Difel, 1988.

MICHTOM, M. *Becoming a Medium – The Role of Trance in Puerto Rican Spiritism as an Avenue to Mazeway Resynthesi*, 1975. Tese (Ph. D.) – New York University.

MONTERO, P. Religião, pluralismo e esfera pública no Brasil. *Novos Estudos*, n.74. Cebrap, mar. 2006. p.47-65.

______. *Da doença à desordem*: a magia na umbanda. Rio de Janeiro: Edições Graal, 1985.

MORALES-DORTA, José. *Puerto Rican espiritismo*: religion and psychotherapy. Nova York: Vantage Press 1976.

MOREIRA, F. D. *The French Tradition in Brazilian Urbanism*: the Urban Remodeling of Rio de Janeiro, Recife and Porto Alegre during the Estado Novo (1937-1945). Disponível em: <http://sitemason.vanderbilt.edu/files/fsPu12/Moreira%20Fernando%20Diniz.pdf>. p.1. Acesso em: 27 dez. 2006.

MORTARI, C. *A Irmandade de Nossa Senhora do Rosário e São Benedito dos Homens Pretos*; um espaço de controle ou um território negro de resistência (1840-1850), 1995. Dissertação (Trabalho de Conclusão de Curso em História) – Universidade Federal de Santa Catarina.

MOTTA, M. *Rio, cidade-capital*. Rio de Janeiro: Jorge Zahar, 2004.

MUMFORD, L. *A cidade na história*: suas origens, transformações e perspectivas. São Paulo: Martins Fontes, 1998.

NEGRÃO, L. N. *Entre a cruz e a encruzilhada*: formação do campo umbandista em São Paulo. São Paulo: Edusp, 1996.

NINA RODRIGUES, R. *Coletividades anormais*. Rio de Janeiro: Civilização Brasileira, 1939.

NUÑEZ MOLINA, M. A. Therapeutic and Preventive Functions of Puerto Rican Espiritismo. *Homines, Revista de Ciencias Sociales*, v.14, n.1, 1990. p.267-76.

OLIVEIRA, I. B. Fora da higiene não há salvação: a disciplinarização do corpo pelo discurso médico no Brasil Republicano. *Mneme: Revista de Humanidades*, Caicó (RN), v.4, n.7, fev.-mar. 2003. Disponível em: <http://www.seol.com.br/mneme>. Acesso em: 15 dez. 2006

OLIVEIRA, W. M. *Chico Xavier*: casos inéditos. Goiânia: FEEG,1998.

OMOLUBÁ, B. *Maria Molambo na sombra e na luz*. Rio de Janeiro: Pallas, 1994.

OMULU, C. de. *Umbanda omolocô*: liturgia, rito e convergência (na visão de um adepto). São Paulo: Ícone, 2002.

ORLANDI, E. P. *As formas do silêncio*: no movimento dos sentidos. Campinas: Editora da Unicamp, 1995.

OUTTES, J.; MIURA, I. K. Disciplinar a la sociedad por medio de la ciudad: la génisis del urbanismo em Brasil y Argentina (1894-1945). *Secuencia: Revista de Historia y Ciencias Sociales*. Ciudad de Mexico, v.57, p.125-156, set/dez. 2003.

PÉREZ GARCÍA, M. Spiritism, Historical Devolopment in France and Puerto Rico. *Revista/Review Interamericana*, v.16, 1988. p.67-76.

PERRINCHELLI, A. B. *Diário dos Campos*: memórias de um jornal centenário. Ponta Grossa: Universidade Estadual de Ponta Grossa, 2007.

PINHEIRO, A. de O. *Revista Espiritual de Umbanda*: mito fundador, tradição e tensões no campo umbandista, 2009. Dissertação (mestrado em História) – Universidade Federal de Santa Catarina.

PINHEIRO, A. da P. *As ciladas do inimigo*: as tensões entre clericais e anticlericais no Piauí nas duas primeiras décadas do século XX. Teresina: Fundação Cultural Monsenhor Chaves, 2001

______. *Maçonaria, anticlericalismo e livre-pensamento no Piauí nas duas primeiras décadas do século XX*. Carta Cepro, Teresina, 1º jun. 2003. p.37-58.

______. As manifestações anticlericais. *Cadernos de Teresina*, Teresina, v.34, nov. 2002. p.4-13.

PINKUS, L. *O mito de Maria. Uma abordagem simbólica*. São Paulo: Paulinas, 1991.

PINTO, A. *Dicionário da umbanda*. 3.ed. Rio de Janeiro: Editora Eco, [s.d].

PINTO, T. da S. *A origem da umbanda*. Rio de Janeiro: Editora Espiritualista, 1970.

PIRES, J. H.; ABREU FILHO, J. *O verbo e a carne*: 2 análises do roustainguismo. São Paulo: Edições Caibar, 1973. p.5.

POULAT, É. *L'Église, c'est um monde*. Paris: Le Cerf, 1986.

PRANDI, R. Coração de Pombagira. *Folha de S.Paulo*, Caderno *Mais!*, 30 mar. 2008. p. 6.

______. *Herdeiras do Axé*. São Paulo: Editora Hucitec, 1996a.

______. Pombagira e as faces inconfessas do Brasil. In: ______. *Herdeiras do Axé*. São Paulo: Hucitec, 1996b. p.139-164.

QUEIROZ, T. de J. M. *Os literatos e a República*: Clodoaldo Freitas, Higino Cunha e as tiranias do tempo. Teresina: Fundação Cultural Monsenhor Chaves, 1994.

RABELLO, M. C. Religião, ritual e cura. In: ALVES; MINAYO (Orgs.). *Revista Saúde e Doença*: um olhar antropológico. Rio de Janeiro: Fiocruz, 1994.

RAGO, Margareth. *Os prazeres da noite. Prostituição e códigos da sexualidade feminina em São Paulo (1890-1930)*. Rio de Janeiro: Paz e Terra, 1991.

RAMOS, R. A traição dos intelectuais. In: MATTOSO, J. (Org.). *História de Portugal*: A Segunda Fundação (1890-1926). v.6. Lisboa: Estampa, 1994. p.529-61.

RANIERI, R.A. *Chico Xavier*: o santo dos nossos dias. Rio de Janeiro: ECO, 1973.

REALE, Miguel. *Filosofia em São Paulo*. São Paulo: Conselho Estadual de Cultura, 1962.

RÉMOND, R. *O século XIX*. São Paulo: Cultrix, 1983.

REIS, J. C. Da "história global" à "história em migalhas": o que se ganha, o que se perde? In: GUAZELLI, C. A. B. et al. *Questões de teoria e metodologia da História*. Porto Alegre: Editora UFRGS, 2000.

RESPOSTA. *Reformador*, Rio de Janeiro, v.65, n.3, mar. 1947.

REVISTA ESPIRITUAL DE UMBANDA. São Paulo: Escala, n.1, 2003a.

______. São Paulo: Escala, n.2, 2003b.

______. São Paulo: Escala, n.3, 2003c.

______. São Paulo: Escala, n.5, 2004a.

______. São Paulo: Escala, n.8, 2004b.

______. São Paulo: Escala, n.10, 2005.

______. São Paulo: Escala, n.12, 2006.

______. São Paulo: Escala, n.15, 2007a.

______. São Paulo: Escala, n.17, 2007b.

ROCHA, A. S. de S. A sedução da luz: eletrificação e imaginário no Rio de Janeiro da Belle Époque. *Revista de História Regional*, Ponta Grossa, v.2, n.2, 1997. p.51-78. Disponível em: <http://www.rhr.uepg.br7v2n2/amara.htm>. Acesso em: 20 out. 2005.

RODRIGUES, N. *O animismo fetichista dos negros bahianos*. Rio de Janeiro: Civilização Brasileira, 1935.

______. Os africanos no Brasil. 6.ed. São Paulo: Ed. Nacional; Brasília: Ed. Universidade de Brasília, 1982.

RODRIGUES, O. (Org.). *A destinação do Brasil*. Franca: Idefran, 2000.

RODRÍGUEZ ESCUDERO, N. A. *Historia del Espiritismo en Puerto Rico*. Quebradilla: Imprenta San Rafael, 1991.

ROGLER, L. H.; HOLLINGSHEAD, A. B. The Puerto Rican spiritualist as a psychiatrist. *The American Journal of Sociology*, v.LXVII, 1962. p.17-21.

RONTON, J. *Sacramentos da umbanda mística*. São Paulo: Ícone, 1989.

______. *Trabalhos de umbanda-canjerê*. São Paulo: Ícone, 1994.

SALIBA, E. T. *As utopias românticas*. São Paulo: Estação Liberdade, 2003.

SÁNCHEZ KORROL, V. E. *From Colonia to Community*: The History of Puerto Ricans in New York City, 1917-1948. London: Greenwood Press, 1994.

SAND, George. *Spiridion*. Disponível em: <http://www.gutenberg.org/files/15239/15239-h/15239-h.htm>. Acesso em: 24 dez. 2006.

SANTOS, J. L. dos. *Espiritismo*: uma religião brasileira. Campinas: Editora Átomo, 2004.

SCHLESINGER, H.; PORTO, H. *Dicionário enciclopédico das religiões*. Petrópolis: Vozes, 1995.

SCHMIDT, B. E. *Von Geistern, Orichas und den Puertoricanern*: zur Verbindung von Religion und Ethnizität. Marburg: Curupira, 1995.

______. Religious Concepts in the Process of Migration: Puerto Rican Female Spiritists in the USA. In: KNÖRR, J.; MEIER, B. *Women and Migration*: Anthropological Perspectives. Nova York/Frankfurt: Campus/St. Martin's Press, 2000. p.119-132.

SCHMITT, J. *Os vivos e os mortos na sociedade medieval*. São Paulo: Companhia das Letras, 1999.

SCOTT, J. *Gender and the Politics of History*. Nova York: Columbia University Press, 1988.

SHERIFF, Robin. Exposing Silence as Cultural Censorship: A Brazilian Case. *American Anthropologist*, v.102, n.1, 2000. p.114-32.

SILVA, F. L. *Espiritismo, história e poder (1938-1949)*. Londrina: Eduel, 2005a.

SILVA, M. J. da. Modernidade e espiritualismo na imprensa operária cearense da Primeira República. *Revista História Hoje* – Revista Eletrônica de História – ANPUH, v.5, n.13, 2008. Disponível em: <http://www.anpuh.org/revistahistoria/public>.

SILVA, R. M. da. *Chico Xavier*: imaginário e representações simbólicas no interior das Gerais, Uberlândia, 2002. p.106-11. Dissertação (mestrado em História) – Universidade Federal de Uberlândia, 2002. p. 106-11.

SILVA, R. *Mineiridade, representações e lutas de poder na construção da "Minas Espírita"*: da União Espírita Mineira a Francisco Cândido Xavier (1930-1960). Florianópolis, 2008. Tese (doutorado) – Universidade Federal de Santa Catarina.

SILVA, V. G. da. *Caminhos da alma*. São Paulo: Summus, 2002.

______. *Candomblé e umbanda*: caminhos da devoção brasileira. São Paulo: Selo Negro, 2005b. p.120.

SOARES, L. C. *Rameiras, ilhoas e polocas... a prostituição no Rio de Janeiro do Século XIX*. São Paulo: Ática, 1991.

SOIHET, R. *Condição feminina e formas de violência*: mulheres pobres e ordem urbana, 1890-1920. Rio de Janeiro: Forense, 1989.

SOUZA, J. B. *Escorço histórico da Federação Espírita Brasileira*: aspectos marcantes de sua trajetória. Rio de Janeiro: FEB, 1984.

SOUZA, L de M. Os discursos imbricados. In: ______. *O diabo e a terra de Santa Cruz*: feitiçaria e religiosidade popular no Brasil Colonial. São Paulo: Companhia das Letras, 1989.

SOUZA, L. de M. *O Diabo e a Terra de Santa Cruz*. São Paulo: Companhia das Letras, 1986.

SOUZA, M. A. *As estratégias da pedagogia do assistencialismo em educação e caridade. Belo Horizonte – 1930-1990*. Belo Horizonte, 2001. Tese (doutorado) – Universidade Federal de Minas Gerais.

SOUZA, M. A. Em direção a um novo amanhã: Vicentinos e Espíritas cuidam da pobreza – 1930-1970. *Anais de Comunicações Coordenadas*, ANPUH, 1998.

SOUTO MAIOR, M. S. *As vidas de Chico Xavier*. Rio de Janeiro: Rocco, 1994.

STOLL, S. J. *Espiritismo à brasileira*. São Paulo: EDUSP, 2003.

______. A apropriação cultural do espiritismo no Brasil. In. *Revista História*: questões e debates. Curitiba: Editora da UFPR, ano 15, n.28, 1998.

______. *Entre dois mundos*: o espiritismo da França e no Brasil. Tese (doutorado) – Universidade de São Paulo.

TAVARES, C. *Trinta anos com Chico Xavier*. Araras: IDE, 1967.

TEIXEIRA, A. B. *O pensamento filosófico de Gonçalves de Magalhães*. Lisboa: Instituto de Filosofia Luso-Brasileira, 1994.

TELES, L. A constituição de "Nosso Lar". *Reformador*, Rio de Janeiro, v.77, n.4, 1959.

TIMPONI, M. *A psicografia ante os tribunais*. Rio de Janeiro: FEB, 1978.

TRAMONTE, C. *Com a bandeira de Oxalá*. Trajetória, práticas e concepções das religiões afro-brasileiras na Grande Florianópolis. Florianópolis: Lunardelli: Editora da Univali, 2001.

TRINDADE, L. *Exu. Poder e perigo*. São Paulo: Ícone, 1985.

TRINDADE, D. *Umbanda e sua história*. São Paulo: Ícone, 1991.

TRINH, T. M. *When the Moon Waxes Red. Representation, Gender and Cultural Politics*. Nova York: Routledge, 1991.

UNIÃO ESPÍRITA MINEIRA. *Chico Xavier*: mandado de amor. Belo Horizonte: UEM, 1992.

VALLADARES, L. A gênese da favela carioca: a produção anterior às Ciências Sociais. *Revista Brasileira de Ciências Sociais*, São Paulo, v.15, n.44, 2000. p.6. Disponível em: <http://www.scielo.br/scielo.php?script=sci_arttext&pid=S0102-69092000000300001&lng=es&nrm=iso>. Acesso em: 27 dez. 2006

VELÉZ RODRÍGUEZ, Ricardo, *Tópicos especiais de filosofia moderna*. Juiz de Fora: EDUJFJ; Londrina: UEL, 1995. p. 23.

VILLAS BOAS CONCONE, M. H. *A memória cristalizada*: lendo jornais. Trabalho apresentado como parte das exigências do Concurso para Professor Titular do Departamento de Antropologia da PUC-SP, 1993. (mimeo)

______. Percursos do labirinto: sincretismos da umbanda. In: TÓTORA, S.; BERNARDO, T. (Orgs.). *Ciências Sociais na atualidade*. São Paulo: Cortez, 2003.

______. Relendo jornais: dialética entre imagem e identidade. In: CHAIA, M.; SILVA, A. A. (Orgs.). *Sociedade, cultura e política. Ensaios críticos*. São Paulo: EDUC, 2004.

WANTUIL, Z. *Grandes espíritas do Brasil*. Rio de Janeiro: FEB, 2002.

WILSON, D. A. *A história do futuro*. Rio de Janeiro: Ediouro, 2002.

XAVIER, F. C. *Brasil, coração do mundo, pátria do evangelho*. Rio de Janeiro: FEB, 1990.

______. *Cartas de uma morta*. São Paulo: LAKE, 1995.

______. *Parnaso de além-túmulo*. Rio de Janeiro: FEB, 1934.

ZIERER, A. Paraíso *versus* inferno: a visão de Túndalo e a viagem medieval em busca da salvação da alma (século XII). *Mirábilia: Revista Eletrônica de História Antiga e Medieval*, n.2, dez. 2002. Disponível em: <http://www.revistamirabilia.com>. Acesso em: 1º ago. 2004. p.80-3.

Sobre os autores

André de Oliveira Pinheiro

Mestre em História Cultural pela Universidade Federal de Santa Catarina (UFSC). Integrante do Núcleo Paranaense de Pesquisa em Religião (Nupper - CNPq).

Artur Cesar Isaia

Professor Associado, Departamento de História/Programa de Pós-Graduação em História da Universidade Federal de Santa Catarina (UFSC). Pesquisador do Conselho Nacional de Desenvolvimento Científico e Tecnológico (CNPq).

Bettina E. Schmidt

Integrante do Departamento de teologia, estudos religiosos e estudos islâmicos na Universidade de Gales Trinity Saint David (UWTSD), Reino Unido.

Cristiana Tramonte

Professora Associada, Centro de Ciências da Educação – Universidade Federal de Santa Catarina (CED-UFSC). Doutorado em

Interdisciplinar em Ciências Humanas pela Universidade Federal de Santa Catarina (UFSC).

Eliane Garcia Rezende

Professora Adjunta da Universidade Federal de Alfenas (Unifal-MG) e doutoranda no Programa de Pós-Graduação em Ciências Sociais da Pontifícia Universidade Católica de São Paulo (PUC-SP).

Eliane Moura Silva

Livre Docente, Departamento de História/Programa de Pós-Graduação em História da Universidade Estadual de Campinas (Unicamp).

Fábio Luiz da Silva

Doutor em História pela Universidade Estadual Paulista "Júlio de Mesquita Filho" (Unesp/Assis) e professor de História da Universidade Norte do Paraná (Unopar).

Maria Helena Villas Boas Concone

Professora Titular do Departamento de Antropologia e dos programas de pós-graduação em ciências sociais e de gerontologia da Pontifícia Universidade Católica de São Paulo (PUC-SP).

Pedro Paulo Amorim

Mestre e doutorando em História pela Universidade Federal de Santa Catarina (UFSC).

Raquel Marta da Silva

Mestre em História pela Universidade Federal de Uberlândia (UFU), Doutora em História pela Universidade Federal de Santa Catarina (UFSC).

Rosângela Wosiack Zulian

Doutora em História Cultural pela Universidade Federal de Santa Catarina (UFSC) e professora adjunta do Departamento de História da Universidade Estadual de Ponta Grossa (UEPG).

Sulivan Charles Barros

Pós-doutor em Estudos Culturais pela Universidade Federal do Rio de Janeiro (UFRJ), pós-doutor em Antropologia pela Universidade de Brasília (UnB), doutor em Sociologia pela UnB e professor visitante do Centro de Pesquisa e Pós-Graduação sobre as Américas – CEPPAC da Universidade de Brasília.

Vanda Fortuna Serafim

Mestre em História pela Universidade Estadual de Maringá (UEM). Doutoranda em História pela Universidade Federal de Santa Catarina (UFSC). Integrante do Grupo de Pesquisa em História Religiosa e das Religiões (CNPq) e membro do Grupo de Trabalho em História das Religiões e das Religiosidades. Professora Assistente Colaboradora na Universidade Estadual de Maringá.

Vânia Z. Cardoso

Doutora em Antropologia pela University of Texas at Austin e professora adjunta do Departamento de Antropologia/Programa de Pós-Graduação em Antropologia Social da Universidade Federal de Santa Catarina (UFSC).

SOBRE O LIVRO

Formato: 14 x 21 cm
Mancha: 23,7 x 42,5 paicas
Tipologia: Horley Old Style 10,5/14
Papel: Off-white 80g/m² (miolo)
Cartão Supremo 250 g/m² (capa)
1ª edição: 2012
2ª reimpressão: 2022

EQUIPE DE REALIZAÇÃO

Assistência Editorial
Olivia Frade Zambone

Edição de Texto
Jean Xavier (Copidesque)
Elisa Andrade Buzzo (Preparação)
Maria Alice da Costa (Revisão)

Capa
Megaart

Ilustração da capa
Salles

Editoração Eletrônica
Sergio Gzeschnik

Impressão e Acabamento
Bartiragráfica
(011) 4393-2911